T0151730

La bailarina de Auschwitz

Bestseller

Biografía

Edith Eger nacida en Hungría, era una adolescente cuando en 1944 padeció uno de los peores horrores que ha visto la historia de la humanidad. Sobrevivió a Auschwitz y huyó a Checoslovaquia para acabar finalmente en Estados Unidos. Allí se doctoró en psicología y conoció a su mentor, Viktor Frankl. Ha sido protagonista de documentales, es profesora en la Universidad de California y tiene una clínica en La Jolla, California. Fue la encargada de dar el discurso de homenaje a Viktor Frankl por su noventa aniversario, durante la celebración de la Conferencia Internacional de Logoterapia. Este es su primer libro.

Edith Eger
La bailarina de Auschwitz

Traducción: Jorge Paredes

 Planeta

Obra editada en colaboración con Editorial Planeta – España

Título original: *The Choice. Embrace the Possible*

Publicado por Scribner, sello del grupo Simon & Schuster, Inc.

© 2017, Dr. Edith Eger
© 2018, Traducción: Jorge Paredes Soberón

© 2018, Editorial Planeta S.A. – Barcelona, España

Derechos reservados

© 2023, Editorial Planeta Mexicana, S.A. de C.V.
Bajo el sello editorial BOOKET M.R.
Avenida Presidente Masarik núm. 111,
Piso 2, Polanco V Sección, Miguel Hidalgo
C.P. 11560, Ciudad de México
www.planetadelibros.com.mx

Diseño de portada: adaptación de Two Associates
Ilustración de portada: Two Associates
© Fotografía del interior: Edith Eger

Primera edición impresa en España: enero de 2018
ISBN: 978-84-08-18090-6

Primera edición en formato epub en México: mayo de 2018
ISBN: 978-607-07-4899-8

Primera edición impresa en México en Booket: junio de 2023
ISBN: 978-607-07-9767-5

Impreso en los talleres de Litográfica Ingramex, S.A. de C.V.
Centeno núm. 162-1, colonia Granjas Esmeralda, Ciudad de México
Impreso en México - *Printed in Mexico*

A las cinco generaciones de mi familia:
mi padre, Lajos, que me enseñó a reír;
mi madre, Ilona, que me ayudó a encontrar
lo que necesitaba dentro de mí;
mis maravillosas e increíbles hermanas, Magda y Klara;
mis hijos: Marianne, Audrey y John;
y sus hijos: Lindsey, Jordan, Rachel, David y Ashley;
y los hijos de sus hijos: Silas, Graham y Hale.

ÍNDICE
—

PRIMERA PARTE
LA PRISIÓN

Introducción: Yo era dueña de mi secreto
y mi secreto me poseía   13

1. Las cuatro preguntas   25
2. Lo que pones en tu mente   52
3. Bailando en el infierno   64
4. Una rueda   78
5. La escalera de la muerte   95
6. Elegir una brizna de hierba   105

SEGUNDA PARTE
LA HUIDA

7. Mi libertador, mi agresor   115
8. Entra por una ventana   133
9. El año que viene en Jerusalén   158
10. La fuga   177

TERCERA PARTE
LA LIBERTAD

11. El día de la inmigración 197
12. Novata 202
13. ¿Estuviste allí? 221
14. De superviviente a superviviente 241
15. Lo que la vida esperaba 260
16. La decisión 278
17. Entonces Hitler ganó 310
18. La cama de Goebbels 315
19. Deja una piedra 335

CUARTA PARTE
LA CURACIÓN

20. La danza de la libertad 357
21. La doncella sin manos 377
22. De algún modo, las aguas se separan 395
23. El día de la liberación 406

Agradecimientos 409

PRIMERA PARTE
—
LA PRISIÓN

INTRODUCCIÓN
—

YO ERA DUEÑA DE MI SECRETO
Y MI SECRETO ME POSEÍA

No sabía que llevaba una pistola cargada oculta bajo la camisa pero, en cuanto el capitán Jason Fuller entró en mi despacho de El Paso un día de verano de 1980, se me encogió el estómago y se me erizó el pelo de la nuca. La guerra me había enseñado a percibir el peligro antes incluso de poder explicar qué me había asustado.

Jason era alto, tenía la complexión esbelta de un atleta, pero su cuerpo estaba tan rígido que, más que humano, parecía de madera. Sus ojos azules tenían un aire distante, su mandíbula estaba inmóvil y no hablaba, o no podía hablar. Le conduje al sofá blanco de mi despacho. Se sentó envarado, con los puños apretados contra las rodillas. Nunca había visto a Jason y no tenía ni idea de qué había provocado su estado catatónico. Tenía su cuerpo lo suficientemente cerca para poder tocarlo y su angustia casi se podía palpar, pero él estaba muy lejos de allí, perdido. Ni siquiera parecía percibir la presencia de mi caniche plateada, Tess, que prestaba atención junto a mi escritorio, como una segunda estatua viviente en la habitación.

Respiré profundamente y busqué una manera de empezar. A veces, empiezo la primera sesión presentándome y explicando un poco mi historia y mi perspectiva. Otras veces, paso directamente a identificar y analizar los sentimientos que han llevado al paciente a mi consulta. Con Jason, parecía fundamental no agobiarlo con demasiada información ni pedirle que se mostrara vulnerable demasiado rápido. Estaba absolutamente bloqueado. Tenía que encontrar la manera de proporcionarle la seguridad y el espacio necesarios para que se arriesgara a mostrarme lo que guardaba tan celosamente en su interior, fuera lo que fuera. Y tenía que prestar atención a mi sistema de alarma corporal para evitar que mi percepción de peligro anulara mi capacidad de ayudarle.

—¿En qué puedo ayudarte? —pregunté.

No contestó. Ni siquiera pestañeó. Me recordaba a un personaje de una leyenda o un cuento popular que se hubiera convertido en piedra. ¿Qué hechizo mágico podría liberarlo?

—¿Por qué ahora? —pregunté. Esa era mi arma secreta. La pregunta que hago siempre a mis pacientes en la primera visita. Necesito saber qué les ha motivado a cambiar. ¿Por qué quieren empezar a trabajar conmigo precisamente hoy? ¿Por qué hoy es diferente de ayer, de la semana pasada o del año pasado? ¿Por qué hoy es distinto de mañana? A veces, es el dolor el que nos impulsa y, a veces, es la esperanza. Preguntar «¿Por qué ahora?» no se limita a plantear una pregunta; lo cuestiona todo.

Uno de sus ojos se cerró brevemente. Pero no dijo nada.

—Dime por qué estás aquí —insistí.

Él seguía sin decir nada.

Mi cuerpo se tensó con una oleada de incertidumbre ante la constatación de la fragilidad de la encrucijada ante la que nos encontrábamos: dos humanos frente a frente, ambos vulnerables, ambos arriesgándonos mientras pugnábamos por identificar una angustia para encontrar su cura. Jason no había llegado allí con una recomendación oficial. Al parecer, había acudido a mi consulta por decisión propia. Sin embargo, yo sabía por mi experiencia clínica y personal que incluso cuando alguien decide curarse, puede permanecer paralizado durante años.

Dada la gravedad de los síntomas que mostraba, si no conseguía acceder a él, mi única alternativa sería recomendarle a mi colega, el jefe de psiquiatría del Centro Médico del Ejército William Beaumont, donde había realizado mi doctorado. El doctor Harold Kolmer le diagnosticaría catatonia, lo hospitalizaría y, probablemente, le recetaría algún medicamento antipsicótico como el haloperidol. Me imaginé a Jason vestido con una bata de hospital, con los ojos aún vidriosos, el cuerpo, ahora tan tenso, retorciéndose por los espasmos musculares consecuencia de los fármacos recetados para el tratamiento de la psicosis. Confío plenamente en los conocimientos de mis colegas psiquiatras y agradezco la medicación que salva vidas. Sin embargo, no me gusta precipitarme a la hora de ingresar a los pacientes si la intervención terapéutica tiene alguna probabilidad de éxito. Tenía miedo de que, si recomendaba la hospitalización y medicación de Jason sin analizar antes otras opciones, cambiaría una insensibilidad por otra, las extremidades inmóviles por los movimientos involuntarios de la discinesia, una danza descoordinada de tics y gestos repetitivos que se produce cuando el sistema nervioso envía al cuerpo señales para que se mueva sin permiso de la mente. Su dolor, fuera cual fuera la causa, podría quedar enmudecido por los fármacos, pero no se eliminaría. Quizá se sentiría mejor, o sentiría menos, cosa que a menudo confundimos con sentirse mejor, pero no se curaría.

«¿Y ahora qué?», me pregunté mientras los minutos transcurrían pesadamente con Jason inmóvil en el sofá, por decisión propia, pero todavía prisionero. Solo tenía una hora. Una oportunidad. ¿Podría acceder a él? ¿Podría ayudarle a eliminar su potencial para la violencia, el cual podía sentir a través de mi piel tan claramente como la corriente del aire acondicionado? ¿Podría ayudarle a ver que, fuera cual fuera su problema y fuera cual fuera su dolor, él tenía la llave que le conduciría a la libertad? Yo entonces no sabía que, si no conseguía acceder a Jason aquel mismo día, le esperaba un destino mucho peor que una habitación de hospital: una vida en una cárcel de verdad, probablemente en el corredor de la muerte. Entonces solo sabía que tenía que intentarlo.

Al examinar a Jason supe que para acceder a él no podría recurrir al lenguaje de los sentimientos; me decanté por un lenguaje más cómodo y habitual para alguien perteneciente al ejército. Le daría órdenes. Tenía la impresión de que la única esperanza de desbloquearlo era hacer que la sangre circulara por su cuerpo.

—Vamos a dar un paseo —dije. No pregunté. Di la orden—. Capitán, vamos a llevar a Tess al parque, ahora.

Jason pareció aterrorizado por un momento. Allí estaba aquella mujer, una extraña con un marcado acento húngaro, diciéndole lo que tenía que hacer. Podía verlo mirar a su alrededor, preguntándose: «¿Cómo puedo salir de aquí?». Pero era un buen soldado. Se levantó.

—Sí, señora —dijo—. Sí, señora.

No tardé en descubrir el origen del trauma de Jason, y él descubrió que, a pesar de nuestras evidentes diferencias, teníamos mucho en común. Los dos conocíamos la violencia. Y los dos sabíamos qué era quedarse paralizado. Yo también tenía una herida en mi interior, una pena tan profunda que, durante muchos años, había sido incapaz de explicársela a nadie.

Mi pasado me seguía atormentando: una sensación de angustia y mareo cada vez que oía sirenas, pisadas ruidosas u hombres gritando. Eso, como aprendí, es un trauma: una sensación casi permanente en el estómago de que algo está mal, o de que algo terrible está a punto de suceder, reacciones automáticas de mi cuerpo ante el miedo diciéndome que huya, que me proteja, que me esconda del peligro que está en todas partes. Mi trauma puede incluso surgir en situaciones cotidianas. Una imagen repentina, un olor concreto, pueden trasladarme al pasado. El día que conocí al capitán Fuller, habían pasado más de treinta años desde que había sido liberada de los campos de concentración del Holocausto. Hoy han pasado más de setenta. Lo sucedido no puede olvidarse ni cambiarse jamás. Pero, con el tiempo, he aprendido que puedo decidir cómo reaccionar ante el pasado. Puedo sentirme desgraciada o esperanzada. Puedo sentirme deprimida o feliz. Siempre tenemos la posibilidad de decidir, la posibilidad de tener el control. He aprendido a decirme a mí misma, una y otra vez, hasta que la sensación de pánico empieza a remitir, que «estoy aquí. Esto es ahora».

La lógica habitual propone que, si algo te molesta o te provoca ansiedad, no lo mires. No te recrees en ello. No vayas. De modo que huimos de traumas y sufrimientos pasados o de incomodidades y conflictos actuales. Durante gran parte de mi madurez, creí que mi supervivencia en el presente dependía de mantener encerrado el pasado y sus tinieblas. Durante mis primeros años como inmigrante en Baltimore en la década de 1950, ni siquiera sabía pronunciar Auschwitz en inglés. En cualquier caso, no habría querido explicarle a nadie que había estado allí, aunque hubiera podido. No quería la compasión de nadie. No quería que nadie lo supiera.

Yo solo quería ser una auténtica yanqui. Hablar inglés sin acento. Esconderme del pasado. Ansiosa por integrarme y temiendo ser engullida por el pasado, me esforcé mucho por ocultar mi dolor. Aún no había descubierto que tanto mi silencio como mi deseo de aceptación, ambos basados en el miedo, eran una forma de huir; que al decidir no plantar cara al pasado ni a mí misma, décadas después del fin de mi encierro literal, seguía optando por no ser libre. Yo era dueña de mi secreto, y mi secreto me poseía.

El capitán del ejército, sentado inmóvil en mi sofá, catatónico, me recordó lo que yo misma había acabado por descubrir: que cuando ocultamos a la fuerza nuestra realidad y nuestra historia, los secretos pueden convertirse en trauma, en prisión. Lejos de disminuir el dolor, todo lo que nos negamos a intentar aceptar se convierte en una realidad tan inexpugnable como los muros de cemento y las barras de acero. Si no nos permitimos afligirnos por nuestras pérdidas, heridas y decepciones, estamos condenados a revivirlas.

La libertad reside en aceptar lo sucedido. La libertad significa armarnos de valor para desmantelar la prisión pieza a pieza.

* * *

Cosas malas, me temo, le pasan a todo el mundo. Eso no lo podemos cambiar. Si miras tu certificado de nacimiento, ¿dice en algún sitio que la vida vaya a ser fácil? No. Sin embargo, muchos de nosotros seguimos atrapados en un trauma o pesar, incapaces de vivir plenamente nuestras vidas. Pero eso sí que lo podemos cambiar.

Recientemente, en el aeropuerto Kennedy, mientras esperaba mi vuelo de vuelta a San Diego, me senté y estudié los rostros de todos los desconocidos que pasaban. Lo que vi me conmovió profundamente. Vi aburrimiento, rabia, tensión, preocupación, confusión, desánimo, decepción, tristeza y, lo más preocupante de todo, vacío. Me entristeció mucho ver tan poca alegría y risa. Incluso los momentos más insulsos de nuestra vida son oportunidades para experimentar esperanza, optimismo y felicidad. La vida mundana también es vida. Igual que la vida dolorosa y la vida estresante. ¿Por qué a menudo nos causa desasosiego sentirnos vivos, o nos alejamos de la posibilidad de sentir la vida plenamente? ¿Por qué cuesta tanto llenar la vida de vida?

Si me preguntaran cuál es el diagnóstico más habitual de las personas a las que trato, no respondería depresión ni trastorno de estrés postraumático, a pesar de que esas afecciones son absolutamente habituales entre quienes he conocido, amado y guiado a la libertad. No, diría que es el hambre. Estamos hambrientos. Tenemos hambre de aprobación, de atención, de afecto. Tenemos hambre de libertad para aceptar la vida, conocernos y ser realmente nosotros mismos.

Mi propia búsqueda de la libertad y mis años de experiencia como licenciada en Psicología Clínica me han enseñado que el sufrimiento es universal. Sin embargo, el victimismo es opcional. Existe una diferencia entre victimización y victimismo. Todos podemos ser victimizados de algún modo en el transcurso de nuestras vidas. Todos, en algún momento, padeceremos algún tipo de desgracia, calamidad o abuso, provocados por circunstancias, personas o instituciones sobre las que tenemos poco o ningún control. Así es la vida. Y eso es la victimización. Viene del exterior. Son los matones del barrio, el jefe que se enoja, el marido que pega, el amante que engaña, la ley discriminatoria, el accidente que te envía al hospital.

En cambio, el victimismo procede del interior. Nadie puede convertirnos en víctima excepto nosotros mismos. Nos convertimos en víctimas, no por lo que nos sucede, sino porque decidimos aferrarnos a nuestra victimización. Desarrollamos una mentalidad de víctima; una forma de pensar y de ser rígida, culpabilizadora, pesimista, atrapada en el pasado, implacable, castigadora y sin límites o fronteras saludables. Nos convertimos en nuestros propios carceleros cuando optamos por limitarnos mediante la mentalidad de la víctima.

Quiero dejar muy clara una cosa. Cuando hablo de víctimas y supervivientes, no estoy culpando a las víctimas, muchas de las cuales no tuvieron nunca una oportunidad. Nunca podría culpar a quienes fueron enviados directamente a las cámaras de gas o murieron en su catre, ni siquiera a quienes se electrocutaron con la alambrada electrificada. Siento pena por todas las personas, sea cual sea su procedencia, condenadas a sufrir violencia y destrucción. Vivo para guiar a otras hacia una posición de fortalecimiento ante todas las penurias de la vida.

Quiero decir también que no existe una jerarquía del sufrimiento. No hay nada que haga que mi dolor sea mejor o peor que el tuyo, no existe ninguna gráfica en la que podamos plasmar la importancia relativa de un pesar respecto a otro. La gente me dice: «Estoy pasando por un momento muy duro de mi vida, pero no tengo derecho a quejarme; esto no es Auschwitz». Estas comparaciones pueden llevarnos a minimizar o subestimar nuestro propio sufrimiento. Ser un superviviente, salir adelante, requiere una aceptación absoluta de lo que se ha sido y lo que se es. Si menospreciamos nuestro dolor o nos castigamos por sentirnos perdidos, solos o asustados ante las vicisitudes de nuestras vidas, por muy insignificantes que estas le parezcan a cualquiera, estaremos decidiendo ser víctimas. No veremos nuestras opciones. Nos estaremos juzgando. No quiero que escuches mi historia y digas: «Mi sufrimiento es menos grave». Quiero que escuches mi historia y digas: «¡Si ella puede hacerlo, yo también!».

Una mañana atendí a dos pacientes de manera consecutiva, ambas eran madres de unos cuarenta y tantos años. La primera mujer tenía una hija que se estaba muriendo de hemofilia. Se pasó la mayor parte de la visita llorando, preguntando cómo era Dios capaz de arrebatarle la vida a su niña. Sentí una enorme pena por aquella mujer; se dedicaba en cuerpo y alma al cuidado de su hija y estaba destrozada ante su inminente pérdida. Estaba enojada, afligida y no estaba segura en absoluto de si sobreviviría al dolor. Mi siguiente paciente acababa de llegar del club, no del hospital. También ella se pasó gran parte de la hora llorando. Estaba disgustada porque le acababan de entregar su nuevo Cadillac y el tono de amarillo de la carrocería no era el correcto. A primera vista, su problema parecía insignificante, especialmente al compararlo con la angustia de mi paciente anterior ante la muerte de su hija. Sin embargo, yo la conocía lo suficiente para entender que sus lágrimas de decepción por el color de su coche eran en realidad lágrimas de decepción por otras cosas más importantes de la vida que no le habían salido como esperaba: un matrimonio en el que se sentía sola, un hijo expulsado por enésima vez de otro colegio, sus aspiraciones de desarrollar una carrera profesional, que había abandonado para estar más disponible para su marido y su hijo. A menudo, los pequeños disgustos de nuestra vida simbolizan pérdidas mayores; las preocupaciones aparentemente insignificantes indican un dolor mayor.

Aquel día me di cuenta de lo mucho que mis dos pacientes, aparentemente tan distintas, tenían en común entre sí y con todo el mundo. Ambas mujeres reaccionaban frente a una situación que no podían controlar y ante la que sus expectativas se habían visto truncadas. Ambas padecían y sufrían porque algo no era como deseaban o esperaban que fuera; estaban intentando conciliar lo que sucedía con lo que debería haber sucedido. El dolor de las dos mujeres era real. Cada una de ellas estaba sumida en el drama humano de encontrarse ante una situación que no vimos venir y que no estamos preparados para gestionar. Ambas mujeres merecían mi compasión. Ambas tenían capacidad para curarse. Las dos, como todos nosotros, podían decidir adoptar una actitud y realizar acciones que las hicieran pasar de ser víctimas a supervivientes, aunque las circunstancias a las que se enfrentaban no cambiasen. Los supervivientes no tienen tiempo de preguntar, «¿Por qué a mí?». Para los supervivientes, la única pregunta relevante es: «¿Y ahora qué?».

Tanto si estás en los albores de tu vida como si estás en la plenitud o en el ocaso, tanto si has experimentado un profundo pesar como si simplemente estás empezando a sufrir, tanto si te estás enamorando por primera vez como si estás perdiendo a tu pareja de edad avanzada, tanto si te estás recuperando de un suceso trascendente como si estás tratando de hacer algunos pequeños ajustes que podrían aportar más alegría a tu vida, me gustaría ayudarte a descubrir cómo escapar del campo de concentración de tu vida y convertirte en la persona que tenías que ser. Me encantaría ayudarte a experimentar la libertad frente al pasado, libertad frente a los fracasos y miedos, libertad frente a la rabia y los errores, libertad frente al remordimiento y el duelo no superado, y libertad para disfrutar plenamente del rico festín de la vida. No podemos decidir tener una vida sin dolor. Pero podemos decidir ser libres, escapar del pasado, nos suceda lo que nos suceda, y adaptarnos a lo posible. Te invito a que decidas ser libre.

Como el *jalá* que hacía mi madre para la cena de los viernes, este libro tiene tres partes: mi historia de supervivencia, mi historia de autocuración y las historias de las maravillosas personas a las que he tenido el privilegio de guiar a la libertad. Transmito mi experiencia tal como la recuerdo. Las historias de los pacientes reflejan fielmente el fondo de sus experiencias, pero cambié todos los nombres y detalles identificativos y, en algunos casos, combiné pacientes que experimentaban problemas parecidos. Lo que sigue es la historia de las decisiones, grandes y pequeñas, que pueden conducirnos del trauma al triunfo, de la oscuridad a la luz, de la reclusión a la libertad.

CAPÍTULO 1
—
LAS CUATRO PREGUNTAS

Podría sintetizar toda mi vida en un momento, en una imagen; es esta: tres mujeres con abrigos de lana oscuros esperan tomadas del brazo en un patio desolado. Están agotadas. Tienen polvo en los zapatos. Forman parte de una fila muy larga.

Las tres mujeres son mi madre, mi hermana Magda y yo. Es nuestro último momento juntas. No lo sabemos. Nos negamos a planteárnoslo. O estamos demasiado cansadas para especular siquiera sobre qué nos espera. Es un momento de separación, la de la madre de las hijas, la de la vida como había sido hasta entonces de lo que vendría después. Y, a pesar de todo, solo puedo darle ese significado en retrospectiva. Nos veo a las tres desde atrás, como si fuera la siguiente en la fila. ¿Por qué la memoria me muestra la parte trasera de la cabeza de mi madre y no su cara? Su pelo largo está recogido en una elaborada trenza sujeta con un clip en la parte superior de la cabeza. Las ondas de color castaño claro de Magda le tocan los hombros. Mi pelo negro está embutido bajo una bufanda. Mi madre está de pie en el centro y Magda y yo nos inclinamos hacia adentro. Es imposible discernir si somos nosotras las que mantenemos derecha a nuestra madre o viceversa, si su fuerza es el pilar que nos sostiene a Magda y a mí.

Ese momento es la antesala de una de las mayores pérdidas de mi vida. Durante siete décadas, he vuelto una y otra vez a esa imagen de nosotras tres. La he estudiado como si, escudriñándola lo suficiente, pudiera recuperar algo precioso. Como si pudiera recobrar la vida que antecede a ese momento, la vida que antecede a la pérdida. Como si eso fuera posible.

He regresado para poder permanecer un poco más en ese momento en que nuestros brazos están juntos y nos mantenemos unidas. Veo nuestros hombros inclinados. El polvo que se deposita en la parte inferior de nuestros abrigos. Mi madre. Mi hermana. Yo.

* * *

Nuestros recuerdos de infancia son a menudo fragmentos, breves instantes o encuentros que, juntos, conforman el álbum de recortes de nuestra vida. Son lo único que nos queda para entender la historia que nos explicamos a nosotros mismos acerca de quiénes somos.

Incluso antes del momento de nuestra separación, mi recuerdo más íntimo de mi madre, aunque lo guardo con cariño en mi memoria, está lleno de pena y pérdida. Estamos solas en la cocina y ella está envolviendo los restos del *strudel*, que hizo con una masa que le vi cortar y plegar a mano como si fuera una gruesa sábana, sobre la mesa del comedor. «Léeme», dice, y tomo el deteriorado ejemplar de *Lo que el viento se llevó* de su mesita de noche. Ya lo leímos entero una vez. Ahora, lo volvimos a empezar. Me detengo en la misteriosa dedicatoria escrita en inglés en la primera página del libro traducido. La caligrafía es de hombre, pero no es la de mi padre. Mi madre se limita a decir que el libro fue el regalo de un hombre al que conoció cuando trabajaba en el Ministerio de Asuntos Exteriores, antes de conocer a mi padre.

Nos sentamos en sillas de respaldo recto junto a la estufa de leña. Leo la novela adulta con fluidez, a pesar de que solo tengo nueve años. «Me alegro de que tengas cerebro, porque no tienes porte», me lo ha dicho en más de una ocasión; un halago y una crítica a la vez. A veces puede ser dura conmigo. Pero disfruto de ese momento. Cuando leemos juntas no tengo que compartirla con nadie. Me sumerjo en las palabras, en la historia y en la sensación de estar sola en el mundo con ella. Escarlata regresa a Tara al final de la guerra y descubre que su madre ha muerto y su padre enloqueció de pena. «A Dios pongo por testigo —dice Escarlata— de que nunca volveré a pasar hambre». Mi madre ha cerrado los ojos y reclina la cabeza en el respaldo de la silla. Quiero subirme a su regazo. Quiero apoyar mi cabeza contra su pecho. Quiero que me toque el pelo con los labios.

—Tara… —dice—. América, ese sí que sería un sitio bonito de ver.

Ojalá dijera mi nombre con la misma dulzura con que nombra un país que no ha visto nunca. Todos los olores de la cocina de mi madre se mezclan en mí con el drama del hambre y las comilonas; siempre, incluso en las comilonas, ese anhelo. No sé si el anhelo es suyo o mío, o si es algo que compartimos.

Nos sentamos separadas por el fuego.

—Cuando tenía tu edad… —empieza.

Ahora que habla, me da miedo moverme, temo que deje de hablar si lo hago.

—Cuando tenía tu edad, los bebés dormían juntos y mi madre y yo compartíamos cama. Una mañana, me desperté porque mi padre me estaba llamando, «Ilonka, despierta a tu madre, no me ha preparado el desayuno ni la ropa». Me giré hacia ella, que estaba a mi lado bajo las sábanas. Pero no se movía. Estaba muerta.

Nunca me había explicado eso antes. Yo quiero conocer todos los detalles de ese momento en el que una hija se despierta al lado de una madre a la que ya ha perdido. También quiero apartar la mirada. Es algo demasiado aterrador en lo que pensar.

—Cuando la enterraron aquella tarde, pensaba que la habían enterrado viva. Aquella noche, mi padre me dijo que hiciera la cena para la familia. Y eso fue lo que hice.

Espero a oír el resto de la historia. Espero la moraleja del final, o un consuelo.

—Hora de dormir —es lo único que dice mi madre. Se inclina para barrer las cenizas que hay bajo la estufa.

Se oyen unas pisadas sordas en la entrada, al otro lado de la puerta. Huelo el tabaco de mi padre antes incluso de oír el tintineo de sus llaves.

—Señoras —dice—, ¿todavía están despiertas?

Entra en la cocina con los zapatos brillantes y su elegante traje, su amplia sonrisa y una bolsita en la mano que me entrega con un sonoro beso en la frente.

—Volví a ganar —presume. Siempre que juega a las cartas o al billar con sus amigos, comparte sus ganancias conmigo. Hoy trajo un *petit four* recubierto de glaseado rosa. Si yo fuera mi hermana Magda, mi madre, siempre preocupada por su peso, me habría arrebatado el regalito, pero a mí me hace un gesto de aprobación con el que me da permiso para comérmelo.

Ahora está de pie, yendo de la estufa al fregadero. Mi padre la intercepta y le levanta la mano para hacerla girar por la habitación, cosa que ella hace, rígida, sin una sonrisa. La atrae hacia sí para abrazarla, con una mano en la espalda y la otra tanteando su pecho. Mi madre se lo quita de encima con un gesto.

—Para tu madre soy un fracasado —me susurra a medias mi padre mientras salimos de la cocina. ¿Quiere que ella le oiga o se trata de un secreto destinado solo a mí? En cualquier caso, es algo que guardo para meditar sobre ello más tarde. Sin embargo, la amargura de su voz me asusta.

—Quiere ir a la ópera cada noche, llevar una vida cosmopolita y de lujo. Yo solo soy un sastre. Un sastre y un jugador de billar.

El tono derrotado de mi padre me desconcierta. Es muy conocido y apreciado en nuestra ciudad. Alegre, sonriente, siempre parece relajado y animado. Le gusta salir por ahí. Sale con sus numerosos amigos. Le encanta la comida (especialmente el jamón, que a veces entra a escondidas en nuestro hogar *kosher*, y que come directamente del papel de periódico que lo envuelve, al tiempo que introduce bocados de cerdo prohibido en mi boca y soporta las acusaciones de mi madre de que es un mal ejemplo). Su sastrería ha ganado dos medallas de oro. No solo cose costuras uniformes y dobladillos rectos. Es un maestro de la costura. Así fue como conoció a mi madre; ella acudió a su taller porque necesitaba un vestido y le habían recomendado encarecidamente su trabajo. Sin embargo, él habría querido ser médico, no sastre, un sueño del que su padre lo disuadió y por el que, de vez en cuando, la decepción aflora en él.

—Tú no eres un sastre cualquiera, papá —le tranquilizo—. ¡Tú eres el mejor sastre!

—Y tú vas a ser la damisela mejor vestida de Košice —me dice acariciándome la cabeza—. Tienes una figura perfecta para la costura.

Parece que ha recordado quién es. Empuja su decepción otra vez hacia las sombras. Llegamos a la puerta del dormitorio que comparto con Magda y nuestra hermana mediana, Klara, en el que puedo imaginarme a Magda fingiendo hacer la tarea y a Klara limpiando el polvo de colofonia de su violín. Mi padre y yo nos detenemos un momento en la puerta, ninguno de los dos está listo para separarse del otro.

—Quería que fueras un niño, ¿sabes? —dice mi padre—. Di un portazo cuando naciste. Estaba furioso por tener otra niña. Pero ahora eres la única con quien puedo hablar.

Me besa en la frente.

Me encanta sentir el afecto de mi padre. Igual que el de mi madre, es precioso... y precario. Como si mi merecimiento de su amor tuviera menos que ver conmigo que con su soledad. Como si mi identidad no tuviera que ver con nada de lo que soy o tengo, y fuera únicamente un indicador de lo que le falta a cada uno de mis padres.

—Buenas noches, Dicuka —dice al fin mi padre. Utiliza el apelativo cariñoso que me puso mi madre. Ditzu-ka. Esas sílabas sin sentido me transmiten cariño—. Dile a tus hermanas que es hora de apagar la luz.

Cuando entro en la habitación, Magda y Klara me reciben con la canción que inventaron para mí. La crearon cuando yo tenía tres años y uno de mis ojos se quedó bizco a causa de una intervención médica mal hecha. «Eres fea, eres enclenque», cantan. «Nunca encontrarás marido.» Desde el accidente, inclino la cabeza hacia el suelo al caminar para no tener que ver a nadie observar mi rostro torcido. Todavía no he aprendido que el problema no es que mis hermanas me hagan rabiar con una canción perversa; el problema es que yo les creo. Estoy tan convencida de mi inferioridad que nunca me presento a la gente por mi nombre. Nunca le digo a nadie: «Soy Edie». Klara es una niña prodigio del violín. Interpretaba con maestría el concierto para violín de Mendelssohn cuando solo tenía cinco años. «Soy la hermana de Klara», digo.

Pero esta noche tengo una información especial. «La madre de mamá murió cuando ella tenía exactamente la misma edad que yo», le digo. Estoy tan convencida de la naturaleza privilegiada de esta información que no se me ocurre que para mis hermanas eso no es nada nuevo; que yo soy la última en saberlo, no la primera.

—Estás bromeando —dice Magda, con una voz tan claramente sarcástica que hasta yo la percibo. Tiene quince años, pechos, labios sensuales y pelo ondulado. Es la más bromista de la familia. Cuando éramos más pequeñas, me enseñó a lanzar uvas desde la ventana de nuestro dormitorio a las tazas de café de los clientes sentados en el patio. Inspirada por ella, pronto inventé mis propios juegos, pero, para entonces, los intereses habían cambiado. Mi amiga y yo nos pavonearemos ante los chicos en el colegio o en la calle. «Quedamos a las cuatro en punto junto al reloj de la plaza», decimos pestañeando. Vendrán, siempre vendrán, a veces atolondrados, a veces tímidos y a veces contoneándose expectantes. Desde la seguridad de mi dormitorio, mi amiga y yo miraremos cómo llegan los chicos.

—No te pases —le dice Klara a Magda bruscamente. Es más joven que Magda, pero interviene para protegerme—. ¿Ves esa foto que hay encima del piano? —me dice—. ¿Esa a la que siempre le habla mamá? Es su madre.

Sé de que foto habla. La he mirado cada día de mi vida. «Ayúdame, ayúdame», gime mi madre ante el retrato mientras limpia el polvo del piano y barre el suelo. Me da vergüenza no haberle preguntado nunca a mi madre —ni a nadie— de quién era la foto. Y me siento decepcionada de que mi información no me otorgue una categoría especial entre mis hermanas.

Estoy acostumbrada a ser la hermana silenciosa, la invisible. No se me ocurre que quizá Magda esté cansada de ser la payasa o que a Klara le moleste ser la niña prodigio. No puede dejar de ser extraordinaria, ni siquiera un segundo, o lo perdería todo: la adoración a la que está acostumbrada, el sentido de identidad. Magda y yo tenemos que trabajar para lograr algo que sabemos con seguridad que no será suficiente; a Klara le preocupa cometer un error fatal en cualquier momento y perderlo todo. Klara lleva tocando el violín toda mi vida, desde que tenía tres años. Hasta mucho más tarde, no fui consciente del precio que tuvo que pagar por su extraordinario talento: dejó de ser una niña. Nunca la vi jugar con muñecas. En lugar de eso, se ponía ante una ventana abierta a ensayar, incapaz de disfrutar de su genialidad creativa a menos que pudiera congregar a una audiencia de transeúntes para que fueran testigos de ella.

—¿Mamá quiere a papá? —pregunto a mis hermanas. La distancia entre nuestros padres, las cosas tristes que me han confesado ambos, me recuerdan que nunca los he visto vestirse para salir juntos.

—Qué pregunta —dice Klara. Aunque niega mi preocupación, creo ver reconocimiento en sus ojos. Nunca volveremos a hablar de ello, aunque lo intentaré. Me llevará años aprender lo que mis hermanas ya deben de saber, que lo que denominamos amor es, a menudo, algo más condicional: la recompensa ante una actuación, algo con lo que te conformas.

Cuando nos ponemos los camisones y nos metemos en la cama, borro la preocupación por mis padres y me pongo a pensar en mi profesor de *ballet* y su mujer; en la sensación que noto cuando subo los escalones del estudio de dos en dos o de tres en tres, me quito la ropa del colegio y me pongo el maillot y las medias. Llevo estudiando *ballet* desde que tenía cinco años, cuando mi madre intuyó que yo no era música, pero que tenía talento para otra cosa. Precisamente hoy practicamos el *spagat*. El profesor de *ballet* nos recordó que fuerza y flexibilidad son inseparables; que para que un músculo flexione, otro debe abrirse; para lograr agilidad y flexibilidad, debemos mantener los músculos fuertes.

Retengo sus instrucciones en mi mente como una oración. Allá voy, la columna recta, los músculos abdominales tensos, las piernas separadas. Sé respirar, especialmente cuando me siento bloqueada. Me imagino mi cuerpo expandiéndose como las cuerdas del violín de mi hermana, encontrando el punto exacto de tensión que hace que el instrumento suene. Y allá voy. Aquí estoy. Con las piernas totalmente extendidas. «¡Bravo!» El profesor de *ballet* aplaude. «Quédate así.» Me levanta del suelo por encima de su cabeza. Me cuesta mantener las piernas extendidas sin apoyarme en el suelo, pero, por un momento, me siento como una ofrenda. Pura luz. «Editke —me dice la profesora—, todo el éxtasis de tu vida vendrá de tu interior.» Tardaré años en entender realmente qué quiere decir. De momento, lo único que sé es que puedo respirar y estirarme y girar y doblarme. Mientras mis músculos se estiran y se fortalecen, cada movimiento, cada postura, parecen decir: «Soy, soy, soy. Soy yo. Soy alguien».

* * *

La memoria es un terreno sagrado. Pero también embrujado. Es el lugar en el que mi rabia, mi culpa y mi pena dan vueltas como pájaros hambrientos en busca de los mismos huesos viejos. Es el lugar al que acudo en busca de la respuesta a la pregunta que no puede contestarse. ¿Por qué sobreviví?

Tengo siete años y mis padres celebran una fiesta. Me mandan llenar una jarra de agua. Desde la cocina los oigo bromear: «A esa nos la podríamos haber ahorrado». Creo que se refieren a que antes de que yo llegara ya eran una familia completa. Tenían una hija que tocaba el piano y una hija que tocaba el violín. Soy innecesaria. No soy lo bastante buena, no hay sitio para mí, pienso. Así es como malinterpretamos los hechos en nuestras vidas, como asumimos cosas sin comprobarlas, como nos inventamos una historia que nos explicamos a nosotros mismos, reforzando lo que ya creemos.

Un día, con ocho años, decido irme de casa. Probaré la teoría de que soy prescindible, invisible. Veré si mis padres se dan cuenta siquiera de que me fui. En lugar de ir a la escuela, tomo el tranvía a casa de mis abuelos. Confío en que mis abuelos, el padre y la madrastra de mi madre, me cubrirán. Se pelean constantemente con mi madre a causa de Magda, y esconden galletas en el cajón del tocador de mi hermana. Para mí, representan la seguridad, aunque autorizan lo prohibido. Se agarran de la mano, cosa que mis padres no hacen nunca. No hay que actuar para conseguir su amor, ni fingir para obtener su aprobación. Son el bienestar: el olor de la carne y los frijoles cocidos, del pan dulce, del *cholent*, un delicioso estofado que mi madre lleva a la panadería para que se lo cocinen el *sabbat*, ya que la ortodoxia no permite utilizar el horno propio.

Mis abuelos se alegran de verme. Es una mañana maravillosa. Me siento en la cocina y como pastelitos de frutos secos. Pero, entonces, suena el timbre de la puerta. Mi abuelo va a abrir. Un momento después vuelve corriendo a la cocina. Es un poco sordo y me avisa demasiado fuerte. «¡Escóndete, Dicuka! —grita—. ¡Tu madre está aquí!» Tratando de protegerme, me delata.

Lo que más me preocupa es la mirada de mi madre cuando me ve en la cocina de mis abuelos. No es que le sorprenda verme allí, es como si el hecho mismo de mi existencia la hubiera agarrado desprevenida. Como si no fuera lo que quería o esperara.

Nunca seré guapa, eso ya lo dejó claro mi madre, pero el año de mi décimo cumpleaños, me asegura que ya no tendré que esconder mi cara nunca más. El doctor Klein, de Budapest, me arreglará el ojo bizco. En el tren a Budapest, como chocolate y disfruto de la atención exclusiva de mi madre. El doctor Klein es una eminencia, dice mi madre, el primero en realizar cirugía ocular sin anestesia. Yo estoy demasiado inmersa en el romanticismo del viaje y en el privilegio de tener a mi madre solo para mí como para darme cuenta de que me está avisando. Nunca me he planteado que la cirugía me vaya a doler. No hasta que el dolor me consume. Mi madre y sus parientes, los que nos pusieron en contacto con el célebre doctor Klein, sujetan mi convulsionado cuerpo contra la mesa de operaciones. Peor que el dolor, que es enorme e ilimitado, es la sensación de notar a personas que me quieren sujetándome para que no me mueva. Solo más adelante, mucho después de que la operación resultase satisfactoria, soy capaz de contemplar la escena desde el punto de vista de mi madre e imaginar cómo debió de sufrir a causa de mi sufrimiento.

Cuando más feliz me siento es cuando estoy sola, cuando puedo retirarme a mi mundo interior. Una mañana, con trece años, de camino a clase en una escuela secundaria privada, practico los pasos de la coreografía de *El Danubio azul* que mi clase interpretará en un festival junto al río. Entonces, la imaginación se adueña de mí y me sumerjo en una nueva danza de mi invención, una en la que me imagino a mis padres encontrándose. Bailo los dos papeles. Mi padre mira dos veces haciéndose el payaso al ver a mi madre entrar en la sala. Mi madre da vueltas cada vez más rápido y salta cada vez más alto. Yo arqueo mi cuerpo en una risa feliz. Nunca he visto muy contenta a mi madre, nunca la he oído reír desde las entrañas, pero, en mi cuerpo, siento el pozo sin explotar de su felicidad.

Cuando llego al colegio, el dinero de la colegiatura que me dio mi padre para pagar todo un trimestre desapareció. De algún modo, en el fragor de la danza, lo perdí. Busco en todos los bolsillos y pliegues de mi ropa, pero no está. Durante todo el día, el pavor de decírselo a mi padre me abrasa como hielo en el estómago. En casa, es incapaz de mirarme mientras levanta los puños. Es la primera vez que le pega a una de nosotras. Cuando termina no me dice ni una palabra. Aquella noche, en la cama, quiero morirme para que mi padre sufra por lo que me hizo. Y, a continuación, deseo que mi padre muera.

¿Me dan esos recuerdos una imagen de mi fortaleza? ¿O de mis heridas? Tal vez la infancia sea el terreno en el que intentamos determinar cuánto importamos y cuánto no, un mapa en el que estudiamos las dimensiones y las fronteras de nuestra valía.

Tal vez la vida sea un estudio de las cosas que no tenemos pero que nos gustaría tener y de las cosas que tenemos pero que nos gustaría no tener.

Me llevó tres décadas descubrir que podía encarar mi vida con una pregunta diferente. No ¿por qué vivo?, sino ¿qué puedo hacer con la vida que he recibido?

Los dramas cotidianos de mi familia se complicaron a causa de las fronteras y las guerras. Antes de la Primera Guerra Mundial, la región de Eslovaquia en la que nací y me crié formaba parte del Imperio austrohúngaro, pero, en 1918, una década antes de mi nacimiento, el Tratado de Versalles rediseñó el mapa de Europa y creó un nuevo estado. Checoslovaquia se improvisó uniendo la agrícola Eslovaquia, la región de donde procedía mi familia, que era de etnia húngara y eslovaca, las regiones más industrializadas de Moravia y Bohemia, las cuales eran de etnia checa, y la Rutenia subcarpática, una región que actualmente forma parte de Ucrania. Con la creación de Checoslovaquia, mi ciudad natal, Kassa, en Hungría, pasó a ser Košice, en Checoslovaquia. Y mi familia pasó a formar parte de una minoría en dos sentidos. Éramos de etnia húngara viviendo en un país predominantemente checo y éramos judíos.

Aunque los judíos habían vivido en Eslovaquia desde el siglo XI, hasta 1840 no se les permitió establecerse en Kassa. Incluso entonces, los funcionarios municipales, respaldados por los gremios de comerciantes cristianos, les ponían las cosas difíciles a los judíos que querían vivir allí. Sin embargo, a principios del siglo XX, Kassa se había convertido en una de las comunidades judías más grandes de Europa. A diferencia de lo sucedido en otros países de Europa del Este, como Polonia, los judíos no formaron guetos (razón por la cual mi familia hablaba únicamente húngaro y no yidis). No estábamos marginados y gozábamos de numerosas oportunidades educativas, profesionales y culturales. Sin embargo, a pesar de ello, nos topábamos con prejuicios, sutiles y explícitos. El antisemitismo no fue un invento de los nazis. Al crecer, interioricé un sentimiento de inferioridad y la creencia de que era más seguro no admitir que era judía, que era más seguro integrarse, mezclarse, no destacar nunca. Era difícil encontrar una idea de identidad y pertenencia. Entonces, en noviembre de 1938, Hungría se anexionó de nuevo Košice y tuvimos la sensación de que el hogar volvía a ser el hogar.

Mi madre está de pie en nuestro balcón del palacio Andrássy, un antiguo edificio transformado en departamentos unifamiliares. Cuelga una alfombra oriental en la barandilla. No está limpiando, está celebrando. El almirante Miklós Horthy, su alteza serenísima, regente del reino de Hungría, llega hoy para dar oficialmente la bienvenida a nuestra ciudad a Hungría. Entiendo la emoción y el orgullo de mis padres. ¡Encajamos! Hoy, yo también doy la bienvenida a Horthy. Interpreto una danza. Llevo un traje típico húngaro: un brillante chaleco y una falda de lana con un llamativo bordado floral, una blusa hinchada de mangas blancas, cintas, encaje y botas rojas. Cuando hago el *grand battement* junto al río, Horthy aplaude. Abraza a las bailarinas. Me abraza.

—Dicuka, ojalá fuéramos rubias como Klara —susurra Magda a la hora de acostarnos.

Todavía faltan años para los toques de queda y las leyes discriminatorias, pero el desfile de Horthy es el punto de partida de todo lo que vendrá después. Por una parte, la ciudadanía húngara ha traído consigo la sensación de pertenencia, pero, por otro, la de exclusión. Estamos encantadas de hablar nuestra lengua materna, de ser aceptadas como húngaras, pero esa aceptación depende de nuestra integración. Los vecinos sostienen que únicamente las personas de etnia húngara que no sean judías pueden vestir los trajes tradicionales.

—Más vale que no digas que eres judía —me advierte mi hermana Magda—. Eso no hará más que hacer que otras personas te quieran quitar tus cosas bonitas.

Magda es la mayor; me explica el mundo. Me da detalles, a veces sobre cosas inquietantes, para que los estudie y reflexione sobre ellos. En 1939, el año que la Alemania nazi invade Polonia, los nazis húngaros, los *nyilas*, ocupan el departamento bajo el nuestro en el palacio Andrássy. Escupen a Magda. Nos desahucian. Nos mudamos a un nuevo departamento en el número 6 de Kossuth Lajos, una calle lateral, en lugar de la avenida principal, menos adecuada para el negocio de mi padre. El departamento está disponible porque sus anteriores inquilinos, otra familia judía, se fueron a Sudamérica. Sabemos que hay más familias judías que se están marchando de Hungría. La hermana de mi padre, Matilda, ya hace años que se fue. Vive en Nueva York, en un lugar llamado el Bronx, un barrio de inmigrantes. Su vida en Estados Unidos parece más limitada que la nuestra. No hablamos de irnos.

Incluso en 1940, cuando tengo trece años y los *nyilas* empiezan a detener a los hombres judíos de Kassa y a enviarlos a un campo de trabajos forzados, la guerra parece muy lejana. A mi padre no lo detienen. Al principio no. Utilizamos la negación como protección. Si no prestamos atención, podemos continuar con nuestras vidas sin darnos cuenta de nada. Podemos construir un mundo seguro en nuestras mentes. Podemos hacernos invisibles al dolor.

Pero, un día de junio de 1941, Magda está fuera de casa en su bicicleta cuando rugen las sirenas. Recorre a toda prisa tres manzanas en busca de la seguridad de la casa de nuestros abuelos y ve que la mitad de esta ha desaparecido. Gracias a Dios, sobrevivieron. Pero su casera no. Fue un único ataque; un barrio arrasado por un bombardeo. Nos dicen que los rusos son los responsables de los escombros y las muertes. Nadie se lo cree, pero, a pesar de ello, nadie puede refutarlo. Somos afortunados y vulnerables a la vez. La única verdad indiscutible es el montón de ladrillos destrozados donde había habido una casa. La destrucción y la ausencia son una realidad. Hungría se une a Alemania en la Operación Barbarroja. Invadimos Rusia.

Más o menos en esa época nos obligan a llevar la estrella amarilla. El truco consiste en esconderla, en hacer que el abrigo la tape. Pero, incluso con mi estrella oculta, me siento como si hubiera hecho algo malo, algo punible. ¿Cuál es mi pecado imperdonable? Mi madre está siempre junto a la radio. Cuando vamos de pícnic junto al río, mi padre cuenta historias de cuando fue prisionero de guerra durante la Primera Guerra Mundial; su trauma, aunque no sé si llamarlo así, tiene algo que ver con el hecho de que coma carne de cerdo, con su alejamiento de la religión. Sé que la guerra está en la raíz de su aflicción. Pero la guerra, esta guerra, todavía tiene lugar en otro sitio. Puedo ignorarla, y lo hago.

Después del colegio, paso cinco horas en el estudio de *ballet* y también empiezo a practicar gimnasia. Aunque empieza siendo una actividad complementaria al *ballet*, la gimnasia pronto se convierte en una pasión y un arte igual de importante. Entro a formar parte de un club de lectura, un grupo compuesto por chicas de mi escuela y alumnos de un colegio privado masculino cercano. Leemos *María Antonieta, retrato de una reina mediocre,* de Stefan Zweig. Hablamos de cómo Zweig escribe la historia desde dentro, desde la mente de una persona. En el club de lectura hay un chico llamado Eric, el cual un día se fija en mí. Lo veo mirarme detenidamente cada vez que hablo. Es alto, con pecas y pelo rojizo. Me imagino Versalles. Me imagino el tocador de María Antonieta. Me imagino encontrándome allí con Eric. No sé nada de sexo, pero soy romántica. Veo que se fija en mí y me pregunto: «¿Cómo serían nuestros hijos? ¿También tendrían pecas?». Eric se me acerca después del debate. Huele muy bien, como la hierba de las orillas del río Hernád, por donde daremos paseos al cabo de poco tiempo.

Nuestra relación es firme y sólida desde el principio. Hablamos de literatura. Hablamos de Palestina (él es un sionista convencido). No es una época de ligue despreocupado, nuestra relación no es un capricho momentáneo, no es un amor adolescente. Es amor a las puertas de la guerra. A los judíos se les impuso un toque de queda, pero una noche nos escabullimos con nuestras estrellas amarillas. Hacemos cola en el cine. Ponen una película estadounidense protagonizada por Bette Davis, *La extraña pasajera*, cuyo título en inglés es, como supe más tarde, *Now, Voyager*, pero que en Hungría se tituló *Utazás a múltból*, viaje al pasado. Bette Davis interpreta a una mujer soltera tiranizada por su controladora madre. Ella intenta encontrar su propia identidad y su libertad, pero es derribada constantemente por su madre y sus críticas. Eric la ve como una metáfora política sobre la autodeterminación y la autoestima. Yo veo rasgos de mi madre y de Magda: mi madre, que adora a Eric, pero reprende a Magda por salir de vez en cuando con chicos; que me ruega que coma más, pero se niega a llenarle el plato a Magda; que siempre está callada y pensativa, pero se enfurece con Magda; cuya ira, aunque nunca va dirigida a mí, me aterroriza igual.

Las batallas familiares, el enfrentamiento con Rusia cada vez más cerca... Nunca sabes qué va a pasar a continuación. En la oscuridad y el caos de la incertidumbre, Eric y yo aportábamos nuestra propia luz. Cada día, a medida que nuestra libertad y nuestras opciones se van limitando, planeamos nuestro futuro. Nuestra relación es como un puente por el que podemos cruzar desde las preocupaciones actuales a las alegrías futuras. Planes, pasión, promesas. Tal vez el torbellino a nuestro alrededor nos da la oportunidad de comprometernos más y dudar menos. Nadie más sabe qué sucederá, pero nosotros sí. Nos tenemos el uno al otro y tenemos el futuro, una vida juntos que podemos ver con tanta claridad como nuestras manos al juntarlas. Un día de agosto de 1941 vamos al río. Él lleva una cámara y me fotografía en traje de baño, haciendo el *spagat* en la hierba. Nos imagino enseñándoles esa foto a nuestros hijos algún día. Diciéndoles cómo mantuvimos vivo nuestro amor y nuestro compromiso.

Cuando llego a casa ese día, mi padre no está. Se lo llevaron a un campo de trabajos forzados. Es un sastre, es apolítico. ¿Cómo puede ser una amenaza para alguien? ¿Por qué fueron por él? ¿Tiene algún enemigo? Hay muchas cosas que mi madre no me explica. ¿Es porque simplemente no las sabe? ¿O me está protegiendo? ¿O se está protegiendo ella? No habla abiertamente de sus preocupaciones, pero durante los largos meses que mi padre no está en casa, puedo sentir lo triste y asustada que está. La veo intentar hacer varias comidas con un solo pollo. Tiene migrañas. Conseguimos un inquilino para compensar la pérdida de ingresos. Tiene una tienda enfrente de nuestro departamento, y me siento durante horas en ella solo para sentir su presencia tranquilizadora.

Magda, que ya es prácticamente adulta, que ya no va al colegio, descubre de algún modo dónde está nuestro padre y lo va a visitar. Lo ve tambalearse bajo el peso de una mesa que tiene que trasladar de un sitio a otro. Ese es el único detalle que me da de su visita. No sé qué significa esa imagen. No sé qué trabajo se le obliga a realizar a mi padre durante su cautiverio. No sé cuánto tiempo estará preso. Tengo dos imágenes de mi padre: una, como lo he conocido toda mi vida, con un cigarro colgando de los labios, un metro alrededor del cuello, tiza en la mano para señalar los patrones en telas caras, los ojos brillantes, listo para cantar una canción o a punto de contar un chiste. Y ahora esta: levantando una mesa demasiado pesada, en un lugar sin nombre, en tierra de nadie.

El día de mi decimosexto cumpleaños, me quedo en casa resfriada y Eric viene a nuestro departamento a darme dieciséis rosas y mi primer beso de verdad. Estoy contenta, pero también triste. ¿A qué me puedo aferrar? ¿Qué dura? Le doy a una amiga la foto que me tomó Eric en la orilla del río. No recuerdo por qué. ¿Para que la guardara en un lugar seguro? No sabía que me iría pronto, mucho antes de mi siguiente cumpleaños. Sin embargo, por alguna razón, debía de saber que alguien tenía que conservar una prueba de mi vida, que tenía que plantar pruebas de mi existencia a mi alrededor como si fueran semillas.

En algún momento, a principios de la primavera, tras siete u ocho meses en el campo de trabajo, mi padre regresa. Es una medida de gracia; fue liberado a tiempo para celebrar la Pascua judía, para la cual faltan una o dos semanas. Eso es lo que creemos. Toma de nuevo el metro y la tiza. No habla del lugar en el que estuvo.

Un día, unas cuantas semanas después de su regreso, me siento en la colchoneta azul del gimnasio y caliento con unos ejercicios de suelo, me toco las puntas de los pies, los flexiono, estiro las piernas, los brazos, el cuello y la espalda. Siento que soy yo de nuevo. No soy la renacuaja bizca que tiene miedo a decir su nombre. No soy la hija que tiene miedo a su familia. Soy una artista y una atleta, mi cuerpo es fuerte y flexible. No tengo la belleza de Magda ni la fama de Klara, pero tengo mi ágil y expresivo cuerpo, cuya incipiente existencia es la única cosa que verdaderamente necesito. Mi entrenamiento, mi habilidad… Mi vida rebosa posibilidades. Las mejores alumnas de mi clase de gimnasia formamos un equipo de entrenamiento olímpico. Los juegos olímpicos de 1944 fueron suspendidos a causa de la guerra, pero eso nos da más tiempo para prepararnos para competir.

Cierro los ojos y estiro los brazos y el torso hacia adelante hasta tocarme las piernas. Mi amiga me da un toquecito con el pie, levanto la cabeza y veo a nuestra entrenadora que se dirige hacia mí. Todas estamos medio enamoradas de ella. No se trata de un enamoramiento sexual. Es la adoración que se le tiene a un héroe. A veces volvemos a casa dando un rodeo para poder pasar junto a su casa y caminamos lo más despacio posible por la banqueta con la esperanza de atisbarla por la ventana. Estamos celosas de lo que no sabemos de su vida. Con la promesa de los juegos olímpicos cuando la guerra acabe por fin, gran parte de mi razón de ser depende del apoyo de mi entrenadora y de su fe en mí. Si logro asimilar todo lo que tiene que enseñarme, y si puedo responder a su confianza, me esperan grandes cosas.

—Editke —dice mientras se acerca a mi colchoneta, utilizando mi nombre formal, pero añadiendo un diminutivo—. Tengo que hablar contigo un momento, por favor.

Sus dedos se deslizan por mi espalda mientras me hace salir al pasillo.

La miro expectante. Tal vez se dio cuenta de cómo he mejorado en el salto. Tal vez quiere que dirija al equipo haciendo más ejercicios de estiramiento después del entrenamiento de hoy. Tal vez me quiere invitar a su casa a cenar. Estoy lista para decir que sí antes de que me lo pregunte.

—No sé cómo decirte esto —empieza. Estudia mi cara y aparta la mirada hacia la ventana donde resplandece el sol de la tarde.

—¿Se trata de mi hermana? —pregunto antes incluso de ser consciente de la terrible imagen que se está formando en mi mente. Klara está estudiando ahora en el conservatorio de Budapest. Nuestra madre fue a Budapest para asistir al concierto de Klara y recogerla para la celebración de la Pascua judía y, mientras mi entrenadora está incómoda a mi lado en el pasillo, incapaz de mirarme a los ojos, tengo miedo de que su tren se haya descarrilado. Es demasiado pronto para que estuvieran viajando de vuelta a casa, pero es la única tragedia que se me ocurre. Incluso en época de guerra, el primer desastre que me pasa por la cabeza es mecánico, una tragedia provocada por un error humano, no por voluntad humana, aunque soy consciente de que algunos de los profesores de Klara, incluidos algunos gentiles, ya han huido de Europa temerosos de lo que se avecina.

—Tu familia está bien. —Su tono no me tranquiliza—. Edith. No es decisión mía, pero soy yo quien tiene que decirte que tu plaza en el equipo olímpico le fue asignada a otra persona.

Creo que voy a vomitar. Me siento extraña en mi propia piel.

—¿Qué hice? —Repaso mentalmente todos los meses de entrenamiento en busca de algo que haya hecho mal—. No lo entiendo.

—Cariño —dice, y ahora me mira a la cara, lo cual es peor, porque veo que está llorando y, en ese momento en el que mis sueños se están haciendo trizas como el papel de periódico en la carnicería, no quiero sentir pena por ella—. La verdad es que ya no puedes formar parte de él debido a tu origen.

Pienso en los niños que me han escupido y me han llamado sucia judía, en mis amigas judías que han dejado de ir al colegio para evitar el acoso y que ahora siguen las clases por la radio. «Si alguien te escupe, escúpele tú —me enseñó mi padre—. Eso es lo que tienes que hacer.» Me planteo escupirle a mi entrenadora. Sin embargo, contraatacar sería aceptar la devastadora noticia. No pienso aceptarla.

—No soy judía —digo.

—Lo siento, Editke —dice—. Lo siento mucho. Quiero que sigas viniendo al gimnasio. Me gustaría pedirte que entrenes a la chica que te sustituirá en el equipo. —De nuevo, me pasa los dedos por la espalda. Dentro de un año, mi espalda estará rota exactamente en el mismo sitio que ella acaricia ahora. Al cabo de algunas semanas, mi vida estará en peligro. Pero aquí, en el pasillo de mi querido gimnasio, parece que mi vida ya ha llegado a su fin.

Durante los días siguientes a mi expulsión del equipo olímpico, planeo mi venganza. No será la venganza del odio, será la venganza de la perfección. Le demostraré a mi entrenadora que soy la mejor. La atleta más consumada. La mejor entrenadora. Entrenaré a mi sustituta tan meticulosamente que demostraré el gran error que han cometido al sacarme del equipo. El día que mi madre y Klara tienen que volver de Budapest, avanzo dando volteretas por la alfombra roja del pasillo hasta nuestro departamento, imaginando que mi sustituta es la actriz suplente y yo soy la estrella protagonista.

Mi madre y Magda están en la cocina. Magda está cortando manzanas para el *jaroset*. Mi madre está mezclando harina para hacer pan ácimo. Trabajan con el ceño fruncido y casi ni se dan cuenta de mi llegada. Esta es su relación ahora. Se pelean todo el tiempo y, cuando no lo hacen, se tratan como si estuvieran en un enfrentamiento. Sus discusiones acostumbraban a ser sobre la comida, con mi madre siempre preocupada por el peso de Magda, pero ahora el conflicto ha aumentado hasta convertirse en una hostilidad general y crónica.

—¿Dónde está Klarie? —pregunto mientras tomo frutos secos cortados de un plato.

—Budapest —dice Magda. Mi madre golpea el plato contra la encimera. Quiero preguntar por qué mi hermana no está con nosotras durante la celebración. ¿De verdad prefiere la música a nosotras? ¿O no le permitieron faltar a clase para acudir a una fiesta que ninguna de sus compañeras celebra? Pero no pregunto. Me da miedo que mis preguntas hagan hervir la rabia que, obviamente, se está calentando en mi madre. Me retiro al dormitorio que compartimos mis padres, Magda y yo.

Cualquier otra noche, especialmente durante una celebración, nos reuniríamos en torno al piano, el instrumento que Magda lleva tocando y estudiando desde pequeña, en el que Magda y mi padre se turnarían interpretando canciones. Magda y yo no éramos prodigios como Klara, pero, con todo, teníamos pasiones creativas que nuestros padres valoraban y fomentaban. Después de que Magda tocara, sería el turno de mi actuación. «¡Baila, Dicuka!», diría mi madre. Y, aunque era más una orden que una invitación, yo disfrutaba de la atención y los elogios de mis padres. Entonces, Klara, la estrella del espectáculo, tocaría el violín, y mi madre parecería extasiada. Pero hoy no hay música en nuestra casa. Antes de la cena, Magda trata de animarme recordándome *séders* pasados en los que me metía calcetines en el brasier para impresionar a Klara, intentando mostrarle que me había convertido en una mujer mientras ella estaba fuera. «Ahora puedes lucir tu feminidad», dice Magda. En la mesa del *séder* sigue haciendo payasadas, metiendo los dedos en la copa de vino servida para el profeta Elías, como es costumbre. Elías, que salva a los judíos del peligro. Cualquier otra noche, nuestro padre se habría reído, a su pesar. Cualquier otra noche, nuestra madre habría puesto fin a las tonterías con una severa reprimenda. Pero hoy, nuestro padre está demasiado distraído para darse cuenta y nuestra madre está demasiado consternada por la ausencia de Klara para regañar a Magda. Cuando abrimos la puerta del departamento para dejar entrar al profeta, siento un escalofrío que no tiene nada que ver con la fría noche. En lo más hondo de mí sé lo imperiosamente que necesitamos ahora protección.

—¿Ya intentaste en el consulado? —pregunta mi padre. Ya ni siquiera finge dirigir el *séder*. Nadie, salvo Magda, es capaz de comer—. ¿Ilona?

—Ya intenté en el consulado —dice mi madre. Es como si interpretara su papel en la conversación desde otra habitación.

—Cuéntame otra vez qué dijo Klara.

—¿Otra vez? —protesta mi madre.

—Otra vez.

Lo cuenta con cara inexpresiva, con los dedos jugueteando con su servilleta. Klara había llamado a su hotel a las cuatro de la mañana. Su profesor le acababa de decir que un antiguo profesor del conservatorio, Béla Bartók, ahora un compositor famoso, había telefoneado desde Estados Unidos con una advertencia: los alemanes iban a empezar a apretar el puño en Checoslovaquia y Hungría; los judíos iban a ser expulsados a la mañana siguiente. El profesor de Klara le había prohibido regresar a Kassa. Quería que convenciese a mi madre de que se quedara también en Budapest y llevase allí al resto de la familia.

—Ilona, ¿por qué volviste a casa? —se lamenta mi padre. Mi madre clava los ojos en él.

—¿Y todo por lo que hemos trabajado aquí? ¿Lo dejamos sin más? ¿Y si ustedes tres no logran llegar a Budapest? ¿Quieres que viva con eso?

No me doy cuenta de que están aterrados. Solo oigo la culpa y la decepción que se lanzan mis padres habitualmente como si fuera la lanzadera mecánica de un telar. «Hiciste esto.» «No hiciste esto.» «Hiciste esto.» «No hiciste esto.» Más adelante, sabré que no es una de sus discusiones habituales, que la pelea que están teniendo ahora tiene un motivo y una trascendencia importantes. Hay unos boletos con destino a Estados Unidos que mi padre rechazó. Un funcionario húngaro que ofreció a mi madre documentación falsa para toda la familia, insistiendo en que huyéramos. Más adelante nos enteramos de que los dos tuvieron la posibilidad de elegir otra opción. Ahora sufren su arrepentimiento y lo cubren de culpa.

—¿Podemos hacer las cuatro preguntas? —pregunto para interrumpir la pesadumbre de mis padres. Esa es mi función en la familia. Poner paz entre mis padres y entre Magda y mi madre. Sean cuales sean los planes que se están llevando a cabo al otro lado de la puerta, no puedo controlarlos. Pero, dentro de casa, tengo que desempeñar un papel. Como la hija más pequeña, tengo la misión de hacer las cuatro preguntas. Ni siquiera tengo que abrir mi *haga-dá*, me sé el texto de memoria.

—¿Por qué esta noche es distinta de todas las demás? —empiezo.

Al final de la cena, mi padre rodea la mesa y nos besa a cada una en la cabeza. Está llorando. ¿Por qué esta noche es distinta de todas las demás? Antes de que rompa el alba lo sabremos.

CAPÍTULO 2
—

LO QUE PONES EN TU MENTE

Llegan en la oscuridad. Golpean la puerta, gritan. ¿Mi padre los deja entrar o entran a la fuerza en nuestro departamento? ¿Son soldados alemanes o *nyilas*? No consigo entender qué son esos ruidos que me despiertan sobresaltada. Todavía tengo en la boca el sabor del vino del *séder*. Los soldados irrumpen en la habitación anunciando que hemos sido expulsados de nuestra casa y que nos instalaremos en otro lugar. Nos permiten agarrar una maleta para los cuatro. Me parece que no encuentro las piernas para salir del catre en el que duermo, a los pies de la cama de mis padres, pero mi madre se pone en marcha instantáneamente. Antes de darme cuenta ya está vestida y tomando de la parte superior del armario la cajita en la que sé que está el saco amniótico que cubría la cabeza y la cara de Klara como un casco cuando nació. Las comadronas solían guardar los sacos amnióticos y vendérselos a los marineros como protección contra los ahogamientos. Mi madre no se atreve a meter la caja en la maleta, se la mete bien adentro en el bolsillo del abrigo como amuleto de buena suerte. No sé si mi madre lo agarra para proteger a Klara o a todos nosotros.

—Date prisa, Dicu —me apremia mi madre—. Levántate. Vístete.

—No es que la ropa haga que mejores mucho —suspira Magda. Nunca para de molestarme. ¿Cómo voy a saber cuándo es hora de estar realmente asustada?

Mi madre está ahora en la cocina, empacando las sobras de comida, las ollas y las sartenes. De hecho, nos mantendrá vivos durante dos semanas con los víveres que se le ocurre llevar con nosotros: un poco de harina, un poco de grasa de pollo. Mi padre camina arriba y abajo por el dormitorio y el salón, recogiendo libros, candelabros, ropa, y dejando cosas. «Lleva cobijas», le dice mi madre. Pienso que si tuviera un *petit four* eso sería lo que se llevaría, aunque solo fuera por la alegría de dármelo después, por ver un fugaz instante de placer en mi cara. Gracias a Dios, mi madre es más práctica. Cuando aún era una niña, se convirtió en la madre de sus hermanos pequeños y engañó sus estómagos durante muchas temporadas de penuria. «A Dios pongo por testigo —imagino que piensa ahora, mientras empaca— de que nunca volveré a pasar hambre.» Y, a pesar de todo, quiero que deje los platos, el material de supervivencia, y vuelva al dormitorio y me ayude a vestirme. O, al menos, que me diga qué ponerme. Que me diga que no me preocupe. Que me diga que todo está bien.

Los soldados pisan fuerte con sus botas, derriban sillas con sus armas. Rápido. Rápido. Siento un repentino enojo con mi madre. Salvaría a Klara antes que a mí. Seleccionaría cosas de la despensa en vez de darme la mano en la oscuridad. Tendré que encontrar mi propia dulzura, mi propia suerte. A pesar del frío de la oscura mañana de abril, me pongo un fino vestido de seda azul, el que llevaba cuando Eric me besó. Recorro los pliegues con los dedos. Me ajusto el estrecho cinturón de ante azul. Llevaré puesto ese vestido para que sus brazos puedan rodearme otra vez.

Ese vestido hará que me sienta deseable, protegida, lista para reclamar amor. Si tiemblo, será un signo de esperanza, una muestra de mi confianza en algo más profundo y mejor. Me imagino a Eric y a su familia vistiéndose y recogiendo también a oscuras. Siento que piensa en mí. Una corriente de energía fluye de mis oídos a mis pies. Cierro los ojos y ahueco las manos bajo los codos, dejando que el fulgor de ese destello de amor y esperanza me reconforte.

Pero el feo presente irrumpe en mi mundo privado.

—¿Dónde está el baño? —grita uno de los soldados a Magda. Mi mandona, sarcástica y coqueta hermana agacha la cabeza ante su mirada. Nunca la he visto asustada, nunca ha perdido la ocasión de fastidiar a alguien, de hacer reír a la gente. Las figuras de autoridad nunca han tenido poder sobre ella. En el colegio, no se ponía de pie cuando los profesores entraban en clase. «Eléfant», la reprendió un día su profesor de matemáticas, un hombre muy bajo, llamándola por el apellido. Mi hermana se puso de puntillas y le miró fijamente. «Oh, ¿está usted ahí? —le dijo—. No lo había visto.» Pero hoy los hombres llevan armas. No hace ningún comentario grosero, ninguna réplica rebelde. Señala dócilmente la puerta del baño. El soldado la aparta de un empujón. Lleva un arma. ¿Qué más prueba de su poder necesita? Ahí es cuando empiezo a darme cuenta de que todo puede ser siempre mucho peor. Que cada momento alberga un potencial para la violencia. Nunca sabemos cuándo o dónde nos desmoronaremos. Hacer lo que te dicen puede que no haga que te salves.

—Fuera. Ahora. Es hora de dar un paseíto —dicen los soldados. Mi madre cierra la maleta y mi padre la levanta. Ella se abotona su abrigo gris y es la primera en seguir al oficial al mando a la calle. Yo soy la siguiente, luego Magda.

Antes de llegar al camión que nos espera al borde de la banqueta, me doy la vuelta para ver a mi padre dejar nuestro hogar. Está de pie frente a la puerta, con la maleta en la mano, con aire confundido, un viajero nocturno que rebusca en sus bolsillos tratando de encontrar las llaves. Un soldado grita un insulto entrecortado y abre otra vez nuestra puerta de un taconazo.

—Adelante —dice—. Echa una ojeada. Regálate la vista.

Mi padre contempla el espacio oscuro. Por un momento, parece confuso, como si no pudiera decidir si el soldado ha sido generoso o cruel. Entonces, este le golpea en la rodilla y mi padre avanza cojeando hacia nosotros, hacia el camión en el que esperan otras familias.

Estoy atrapada entre el impulso de proteger a mis padres y la pena por el hecho de que ellos ya no pueden protegerme a mí. «Eric —suplico—, vayamos donde vayamos, ayúdame a encontrarte. No olvides nuestro futuro. No olvides nuestro amor.» Magda no dice ni una palabra mientras estamos sentadas la una junto a la otra en los asientos de madera. En mi lista de cosas de las que me arrepiento, esta destaca especialmente: no haber tomado a mi hermana de la mano.

Justo al amanecer, el camión se detiene junto a la fábrica de ladrillos Jakab, en el límite de la ciudad, y somos conducidos adentro. Somos afortunados; los primeros en llegar podemos alojarnos en los cobertizos de secado. La mayoría de los casi doce mil judíos encerrados aquí dormirán sin un techo sobre sus cabezas. Nos taparemos con los abrigos y tiritaremos a causa del fresco primaveral. Nos taparemos los oídos cuando, por faltas sin importancia, la gente sea golpeada con macanas de goma en el centro del campo. Aquí no hay agua corriente. Llegan cubetas, que nunca son suficientes, en carros tirados por caballos. Al principio, las raciones, unidas a los panqués que hace mi madre con los restos que ha traído de casa, bastan para alimentarnos, pero, al cabo de pocos días, las punzadas del hambre se convierten en retortijones constantes. Magda ve a su antigua profesora de gimnasia en el barracón de al lado, esforzándose por cuidar a un bebé recién nacido en esas condiciones de inanición.

—¿Qué voy a hacer cuando se me acabe la leche? —nos dice gimiendo—. Mi bebé no hace más que llorar y llorar.

El campo se divide en dos partes separadas por una calle. Nuestro lado está ocupado por judíos de nuestra zona de la ciudad. Nos enteramos de que todos los judíos de Kassa están recluidos aquí, en la fábrica de ladrillos. Nos encontramos con nuestros vecinos, nuestros tenderos, nuestros profesores, nuestros amigos. Sin embargo, mis abuelos, cuya casa se encontraba a treinta minutos de nuestro departamento, no están en nuestra zona del campo. Rejas y guardias nos separan del otro lado. Se supone que no debemos cruzar. No obstante, le suplico a un guardia y me dice que puedo ir a buscar a mis abuelos. Recorro los barracones sin paredes repitiendo sus nombres. Mientras paso una y otra vez por las filas de familias apiñadas, también digo el nombre de Eric. Me digo que no es más que cuestión de tiempo y perseverancia. Lo encontraré o él me encontrará a mí.

No encuentro a mis abuelos. No encuentro a Eric.

Y entonces, una tarde, cuando llegan los carros del agua y la multitud se precipita para conseguir llenar una pequeña cubeta, me encuentra sentada sola, vigilando los abrigos de mi familia. Me besa en la frente, en las mejillas, en los labios. Toco el cinturón de ante azul de mi vestido de seda, agradeciéndole la buena suerte.

A partir de aquel día logramos vernos a diario. A veces especulamos sobre qué será de nosotros. Corren rumores de que nos enviarán a un lugar llamado Kenyérmező, un campo de internamiento, donde trabajaremos y pasaremos la guerra con nuestras familias. No sabemos que ese rumor lo han iniciado la policía húngara y los *nyilas* para crearnos falsas esperanzas. Después de la guerra, montones de cartas de familiares preocupados de ciudades lejanas permanecerán en las oficinas de correos, sin abrir; en la dirección dice: Kenyérmező. Ese lugar no existe.

Los lugares que sí existen, los que esperan a nuestros trenes, sobrepasan nuestra imaginación. Después de la guerra. Ese es el momento en el que pensamos Eric y yo. Iremos a la universidad. Nos trasladaremos a Palestina. Retomaremos las exposiciones y el club de lectura que empezamos en el colegio. Acabaremos de leer *La interpretación de los sueños* de Freud.

Desde dentro de la fábrica de ladrillos se oye el traqueteo de los tranvías. Están a nuestro alcance. Qué fácil sería subir en uno. Pero cualquiera que se acerque a la reja exterior recibe un disparo sin previo aviso. Una chica solo un poco mayor que yo intenta huir. Cuelgan su cadáver en el centro del campo para dar ejemplo. Mis padres no nos dicen una palabra a Magda ni a mí sobre su muerte.

—Intenten conseguir un terrón de azúcar —nos dice mi padre—. Consigan un terrón de azúcar y guárdenlo bien. Lleven siempre algo dulce en el bolsillo.

Un día, oímos que mis abuelos han sido evacuados en uno de los primeros transportes que salieron de la fábrica.

Los veremos en Kenyérmező, pensamos. Le doy a Eric un beso de buenas noches y espero que sus besos sean la cosa dulce con la que pueda contar.

Una mañana temprano, cuando llevamos en la fábrica alrededor de un mes, nuestra sección del campo es evacuada. Busco desesperadamente a alguien que le pueda transmitir un mensaje a Eric. «Olvídalo, Dicu», dice mi madre. Ella y mi padre escribieron una carta de despedida a Klara, pero no hay forma de enviarla. Miro a mi madre tirarla, la veo dejarla caer al suelo como si fuera la ceniza de un cigarro, la veo desaparecer bajo tres mil pares de pies. La seda de mi vestido me roza las piernas mientras avanzamos en tropel y nos detenemos, avanzamos y nos detenemos, tres mil personas avanzamos hacia las rejas de la fábrica apretadas contra una larga hilera de camiones a la espera. De nuevo, nos apiñamos en la oscuridad. Justo antes de que el camión arranque, oigo mi nombre. Es Eric. Me está llamando a través de las tablas del camión. Me abro paso a empujones hacia su voz.

—¡Estoy aquí! —grito mientras el motor arranca. La separación entre las tablas es demasiado estrecha para verlo o tocarlo.

—Nunca olvidaré tus ojos —dice—. Nunca olvidaré tus manos.

Repito esas frases sin cesar mientras subimos al abarrotado vagón en la estación de tren. No oigo los gritos de los oficiales ni el llanto de los niños; tan solo el bálsamo del recuerdo de su voz. Si sobrevivo hoy, podré mostrarle mis ojos, podré mostrarle mis manos. Respiro al ritmo de ese cántico. Si sobrevivo hoy… Si sobrevivo hoy, mañana seré libre.

El vagón del tren no se parece a ninguno en el que haya estado antes. No es un tren de pasajeros; es para transportar ganado o mercancías. Somos una carga humana. Vamos cientos de personas en un vagón. Cada hora parece una semana. La incertidumbre hace que los momentos se alarguen. La incertidumbre y el incesante ruido de las ruedas sobre la vía. Hay una hogaza de pan para compartir entre ocho personas. Una cubeta de agua. Una cubeta para hacer nuestras necesidades. Huele a sudor y a excrementos. Hay gente que muere durante el camino. Dormimos de pie, apoyados contra nuestros familiares, apartando a los muertos. Veo a un padre entregarle algo a su hija, una caja de pastillas. «Si intentan hacerte algo...», dice. De vez en cuando, el tren se detiene y unas cuantas personas son obligadas a bajar y recoger agua. Magda lleva la cubeta una vez. «Estamos en Polonia», nos dice cuando regresa. Más adelante nos explica cómo lo sabe. Cuando fue por agua, un hombre que estaba en el campo le gritó en polaco y en alemán, diciéndole el nombre de la localidad y gesticulando frenéticamente, pasándose el dedo por el cuello. «Solo intentaba asustarnos», dice Magda.

El tren avanza sin cesar. Mis padres se desploman cada uno a un lado. No hablan. Nunca los veo tocarse. A mi padre le está creciendo la barba gris. Parece mayor que su padre, y me asusta. Le suplico que se afeite. No tengo manera de saber que, de hecho, un aspecto juvenil puede salvarte la vida al llegar al final del viaje. Es simplemente una sensación visceral, solamente una chica que extraña al padre que conoce, anhelando que vuelva a ser el *bon vivant*, el elegante galán de siempre. No quiero que se convierta en el padre de las pastillas que susurra a su familia: «Esto es peor que la muerte».

Pero cuando lo beso en la mejilla y le digo: «Papá, aféitate, por favor», me responde molesto: «¿Para qué? ¿Para qué?». Me avergüenza haberle dicho algo inapropiado y haberlo hecho enojar. ¿Por qué le dije algo inapropiado? ¿Por qué creía que era mi obligación decirle a mi padre qué hacer? Recuerdo su enojo cuando perdí el dinero de la colegiatura del colegio. Me apoyo en mi madre en busca de consuelo. Me gustaría que mis padres se juntaran en lugar de estar sentados como dos desconocidos. Mi madre no dice gran cosa. Pero tampoco se lamenta. No desearía estar muerta. Simplemente está ensimismada.

—Dicuka —dice una noche en la oscuridad—, escucha. No sabemos adónde vamos. No sabemos qué va a pasar. Simplemente, recuerda: nadie puede quitarte lo que pones en tu mente.

Me quedo dormida y vuelvo a soñar con Eric. Me despierto otra vez.

Abren las puertas del vagón de ganado y el brillante sol de mayo entra cegador. Estamos desesperados por salir. Corremos hacia el aire y la luz. Prácticamente caemos del vagón, tropezando unos con otros con las prisas por bajar. Después de varios días de incesante movimiento del tren, resulta difícil mantenerse de pie en tierra firme. Tratamos de orientarnos de cualquier manera, ubicarnos, calmar los nervios y las extremidades. Veo un oscuro montón de abrigos de invierno formando un estrecho tramo de suciedad. Veo el destello blanco de una bufanda o del hatillo en el que alguien lleva sus pertenencias, el amarillo de las estrellas obligatorias. Veo el letrero: ARBEIT MACHT FREI. Suena música. De repente, mi padre está alegre.

—¿Lo ven? —dice—. No puede ser un sitio tan terrible.
—Da la impresión de que se pondría a bailar si el andén no estuviera tan abarrotado—. Solo trabajaremos un poco hasta que acabe la guerra.

Los rumores que corrían por la fábrica de ladrillos deben de ser ciertos. Deben de habernos traído aquí para trabajar. Busco la ondulación de los campos cercanos y me imagino el delgado cuerpo de Eric inclinándose para ocuparse del cultivo. En lugar de eso veo líneas horizontales continuas: las tablas de los vagones de ganado, la interminable alambrada, edificios bajos. En la distancia, algunos árboles y algunas chimeneas rompen el plano horizontal de este inhóspito lugar.

Hombres de uniforme nos empujan. Nadie nos explica nada. Se limitan a gritar instrucciones sencillas. «Vengan aquí.» «Vayan ahí.» Los nazis señalan y empujan. Agrupan a los hombres en una parte. Veo a mi padre decirnos adiós con la mano. Tal vez los envían antes a delimitar un sitio para sus familias. Me pregunto dónde dormiremos esta noche. Me pregunto cuándo comeremos. Mi madre, Magda y yo estamos juntas en la larga fila formada por mujeres y niños. Avanzamos muy lentamente. Nos acercamos al hombre que, con un movimiento de su dedo, determinará nuestro destino. Todavía no sé que ese hombre es el doctor Josef Mengele, el infame ángel de la muerte. A medida que avanzamos hacia él, no puedo apartar la mirada de sus ojos, tan dominantes, tan fríos. Cuando estamos cerca, puedo atisbar unos dientes separados de aspecto infantil cuando sonríe. Su voz es casi amable cuando le pregunta a alguna si está enferma, y envía a las que contestan que sí a la izquierda.

—Si tienen más de catorce años y menos de cuarenta, permanezcan en esta fila —dice otro oficial—. Si tienen más de cuarenta, colóquense a la izquierda.

Una larga fila formada por las de más edad, niños y madres con bebés en brazos se desvía a la izquierda. Mi madre tiene todo el pelo gris desde joven, pero su cara está tan tersa y sin arrugas como la mía. Magda y yo estrujamos a nuestra madre entre nosotras.

Nos toca. El doctor Mengele dirige. Le señala la izquierda a mi madre. Yo me dispongo a seguirla.

—Verás a tu madre enseguida —dice—. Solo va a darse una ducha.

Nos empuja a Magda y a mí a la derecha.

No sabemos qué significa estar en la izquierda o en la derecha. «¿Adónde nos llevan ahora?», nos preguntamos unas a otras. «¿Qué nos va a pasar?» Nos conducen a otra parte del árido campo. Estamos rodeadas únicamente de mujeres, en su mayoría jóvenes. Algunas parecen alegres, casi embelesadas, contentas de respirar aire fresco y de gozar de la sensación del sol en la piel después del incesante hedor y la claustrofóbica oscuridad del tren. Otras se muerden los labios. El miedo nos envuelve, pero también la curiosidad.

Nos detenemos frente a más edificios bajos. A nuestro alrededor hay mujeres con trajes a rayas. Pronto nos enteramos de que son internas encargadas de controlar al resto, pero todavía no sabemos que somos prisioneras. Me desabroché el abrigo a causa del implacable sol, y una de las chicas con traje de rayas ve mi vestido de seda. Viene hacia mí ladeando la cabeza.

—¡Vaya, fíjate! —dice en polaco. Me llena de polvo los zapatos de tacón bajo. Antes de que me dé cuenta, me quita los pequeños aretes de coral engastados en oro que, siguiendo la costumbre húngara, llevan en mis orejas desde que nací. Estira y siento un agudo pinchazo. Se guarda los aretes en el bolsillo.

A pesar del dolor físico, estoy desesperada por caerle bien. Como siempre, quiero encajar. Su humillante desdén me duele más que los desgarrados lóbulos de mis orejas.

—¿Por qué hiciste eso? —digo—. Te habría dado los aretes.

—Yo me estaba pudriendo aquí mientras tú estabas libre, yendo al colegio y al teatro —dice.

Me pregunto cuánto lleva aquí. Es delgada, pero robusta. Se mantiene erguida. Podría ser bailarina. Me pregunto por qué le enojó tanto que le haya recordado la vida normal.

—¿Cuándo veré a mi madre? —le pregunto—. Me dijeron que pronto.

Me lanza una mirada fría y mordaz. No hay empatía en sus ojos. No hay más que rabia. Señala el humo que sale de una de las chimeneas a lo lejos.

—Tu madre está ardiendo ahí dentro —dice—. Más vale que empieces a hablar de ella en pasado.

CAPÍTULO 3
—
BAILANDO EN EL INFIERNO

«Todo el éxtasis de tu vida vendrá de tu interior», me había dicho mi profesora de *ballet*. Nunca entendí qué quería decir. Hasta Auschwitz.

Magda mira fijamente la chimenea del edificio en el que entró nuestra madre. «El alma nunca muere», dice. Mi hermana encuentra palabras de consuelo, pero yo estoy conmocionada. No siento nada. No puedo pensar en las cosas incomprensibles que están sucediendo, que ya sucedieron. No puedo imaginarme a mi madre consumida por las llamas. No puedo asimilar que ya no esté. Y no puedo preguntar por qué. Ni siquiera puedo llorar. Ahora no. Toda mi atención se centra en sobrevivir hasta el minuto siguiente, hasta el aliento siguiente. Sobreviré si mi hermana está aquí. Sobreviviré pegándome a ella como si fuera su sombra.

Nos conducen a través de las silenciosas, aunque reverberantes duchas. Nos despojan del pelo. Salimos trasquiladas y desnudas, a la espera de nuestros uniformes. Las burlas de las kapos y los oficiales de las SS nos acribillan como flechas que arañan nuestra piel desnuda y húmeda. Peor que sus palabras son sus ojos. Estoy convencida de que el asco con que nos miran podría rasgar mi piel y partirme las costillas. Su odio es a la vez egoísta y desdeñoso y me enferma. Una vez pensé que Eric sería el primer hombre que me vería desnuda. Ahora nunca verá mi carne sin las cicatrices de su odio. ¿Me convirtieron ya en algo inferior a un ser humano? ¿Volveré algún día a parecerme a la chica que era? «Nunca olvidaré tus ojos, tus manos.» Tengo que resistir, si no por mí, por Eric.

Volteo hacia mi hermana, que se sume en su propio silencio conmocionado, pero que ha conseguido en cada desplazamiento caótico de un sitio a otro, en cada fila atestada de gente, no apartarse de mi lado. Tiembla mientras se pone el sol. Sostiene en sus manos sus trasquilados rizos, gruesos mechones de su melena echada a perder. Llevamos horas desnudas y se aferra a su pelo como si, al hacerlo, se aferrase a sí misma, a su humanidad. Está tan cerca que casi nos tocamos y, a pesar de ello, la extraño. Magda, la chica sexy y segura de sí misma con sus bromas. ¿Dónde está? Parece preguntarse lo mismo. Se busca a sí misma entre sus desgreñados mechones de pelo.

Las contradicciones de este lugar me desconciertan. Aquí el asesinato, según nos acabamos de enterar, es eficiente. Sistemático. Sin embargo, no parece que haya un sistema para distribuir los uniformes que llevamos esperando durante la mayor parte del día. Los guardias son crueles y severos, pero parece que nadie está al mando. El escrutinio al que someten nuestros cuerpos no tiene que ver con nuestro valor, solo muestra hasta qué punto hemos sido olvidadas por el mundo. Nada tiene sentido. Pero también esto, la interminable espera, la absoluta ausencia de razón, debe de formar parte del plan. ¿Cómo voy a mantenerme firme en un lugar donde lo único seguro son las vallas, la muerte, la humillación y el humo constante?

Magda me habla por fin.

—¿Cómo me veo? —pregunta—. Dime la verdad.

¿La verdad? Parece un perro sarnoso. No se lo puedo decir, desde luego, pero cualquier mentira dolería demasiado, así que tengo que encontrar una respuesta imposible, una verdad que no duela. Miro el intenso azul de sus ojos y pienso que el hecho de que me haya preguntado «¿Cómo me veo?» es la cosa más valiente que he oído nunca. Aquí no hay espejos. Me pide que la ayude a encontrarse y a enfrentarse a sí misma. De modo que le digo la única verdad que le puedo decir.

—Tus ojos —le digo a mi hermana— son preciosos. Nunca me había fijado cuando te los tapaba el pelo.

Es la primera vez que veo que podemos decidir: podemos prestar atención a lo que hemos perdido o prestar atención a lo que todavía tenemos.

—Gracias —suspira.

Las otras cosas que quiero preguntarle y decirle parece mejor no expresarlas. Las palabras no pueden dar forma a esta nueva realidad. Al abrigo gris sobre los hombros de mamá mientras me apoyo en ella y el tren avanza sin cesar. A la cara de papá cubierta por una sombra. A lo que daría por no volver a vivir esas horas de oscuridad y hambre. A la transformación de mis padres en humo. Los dos. Debo suponer que mi padre también está muerto. Estoy a punto de armarme de valor para preguntarle a Magda si podemos tener la esperanza de no habernos quedado totalmente huérfanas en el transcurso de un día, pero veo que Magda ya dejó caer el pelo que tenía entre los dedos sobre el suelo polvoriento.

Traen los uniformes, trajes grises mal cortados hechos de algodón áspero y lana. El cielo se está oscureciendo.

Nos conducen a los lúgubres y precarios barracones donde dormiremos en literas, seis por bloque. Es un alivio entrar en la fea habitación, perder de vista la chimenea que expulsa humo sin cesar. La kapo, la joven que me robó los aretes, nos asigna las literas y nos explica las reglas. No está permitido salir durante la noche. Ahí está la cubeta, nuestro baño nocturno. Con nuestras compañeras de litera, Magda y yo tratamos de acostarnos en las camas superiores. Descubrimos que hay más espacio si alternamos cabezas y pies. No obstante, ninguna puede darse la vuelta o cambiar de postura sin despertar a otra. Creamos un sistema para darnos la vuelta al mismo tiempo, coordinando nuestros giros. La kapo reparte cuencos a las prisioneras nuevas. «No lo pierdas —advierte—. Si no tienes cuenco, no comes.» En los barracones que van sumiéndose en la oscuridad, esperamos la siguiente orden. ¿Nos darán de comer? ¿Nos enviarán a la cama? Oímos música. Pienso que debo de estar imaginándome el sonido de instrumentos de viento y de cuerda, pero otra presa nos explica que hay una orquesta en el campo, dirigida por una violinista de talla mundial. «¡Klara!», pienso. Pero la violinista a la que ella se refiere es vienesa.

Oímos voces entrecortadas hablando en alemán fuera de los barracones. La kapo se pone firme en cuanto se abre la puerta de una sacudida. Allí, en el umbral, reconozco al oficial uniformado que nos seleccionaba en las filas. Sé que es él por la forma de sonreír con los labios entreabiertos y la separación entre sus dientes delanteros. El doctor Mengele es un asesino refinado y un amante de las bellas artes. Por las noches, busca entre los barracones a presas con talento que le entretengan. Esta noche entra con su séquito de ayudantes y lanza su mirada como una red sobre las recién llegadas, con nuestros trajes abombados y nuestro pelo trasquilado apresuradamente. Permanecemos inmóviles, con las espaldas pegadas a las literas de madera que rodean la habitación. Nos examina. Magda me roza la mano muy sutilmente. El doctor Mengele lanza una pregunta y, antes de que me dé cuenta de lo que está pasando, las chicas que están más cerca de mí, que saben que estudiaba baile y gimnasia en Kassa, me empujan hacia el ángel de la muerte.

Me examina. No sé dónde poner los ojos. Miro fijamente hacia delante, a la puerta abierta. La orquesta está formada en el exterior. Están en silencio, esperando órdenes. Me siento como Eurídice en el inframundo, esperando a que Orfeo toque un acorde con su lira que pueda ablandar el corazón de Hades y liberarme. O soy Salomé, obligada a bailar para su padrastro, Herodes, quitándose velo tras velo para mostrar su carne. ¿La danza le da poder o lo priva de él?

—Pequeña bailarina —dice el doctor Mengele—, baila para mí.

Indica a los músicos que empiecen a tocar. El familiar compás del vals *El Danubio azul* se filtra en la oscura y claustrofóbica habitación. Los ojos de Mengele me miran fijamente. Tengo suerte. Conozco una coreografía de *El Danubio azul* que podría bailar hasta dormida. Pero las extremidades me pesan, como en una pesadilla en la que estás en peligro y no puedes correr.

—¡Baila! —ordena de nuevo, y noto que mi cuerpo se empieza a mover.

Primero el *grand battement*. Luego la pirueta y el giro. El *spagat*. Y arriba. Mientras interpreto los pasos, me inclino y giro, puedo oír a Mengele hablar con su ayudante. No me quita la vista de encima, pero atiende a sus obligaciones mientras lo hace. Puedo oír su voz por encima de la música. Habla con el otro oficial acerca de cuáles de las cien chicas presentes serán las próximas en morir. Si doy un mal paso, si hago algo que le desagrade, podría ser yo. Bailo. Bailo. Estoy bailando en el infierno. No puedo soportar ver al verdugo mientras decide nuestro destino. Cierro los ojos.

Me centro en la coreografía, en mis años de aprendizaje; cada línea y cada curva de mi cuerpo es como una sílaba de un verso; mi cuerpo está explicando una historia. Una chica llega a un baile. Da vueltas, presa del nerviosismo y la expectación. Entonces, se detiene y observa. ¿Qué sucederá durante las horas siguientes? ¿A quién conocerá? Se vuelve hacia una fuente, con los brazos alzados y dando vueltas para abrazar toda la escena. Se inclina para recoger flores que entrega una a una a sus admiradores y asistentes al baile, lanzándoselas a la gente, entregando muestras de amor. Puedo oír cómo aumenta el volumen de los violines. Mi corazón se acelera. En la oscuridad privada de mi interior, oigo las palabras de mi madre, como si estuviera aquí, en la inhóspita habitación, susurrando por debajo de la música. «Recuerda que nadie puede quitarte lo que pones en tu mente.» El doctor Mengele, mis escuálidas compañeras de encierro, las rebeldes que sobrevivirán y las que pronto estarán muertas, incluso mi querida hermana desaparecen, y el único mundo que existe es el que está en mi cabeza. *El Danubio azul* se va apagando y ahora puedo oír *Romeo y Julieta* de Chaikovski. El suelo del barracón se convierte en el escenario de la Ópera de Budapest. Bailo para mis admiradores del público. Bailo bajo el destello de las luces. Bailo para mi amante, Romeo, mientras me levanta por encima del escenario. Bailo por amor. Bailo por la vida.

Mientras bailo, se me ocurre un razonamiento que nunca he olvidado. Nunca sabré qué milagro me proporciona ese conocimiento. Me salvará la vida muchas veces, incluso después de que el horror haya acabado. Veo que el doctor Mengele, el avezado asesino que esta misma mañana ha asesinado a mi madre, da más lástima que yo. Yo soy libre en mi mente, cosa que él nunca será. Él tendrá que vivir para siempre con lo que ha hecho. Está más prisionero que yo. Cuando concluyo mi coreografía con un elegante *spagat* final, rezo, pero no rezo por mí. Rezo por él. Para que no sienta la necesidad de matarme.

Debe de haber quedado impresionado por mi actuación, porque me lanza una hogaza de pan, un gesto que resulta que me salvará la vida más adelante. Cuando el crepúsculo se convierte en noche, comparto el pan con Magda y nuestras compañeras de litera. Doy gracias por tener pan. Doy gracias por estar viva.

Durante mis primeras semanas en Auschwitz, aprendo las reglas de la supervivencia. Si puedes robarle un trozo de pan a los guardias eres una heroína, pero si se lo robas a otra presa estás perdida, mueres; la competencia y la dominación no te llevan a ningún sitio, el juego consiste en cooperar; sobrevivir es trascender tus propias necesidades y comprometerte con alguien o algo externo a ti. Para mí, ese alguien es Magda, ese algo es la esperanza de volver a ver a Eric mañana, cuando sea libre. Para sobrevivir, evocamos un mundo interior, un refugio, incluso con los ojos abiertos. Recuerdo a una compañera de cautiverio que consiguió guardar una foto suya de antes de estar en el campo, una foto en la que aparecía con el pelo largo. Podía recordar quién era, que esa persona todavía existía. Esa consciencia se convirtió en un refugio que le hacía conservar la voluntad de vivir.

Recuerdo que, algunos meses después, en invierno, nos entregaron abrigos viejos. Se limitaron a tirárnoslos de cualquier manera, sin fijarse en las tallas. Encontrar el que mejor nos quedara y luchar por él era asunto nuestro. Magda tuvo suerte. Le arrojaron un abrigo grueso largo y pesado, que abrigaba mucho, con botones hasta el cuello. Era muy bueno, muy codiciado. Pero lo cambió al momento. El abrigo que eligió en su lugar era ligero, apenas llegaba hasta las rodillas y dejaba al descubierto gran parte del pecho. Para Magda, llevar algo sexy era una herramienta de supervivencia más importante que mantenerse caliente. Sentirse atractiva le provocaba algo en su interior, una sensación de dignidad más valiosa que la comodidad física.

Recuerdo que, aunque estábamos muertas de hambre, nos dábamos banquetes. En Auschwitz cocinábamos constantemente. En nuestras cabezas, estábamos permanentemente de celebración, discutiendo acerca de cuánto pimentón hay que echar en el pollo a la paprika húngaro o sobre la mejor forma de hacer el pastel de chocolate de siete capas. Nos levantábamos a las cuatro de la mañana para el *Appell*, el recuento, esperábamos heladas en la oscuridad a que nos contasen una y otra vez, y olíamos el rico e intenso aroma de la carne cocinándose. Mientras nos dirigíamos a nuestros quehaceres diarios, a un almacén llamado Canadá, donde se nos ordenaba clasificar las pertenencias de los prisioneros recién llegados; a los barracones que teníamos que limpiar una y otra y otra vez; o a los crematorios, donde las más desafortunadas eran obligadas a recoger dientes de oro, pelo y pieles de los cadáveres que esperaban a ser quemados, hablábamos como si estuviésemos yendo al mercado, planeando el menú de la semana, sobre cómo comprobaríamos la madurez de las frutas y verduras. Nos dábamos lecciones de cocina unas a otras. Cómo se hacían los *palacsinta*, los creps húngaros. Qué tan fina debe ser la masa. Cuánta azúcar hay que poner. Cuántos frutos secos. ¿Se le echa comino al *székely gulyás*? ¿Se le ponen dos cebollas? No, tres. No, solo una y media. Se nos hacía la boca agua al pensar en nuestros platos imaginarios y, mientras comíamos la única comida real del día, sopa aguada y un trozo de pan seco, yo hablaba del ganso que mi madre tenía en el desván y al que alimentaba cada día con maíz para que el hígado se le hinchara hasta que llegaba el momento de sacrificarlo y convertirlo en paté. Y cuando nos desplomábamos en las literas por la noche y nos quedábamos por fin dormidas, también soñábamos con comida. El reloj del pueblo toca las diez de la mañana y mi padre se desliza en nuestro departamento con un paquete de la carnicería del otro lado de la calle. Hoy trae un trozo de cerdo escondido en papel de periódico.

—Dicuka, ven, pruébalo —me tienta.

—Vaya ejemplo —le reprocha mi madre—, darle cerdo a una niña judía.

Pero casi sonríe. Está haciendo *strudel*, extendiendo el hojaldre en la mesa del comedor, trabajándolo con las manos y soplando por debajo hasta que queda fino como el papel.

El sabor fuerte de los pimientos y las cerezas del *strudel* de mi madre; sus huevos rellenos; la pasta que cortaba a mano tan rápido que me daba miedo que se cortara un dedo, especialmente la del *jalá*, el pan de la noche de los viernes. Para mi madre, la comida tenía tanto que ver con el arte de prepararla como con disfrutar el plato elaborado. Las fantasías culinarias nos sostenían en Auschwitz. Del mismo modo que los atletas y los músicos pueden mejorar en su especialidad gracias a la práctica mental, nosotras éramos artistas de los barracones, siempre creando. Lo que hacíamos en nuestras mentes nos proporcionaba una forma especial de sustento.

Una noche, hicimos un concurso de belleza en el barracón antes de dormir. Posamos con nuestros trajes grises sin forma y nuestra sucia ropa interior. Un dicho húngaro dice que la belleza está en los hombros. Nadie puede posar como Magda. Gana el concurso. Pero nadie quiere dormir.

—Vamos a celebrar un concurso mejor —dice Magda—. ¿Quién tiene las mejores tetas?

Nos desnudamos en la oscuridad y desfilamos con los pechos al aire. Hace tan solo algunos meses, me ejercitaba más de cinco horas al día en el gimnasio. Le pedía a mi padre que me golpeara en el estómago para que viera lo fuerte que era. Incluso podía cargarlo en brazos y levantarlo. En *topless* y muerta de frío en el barracón, me siento orgullosa de mi cuerpo. Antes envidiaba el busto turgente y generoso de mi madre y me sentía avergonzada de mis minúsculos pechos. Pero así es como gustan en Europa. Me pavoneo en la oscuridad como una modelo. ¡Y gano el concurso!

—Mi famosa hermana —dice Magda cuando nos vamos a dormir.

Podemos decidir qué aprender del horror. Amargarnos con la pena y el miedo. Hostiles. Paralizadas. O aferrarnos a nuestro lado infantil, el lado animoso y curioso, el lado inocente.

Otra noche me entero de que una joven de la litera de al lado había estado casada antes de la guerra. Intento sonsacarle información.

—¿Cómo es? —le pregunto—. ¿Que te posea un hombre?

No le estoy preguntando por el sexo; no exclusivamente. Por supuesto, la pasión me interesa, pero me interesa más la idea de la pertenencia diaria a alguien. En su suspiro oigo el eco de algo hermoso, indemne a la pérdida. Durante unos pocos minutos, mientras habla, imagino el matrimonio no como el vivido por mis padres, sino como algo luminoso. Más brillante incluso que el tranquilo consuelo del cariño de mis abuelos. Suena a amor, a amor verdadero.

Cuando mi madre me decía: «Me alegro de que tengas cerebro, porque no tienes porte», aquellas palabras despertaban en mí el miedo a no ser digna, a no valer nada. Pero en Auschwitz, la voz de mi madre resonaba en mis oídos con un sentido diferente. «Tengo cerebro. Soy lista. Voy a solucionar las cosas.» Las palabras que oía en mi cabeza marcaron una enorme diferencia en mi capacidad de mantener la esperanza. Esto también les sucedió a otras presas. Descubrimos una fuerza que podíamos extraer de nuestro interior; una manera de hablar con nosotras mismas que nos ayudaba a sentirnos libres, que nos mantenía asentadas en nuestra moral, que nos proporcionaba una base y una seguridad, incluso cuando las fuerzas externas trataban de controlarnos y destruirnos. «Estoy bien —aprendimos a decir—. Soy inocente. De algún modo, algo bueno saldrá de esto.»

Conocí a una chica en Auschwitz que estaba muy enferma y se estaba consumiendo. Cada mañana, esperaba encontrarla muerta en su litera, y cada vez que nos colocaban en fila me temía que la enviarían a la muerte. Pero me sorprendía. Lograba reunir fuerzas cada mañana para trabajar otro día más y tenía un brillo vivaz en los ojos cada vez que se enfrentaba al dedo de Mengele en la fila de selección. Por la noche, se desplomaba en su litera, jadeando al respirar. Le pregunté cómo lograba seguir adelante. «Escuché que en Navidad nos liberarán», dijo. Llevaba un meticuloso calendario en su cabeza, contando los días y las horas que faltaban para nuestra liberación, decidida a vivir para ser libre.

Llegó la Navidad, pero nuestros libertadores no llegaron. Murió al día siguiente. Creo que su voz interior de esperanza la mantenía viva, pero cuando perdió la esperanza fue incapaz de seguir viviendo. A pesar de que prácticamente todas las personas que había a mi alrededor —oficiales de las SS, kapos, compañeras— me decían cada día, a todas horas, desde el *Appell* hasta el final de la jornada, desde las filas de selección hasta las filas para comer, que nunca saldría con vida del campo de exterminio, me esforcé en desarrollar una voz interior que me proponía un relato alternativo. Esto es temporal, me decía. «Si sobrevivo hoy, mañana seré libre.»

En Auschwitz, nos enviaban cada día a las duchas, y todas las duchas estaban cargadas de incertidumbre. Nunca sabíamos si de los grifos iba a salir agua o gas. Un día, cuando siento el agua caer sobre mí, respiro aliviada. Me froto el cuerpo con jabón grasiento. Todavía no soy un saco de huesos. Aquí, en la calma después del miedo, soy capaz de reconocerme a mí misma. Mis brazos, mis muslos y mi estómago siguen tensos con mis músculos de bailarina. Me sumerjo en una fantasía con Eric. Somos estudiantes universitarios y estamos viviendo en Budapest. Nos llevamos los libros para estudiar en un café. Sus ojos abandonan la página y recorren mi rostro. Noto que se detiene en mis ojos y en mis labios. Justo cuando me imagino levantando la cara para recibir su beso, me doy cuenta de lo silenciosa que está la ducha. Siento un nudo en el estómago. El hombre al que temo por encima de todos está en la puerta. El ángel de la muerte me está mirando fijamente. Miro al suelo, esperando a que las demás respiren de nuevo y así saber que se ha ido. Pero no se va.

—¡Tú! —me llama—. Mi pequeña bailarina.

Intento oír la voz de Eric por encima de la de Mengele. «Nunca olvidaré tus ojos. Nunca olvidaré tus manos.»

—Ven —ordena.

Le sigo. ¿Qué otra cosa puedo hacer? Avanzo hacia los botones de su abrigo, evitando los ojos de mis compañeras, porque no puedo soportar la idea de ver mi miedo reflejado en ellos. «Respira, respira», me digo. Me conduce, desnuda y mojada, por un pasillo hasta un despacho en el que hay un escritorio y una silla. El agua chorrea por mi cuerpo hasta el frío suelo. Se inclina sobre el escritorio y me mira detenidamente, tomándose su tiempo. Estoy demasiado aterrorizada para pensar, pero pequeños impulsos se mueven a través de mi cuerpo como reflejos. Golpéalo. Una patada en la cara. Me planto en el suelo con un pequeño movimiento y me mantengo firme. Espero que lo que quiera que piense hacerme acabe rápido.

—Acércate —me dice.

Me acerco lentamente y me sitúo frente a él, pero no lo veo. Me concentro únicamente en la parte viva de mí, en el «sí puedo, sí puedo.» Percibo su cuerpo a medida que me acerco. Aroma a mentol. Un sabor a hojalata en la lengua.

Mientras tiemble, sabré que estoy viva. Sus dedos tantean los botones. «Sí puedo, sí puedo.» Pienso en mi madre y en su pelo largo. En cómo se lo recogía en la parte superior de la cabeza y se lo dejaba suelto como una cortina por la noche. Estoy desnuda con su asesino, pero no, él no me la puede quitar. Cuando estoy lo suficientemente cerca para que pueda tocarme, con unos dedos que decido no sentir, suena un teléfono en otra habitación. Retrocede. Se abotona el abrigo.

—No te muevas —ordena, mientras abre la puerta.

Le oigo descolgar el teléfono en la habitación de al lado, su voz es neutra y cortante. No lo pienso. Echo a correr. Lo siguiente que sé es que estoy sentada al lado de mi hermana mientras devoramos el cucharón de sopa diario, con los trocitos de piel de papa que flotan en el caldo aguado como si fueran roña. El miedo a que me encuentre de nuevo y me castigue, a que acabe lo que empezó, a que decida que me maten, nunca me abandona. Nunca desaparece. No sé qué pasará a continuación. Pero, mientras tanto, me mantengo con vida en mi interior. «Sobreviví hoy —repito en mi cabeza—. Sobreviví hoy. Mañana seré libre.»

CAPÍTULO 4
—

UNA RUEDA

En algún punto del verano de 1944, Magda y yo nos damos cuenta de que ya no llegan judíos húngaros al campo. Más adelante nos enteramos de que en julio, el primer ministro Horthy, cansado de someterse a la autoridad de los alemanes, suspendió las deportaciones. Era demasiado tarde. Cientos de miles de nosotros ya habíamos sido enviados a los campos, cuatrocientos mil habían sido asesinados en el breve espacio de dos meses. En octubre, el Gobierno de Horthy fue derrotado por los nazis. Los doscientos mil judíos que permanecían en Hungría, la mayoría de ellos en Budapest, no fueron enviados a Auschwitz. Fueron obligados a marchar 320 kilómetros hasta Austria. Pero en aquel momento no sabíamos nada de eso, no sabíamos nada de la guerra en el exterior.

Una mañana de invierno, estamos en otra fila. Hace un frío cortante. Nos van a tatuar. Espero mi turno. Me arremango. Muestro mi brazo. Reacciono automáticamente, haciendo los movimientos que me ordenan, con tanto frío y tanta hambre, tanto frío y tanta hambre que me siento casi petrificada. «¿Sabe alguien que estoy aquí?» Solía preguntármelo todo el tiempo, pero ahora la pregunta me llega lentamente, como a través de una densa y constante niebla. No recuerdo cómo pensaba. Tengo que acordarme de imaginar a Eric, pero si pienso en él demasiado conscientemente, no puedo visualizar su cara. Tengo que engañar a mi memoria, tomarme por sorpresa. «¿Dónde está Magda?» Esa es la primera cosa que pregunto cuando me despierto, cuando vamos a trabajar, antes de caer dormidas. Miro constantemente a mi alrededor para confirmar que aún está detrás de mí. Aunque nuestros ojos no se crucen, sé que ella también me vigila. He empezado a guardar pan de la cena para que lo podamos compartir por la mañana.

El oficial con la aguja y la tinta está justo enfrente de mí. Me agarra la muñeca y empieza a pinchar, pero entonces me echa a un lado.

—No voy a desperdiciar tinta contigo —dice. Me empuja a otra fila.

—Esa fila es la muerte —dice la chica que está más cerca de mí—. Es el fin.

Está totalmente gris, como si estuviera cubierta de polvo. Más adelante, alguien está rezando. En un lugar en el que la amenaza de muerte es constante, este momento me atraviesa especialmente. De repente, pienso en la diferencia entre mortífero y letal. Auschwitz es las dos cosas. Las chimeneas expulsan humo sin parar. Cualquier momento puede ser el último. Así que, ¿por qué preocuparse? ¿Por qué invertir? Y, a pesar de todo, si este momento, este preciso momento, es el último de mi vida en la Tierra, ¿debo desperdiciarlo con la resignación y la derrota? ¿Debo pasarlo como si ya estuviera muerta?

—Nunca sabemos qué significan las filas —le digo a la chica que está a mi lado. ¿Y si lo desconocido nos hiciera sentir curiosidad en lugar de miedo? Y entonces veo a Magda. La colocaron en otra fila. Si me envían a la muerte, si me envían a trabajar, si me evacúan a otro campo de concentración como han empezado a hacer con otras…, nada importa salvo que estoy con mi hermana y que ella está conmigo. Somos de las pocas presas afortunadas que todavía no hemos sido completamente separadas de nuestras familias. No es exagerado decir que vivo por mi hermana. No es exagerado decir que mi hermana vive por mí. El patio es un caos. No sé qué significan las filas. Lo único que sé es que tengo que pasar lo que nos espera con Magda. Incluso si lo que nos espera es la muerte. Miro el espacio cubierto de nieve apelmazada que nos separa. Los guardias nos rodean. No tengo un plan. El tiempo pasa lento y rápido. Magda y yo cruzamos una mirada. Veo sus ojos azules. Y entonces me pongo en movimiento. Me pongo a hacer ruedas, las manos en el suelo y los pies en el aire, una tras otra. Un guardia me mira fijamente. Está bocarriba. Está bocabajo. Espero una bala en cualquier momento. Y no quiero morir, pero no puedo dejar de girar una y otra vez. No levanta el arma. ¿Está demasiado sorprendido para dispararme? ¿Estoy demasiado mareada para verlo? Me guiña el ojo. Juro que le veo guiñarme el ojo. «De acuerdo —parece decir—, esta vez, tú ganas.»

Durante los escasos segundos que acaparo por completo su atención, Magda corre por el patio y se une a mí en mi fila. Nos mezclamos de nuevo entre la multitud de chicas a la espera de qué sucederá a continuación.

Nos conducen desde el patio helado en dirección al andén al que llegamos hace seis meses, donde nos separamos de nuestro padre, donde caminamos con nuestra madre entre las dos durante los últimos momentos de su vida. Entonces sonaba música; ahora está en silencio. Si es que el viento es silencio. La constante ráfaga de frío agobiante, la boca abierta de la muerte y el invierno ya no parecen hacer ruido. Mi cabeza está repleta de preguntas y pavor, pero esos pensamientos son tan imperecederos que ya no parecen pensamientos. Siempre es casi el fin.

«Vamos a otro sitio a trabajar hasta el final de la guerra», nos dicen. Si pudiéramos oír las noticias, aunque solo fuera dos minutos, sabríamos que la propia guerra podía ser la siguiente baja. Mientras estamos allí esperando para subir por la estrecha rampa al vagón de ganado, los rusos se están acercando a Polonia por un flanco, los estadounidenses por otro. Los nazis están evacuando Auschwitz poco a poco. Los presos que dejamos atrás, los que sean capaces de sobrevivir un mes más en Auschwitz, pronto serán libres. Nos sentamos en la oscuridad a la espera de que el tren arranque. Un soldado de la Wehrmacht, no de las SS, mete la cabeza por la puerta y nos habla en húngaro.

—Tienen que comer —dice—. Hagan lo que hagan, recuerden que tienen que comer, porque puede que los liberen, tal vez pronto.

¿Nos está dando esperanzas? ¿O una falsa promesa? ¿Una mentira? Este soldado es como los *nyilas* de la fábrica de ladrillos, esparciendo rumores, una voz de autoridad para acallar lo que ya sabemos. ¿Quién le recuerda a una persona hambrienta que tiene que comer?

Sin embargo, incluso en la oscuridad del vagón de ganado, en su cara recortada sobre kilómetros de alambrada y de nieve, veo bondad en sus ojos. Qué extraño que la bondad parezca ahora un efecto óptico.

Pierdo la noción del tiempo que pasamos en movimiento. Duermo sobre el hombro de Magda y ella sobre el mío. En un momento dado, me despierta la voz de mi hermana. Está hablando con alguien que no puedo distinguir en la oscuridad. «Mi profesora», explica. La de la fábrica de ladrillos, aquella cuyo bebé lloraba sin parar. En Auschwitz, todas las mujeres con hijos pequeños fueron gaseadas al principio. El hecho de que ella siga viva solo puede significar una cosa: su bebé murió. ¿Qué es peor?, me pregunto, ¿ser un niño que ha perdido a su madre o una madre que ha perdido a su hijo? Cuando la puerta de abre, estamos en Alemania.

No somos más de un centenar. Estamos alojadas en lo que debe de ser un campamento de verano para niños, con literas y una cocina donde, con escasas provisiones, preparamos nuestra propia comida.

Por la mañana, nos envían a trabajar a una fábrica de hilos. Llevamos guantes de cuero. Paramos la máquina giratoria para que los hilos no se enreden. Incluso con los guantes puestos, las ruedas nos cortan las manos. La antigua profesora de Magda ocupa el lugar junto a ella. Llora muy fuerte. Pienso que es porque le sangran y le escuecen las manos. Pero llora por Magda.

—Necesitas las manos —gime—. Tú tocas el piano. ¿Qué vas a hacer sin tus manos?

La capataz alemana que supervisa nuestro trabajo la manda callar.

—Tienen suerte de estar trabajando ahora —dice—. Pronto las matarán.

Aquella noche, en la cocina, preparamos la cena supervisadas por guardias.

—Escapamos de la cámara de gas —dice Magda—, pero moriremos haciendo hilos.

Tiene gracia, porque estamos vivas. Puede que no sobrevivamos a la guerra, pero hemos sobrevivido a Auschwitz. Pelo papas para la cena. Demasiado acostumbrada a las raciones que te mataban de hambre, escondo cáscaras de papa en mi ropa interior. Cuando los guardias están en otra habitación, aso las pieles en el horno. Cuando nos las llevamos ansiosamente a la boca con manos doloridas, las cáscaras están demasiado calientes para poder comerlas.

—Nos escapamos de la cámara de gas, pero moriremos comiendo cáscaras de papa —dice alguien, y reímos desde un lugar profundo en nuestro interior que no sabíamos que aún existía. Reímos, como lo hacía yo cada semana en Auschwitz cuando nos obligaban a donar sangre para hacer transfusiones a los soldados alemanes heridos. Me sentaba con la aguja en el brazo y me reía sola. «¡Qué suerte ganar una guerra con mi sangre de bailarina pacifista!», pensaba. No podía apartar el brazo o me habrían disparado. No podía desafiar a mis opresores con un arma o con el puño. Pero logré encontrar una forma de ejercer mi poder. Y ahora hay poder en nuestra risa. Nuestra camaradería, nuestra alegría, me recuerdan las de aquella noche en Auschwitz cuando gané el concurso de tetas. Nuestras palabras son nuestro sustento.

—¿Quién es del mejor país? —pregunta una chica llamada Hava. Debatimos, cantando las alabanzas de nuestra tierra—. Ningún sitio es tan bonito como Yugoslavia —insiste Hava.

Pero es una competencia imposible de ganar. El hogar ya no es un lugar, no es un país. Es un sentimiento tan universal como específico. Si hablamos demasiado de él, corremos el riesgo de que se desvanezca.

Tras unas cuantas semanas en la fábrica de hilos, los SS vienen a buscarnos con trajes a rayas para sustituir nuestros uniformes grises. Subimos en otro tren. Sin embargo, esta vez nos obligan a subir al techo de los vagones con los uniformes a rayas para desanimar a los británicos de bombardear el tren. Transporta munición.

—De hilos a balas —dice alguien.

—Chicas, nos ascendieron —dice Magda.

El viento en el techo del vagón es muy duro, arrasador. Pero, al menos, con tanto frío no siento hambre. ¿Preferiría morir de frío o bajo el fuego? ¿Gas o pistola? Sucede de repente. Incluso con los prisioneros en el techo del tren, los británicos nos lanzan sibilantes y estruendosas bombas. Humo. Gritos. El tren se detiene y salto. Soy la primera en bajar. Subo corriendo la ladera nevada de la colina por donde pasan las vías en dirección a un grupo de pequeños árboles, donde me detengo a mirar la nieve en busca de mi hermana y a recobrar el aliento. No la veo corriendo desde el tren. Las bombas silban y estallan en la vía. Veo un montón de cadáveres al lado del convoy. Magda.

Tengo que elegir. Puedo correr. Escapar por el bosque. Buscarme la vida. La libertad está muy cerca, es cuestión de unos pasos. Pero, si Magda está viva y la abandono, ¿quién le dará pan? ¿Y si está muerta? Es un segundo, como el mecanismo de un obturador. Clic: bosque. Clic: vías. Corro colina abajo.

Magda está sentada en la cuneta, con una chica muerta en su regazo. Es Hava. A Magda le sale sangre de la barbilla. En un vagón cercano, hay hombres comiendo. También son prisioneros, pero no como nosotras. Visten ropa civil, no uniformes. Y tienen comida. Prisioneros políticos alemanes, suponemos. En cualquier caso, son más privilegiados que nosotras. Están comiendo. Hava está muerta y mi hermana está viva, y yo solo puedo pensar en comida. Magda, la hermosa, está sangrando.

—Ahora que tenemos la oportunidad de pedir algo de comer, y tú con esta pinta —la regaño—. Estás demasiado herida para coquetear.

Mientras pueda enojarme con ella no tengo la necesidad de sentir miedo o dolor por lo que casi sucedió. En lugar de alegrarme y dar gracias por estar vivas las dos, por haber sobrevivido a otro momento fatal, estoy furiosa con mi hermana. Estoy furiosa con Dios, con el destino, pero dirijo mi confusión y mi dolor a la cara sangrante de mi hermana.

Magda no responde a mis insultos. No se limpia la sangre. Los guardias nos rodean, gritándonos, moviendo los cadáveres con sus armas para asegurarse de que las que no se mueven están realmente muertas. Dejamos a Hava sobre la sucia nieve y nos unimos a las otras supervivientes.

—Podrías haberte ido corriendo —dice Magda. Lo dice como si fuera idiota.

Al cabo de una hora, las municiones se han vuelto a cargar en otros vagones y estamos de nuevo en el techo, con nuestros uniformes a rayas, y la sangre de la barbilla de Magda se ha secado.

Somos prisioneras y refugiadas. Hace mucho que perdimos la noción del tiempo. Magda es la estrella que me guía.

Mientras esté cerca, tengo todo lo que necesito. Una mañana nos sacan del tren de la munición y caminamos en fila durante muchos días. La nieve empieza a fundirse, dejando paso a hierba muerta. Tal vez caminamos durante semanas. Caen bombas, a veces muy cerca. Podemos ver ciudades ardiendo. Nos detenemos en pequeños pueblos a lo largo de Alemania, dirigiéndonos a veces hacia el sur, a veces hacia el este, obligadas a trabajar en fábricas por el camino.

Contar prisioneros es la obsesión de las SS. Yo no cuento cuántas quedamos. Sé que cada día la cifra es menor. No es un campo de exterminio. Pero hay montones de maneras de morir. Las cunetas de la carretera están teñidas de rojo procedente de la sangre de quienes han sido disparadas en la espalda o en el pecho, las que intentaron huir, las que no pudieron aguantar más. A algunas chicas se les congelan las piernas, se les congelan por completo, y se desploman como árboles talados. Agotamiento. Congelación. Fiebre. Hambre. Si los guardias no aprietan el gatillo, lo hace el cuerpo.

Hemos caminado durante días sin comida. Llegamos a la cima de una colina y divisamos una granja, edificios anexos y un redil para el ganado.

—Un minuto —dice Magda. Corre hacia la granja, serpenteando entre árboles, con la esperanza de no ser vista por los SS que se han detenido a fumar.

Veo a Magda zigzaguear hacia la cerca del jardín. Es demasiado pronto para que haya verduras de primavera, pero comería pienso para vacas, comería tallos secos. Si una rata entra correteando en la habitación donde dormimos, las chicas se abalanzan sobre ella. Trato de no llamar la atención hacia Magda con mi mirada. Aparto la vista y, cuando vuelvo a mirar, ya no la veo. Suena un disparo. Y otro. Alguien descubrió a mi hermana. Los guardias nos gritan, nos cuentan, sacan las armas. Suenan unos cuantos disparos más. No hay rastro de Magda. «Ayúdame, ayúdame.» Me doy cuenta de que le estoy rezando a mi madre. Estoy hablando con ella como ella solía rezarle al retrato de su madre que estaba sobre el piano. Incluso lo hacía cuando estaba embarazada, me había explicado Magda. La noche que nací, Magda oyó a mi madre gritar: «¡Madre, ayúdame!». Y, a continuación, Magda oyó llorar a un bebé (yo) y nuestra madre dijo: «Me ayudaste». Recurrir a los muertos es mi herencia. «Madre, ayúdanos», rezo. Veo un destello gris entre los árboles. Está viva. Escapó de las balas. Y, de algún modo, ahora pasa inadvertida. No respiro hasta que Magda está de nuevo a mi lado.

—Había papas —dice—. Si esos cabrones no hubieran empezado a disparar, estaríamos comiendo papas.

Me imagino mordiendo una como si fuera una manzana. Ni siquiera perdería tiempo frotándola para limpiarla. Me comería la suciedad junto con la fécula y la piel.

Vamos a trabajar a una fábrica de munición cerca de la frontera checa. Nos enteramos de que estamos en marzo. Una mañana, no puedo salir del banco del cobertizo en el que dormimos. Estoy ardiendo de fiebre, temblando, y me siento muy débil.

—Levántate, Dicuka —me ordena Magda—. No puedes caer enferma.

En Auschwitz, a las que no podían trabajar les decían que las llevarían a un hospital, pero desaparecían. ¿Por qué iba a ser ahora diferente? Aquí no hay infraestructura para matar, no hay tuberías instaladas ni ladrillos colocados para ello. Sin embargo, una sola bala te mata igual. A pesar de todo, no puedo levantarme. Oigo mi propia voz divagando sobre nuestros abuelos. Nos dejarán faltar a clase y nos llevarán a la panadería. Nuestra madre no puede quitarnos los dulces. En algún lugar de mi cabeza, sé que estoy delirando, pero no puedo recobrar los sentidos. Magda me dice que me calle y me tapa con un abrigo, según ella para mantenerme caliente, pero en realidad es más bien para ocultarme.

—No muevas ni un dedo —dice.

La fábrica está cerca, al otro lado de un pequeño puente sobre un caudaloso arrollo. Estoy tumbada bajo el abrigo, fingiendo que no existo, previendo el momento en que se darán cuenta de que no estoy y un guardia entrará en el cobertizo para pegarme un tiro. ¿Podrá Magda oír el disparo con el ruido de las máquinas? Ahora no le intereso a nadie.

Me sumerjo en un sueño delirante. Sueño con fuego. Es un sueño habitual; llevo casi un año soñando que tengo calor. Sin embargo, me despierto del sueño y, esta vez, el olor del fuego me ahoga. ¿Está ardiendo el cobertizo? Temo ir a la puerta, me da miedo no conseguir llegar con mis débiles piernas, me da miedo que, si lo hago, me delate. Entonces oigo las bombas. Los silbidos y las explosiones. ¿Cómo pude dormir cuando empezaba el ataque? Me incorporo en el banco. ¿Cuál es el sitio más seguro? Aunque pudiera correr, ¿adónde iba a ir? Oigo gritos. «¡La fábrica está ardiendo! ¡La fábrica está ardiendo!»

Vuelvo a ser consciente del espacio que me separa de mi hermana. Me he convertido en una experta en medir ese espacio. ¿Cuántas manos hay entre nosotras? ¿Cuántas piernas? ¿Volteretas? Ahora hay un puente. Agua y madera. Y fuego. Lo veo desde la puerta del cobertizo junto a la que por fin me coloco, apoyada contra el marco. El puente que lleva a la fábrica está en llamas y la fábrica está siendo engullida por el humo. Para cualquiera que haya vivido los bombardeos, el caos es un respiro. Una oportunidad para echar a correr. Me imagino a Magda abriendo una ventana y corriendo hacia los árboles. Mirando entre las ramas hacia el cielo. Lista para echar a correr hasta allí con tal de ser libre. Si se pone a salvo, yo seré libre. Podría deslizarme hacia el suelo y no levantarme nunca. Qué alivio sería. Existir es una obligación. Dejo que mis piernas se doblen como una bufanda. La caída me relaja. Y ahí está Magda en un halo de fuego. Ya muerta. Antes que yo. La alcanzo. Siento el calor del fuego. Ahora iré con ella. Ahora. «¡Ya voy! —grito—. ¡Espérame!»

No capto el momento en que deja de ser un fantasma y se vuelve de carne y hueso. De algún modo, se hace entender: cruzó el puente en llamas para volver a mí.

—Idiota —le digo—, podrías haberte ido corriendo.

Es abril. La hierba tiñe de verde las colinas. La luz va alargando los días. Los niños nos escupen cuando pasamos por las afueras de los pueblos. Qué triste, pienso, que a esos niños les hayan lavado el cerebro para que me odien.

—¿Sabes cómo me voy a vengar? —dice Magda—. Voy a matar a una madre alemana. Un alemán mató a mi madre y yo voy a matar a una madre alemana.

Yo tengo otro deseo. Deseo que un día el niño que nos escupe vea que no tiene que sentir odio. En mi venganza imaginaria, el niño que ahora nos grita «¡Sucia judía! ¡Sa-

bandija!» me ofrece un ramo de rosas. «Ahora sé —dice—
que no hay motivo para odiarte. Ningún motivo.» Nos
abrazamos perdonándonos mutuamente. No le cuento a
Magda mi fantasía.

Un día, al anochecer, los SS nos meten a empujones en
una sala común donde dormiremos. Otra vez sin comida.

—Cualquiera que abandone el local recibirá un disparo inmediatamente —advierte el guardia.

—Dicuka —gime Magda mientras nos hundimos en los
tablones de madera que nos servirán de cama—, pronto
llegará mi fin.

—Cállate —digo. Me está asustando. Su desaliento me
aterroriza más que un arma apuntándome. Ella no dice
esas cosas. Ella no se rinde. Tal vez he sido una carga para
ella. Tal vez mantenerme fuerte a lo largo de mi enfermedad acabó por agotarla.

—No vas a morir —le digo—. Esta noche vamos a comer.

—Oh, Dicuka —dice, y se vuelve hacia la pared.

Se lo mostraré. Le mostraré que hay esperanza. Conse-
guiré un poco de comida. La animaré. Los SS se congrega-
ron cerca de la puerta, cerca de la última luz de la tarde,
para comer sus raciones. A veces nos echan algún resto de
comida por el mero placer de vernos arrastrarnos a sus
pies. Voy hacia ellos de rodillas. «Por favor, por favor», suplico. Se ríen. Un soldado me acerca un pedazo de carne
en conserva e intento agarrarlo, pero se lo mete en la boca
y todos ríen con más fuerza. Juegan así conmigo hasta que
estoy rendida. Magda está dormida. Me niego a abandonar, a decepcionarla. Los SS dejan el pícnic para ir a orinar
o a fumar y me escabullo por una puerta lateral.

Huele a estiércol, a manzanas silvestres y a tabaco alemán. La hierba está húmeda y fresca. Al otro lado de la valla de estuco veo un jardín: pequeñas lechugas rizadas, vainas de frijoles, las hojas verdes con forma de pluma de las zanahorias. Puedo saborear las zanahorias como si ya las hubiera agarrado, crujientes y terrosas. Escalar el muro no es demasiado difícil. Me raspo un poco las rodillas al pasar al otro lado y los brillantes puntos de sangre me parecen aire fresco en la piel, como si fuera algo bueno que está en las profundidades y sale a la superficie. La cabeza me da vueltas. Agarro la parte superior de las zanahorias y estiro; la raíz saliendo de la tierra suena como una costura que se desgarra. Me pesan en las manos. Trozos de tierra cuelgan de las raíces. Hasta la suciedad huele como un banquete, igual que las semillas, todo lo que allí encuentro. Escalo de nuevo el muro, con la tierra cayéndome sobre las rodillas. Me imagino la cara de Magda al morder la primera verdura fresca que ha comido en un año. Hice algo arriesgado y dio su fruto. Eso es lo que quiero que Magda vea, más que una comida, más que los nutrientes disolviéndose en su sangre: simplemente esperanza. Salto otra vez al suelo.

Pero no estoy sola. Un hombre me mira fijamente. Lleva un arma. Es un soldado de la Wehrmacht, no de las SS. Peor que el arma son sus ojos, unos ojos castigadores. «¿Cómo te atreves? —dicen—. Yo te enseñaré a obedecer.» Me empuja para que me arrodille. Amartilla el arma y me apunta al pecho. «Por favor, por favor, por favor, por favor —suplico como hice ante Mengele—. Por favor, ayúdale a que no me mate.» Estoy temblando. Las zanahorias me golpean la pierna. Baja el arma durante un breve segundo y la vuelve a levantar. Clic. Clic. Peor que el miedo a la muerte es la sensación de estar atrapada e indefensa, de no saber qué sucederá al siguiente instante. Me pone en pie de un tirón y me pone de cara al edificio en el que Magda duerme. Utiliza la culata de su fusil para empujarme hacia adentro.

—Meando —dice al guardia, y ríen groseramente. Escondo las zanahorias en los pliegues de mi vestido.

Al principio, Magda no se despierta. Tengo que ponerle la zanahoria en la palma de la mano antes de que abra los ojos. Come tan rápido que se muerde el interior de la mejilla. Cuando me da las gracias, llora.

Los SS nos despiertan a gritos por la mañana. Es hora de volver a caminar. Estoy hambrienta, tengo el estómago vacío y pienso que debo de haber soñado lo de las zanahorias, pero Magda me enseña un puñado de hojas que se metió el bolsillo para luego. Se marchitaron. Son restos que en una vida anterior habríamos tirado a la basura o con los que habríamos alimentado al ganso del desván, pero ahora parecen encantados, como la olla de un cuento de hadas que se llena de oro por arte de magia. Las hojas marchitas y ennegrecidas de las zanahorias son la prueba de un poder secreto. No debería haberme arriesgado a agarrarlas, pero lo hice. Los «debería» no son importantes. No son lo único que nos rige. Hay un principio diferente, una autoridad diferente en juego. Estamos esqueléticas. Estamos tan enfermas y desnutridas que apenas podemos andar, y mucho menos hacer largas caminatas, y no digamos trabajar. Y, a pesar de todo, las zanahorias hacen que me sienta fuerte. «Si sobrevivo hoy, mañana seré libre.» Repito la consigna en mi cabeza.

Nos ponemos en fila para el recuento. Sigo repitiéndome la frase. Cuando estamos a punto de salir a la helada mañana para otro día de horror, hay un alboroto en la puerta. El guardia de las SS grita en alemán y otro hombre contesta igualmente a gritos, irrumpiendo en la habitación. Se me corta la respiración y me agarro al codo de Magda para no caer. Es el hombre del jardín. Está mirando con severidad por la habitación.

—¿Dónde está la chica que se atrevió a incumplir las normas? —pregunta.

Me echo a temblar. No puedo calmar mi cuerpo. Volvió para vengarse. Quiere imponerme un castigo público. O cree que debe hacerlo. Alguien se enteró de su inexplicable amabilidad hacia mí y ahora debe pagar por haber corrido el riesgo. Lo va a pagar conmigo. Tiemblo, casi incapaz de respirar de lo asustada que estoy. Estoy atrapada. Sé lo cerca que estoy de la muerte.

—¿Dónde está la pequeña delincuente? —pregunta de nuevo.

Va a verme en cualquier momento. O verá las hojas de zanahoria saliendo del abrigo de Magda. No puedo soportar el suspenso de esperar a que me reconozca. Me tiro al suelo y me arrastro hacia él. Magda sisea, pero es demasiado tarde. Me agacho a sus pies. Veo el barro de sus botas, las vetas de la madera del suelo.

—Tú —dice. Parece indignado. Cierro los ojos. Espero a que me golpee. Espero a que me dispare.

Algo pesado cae cerca de mis pies. ¿Una piedra? ¿Va a lapidarme hasta la muerte, lentamente?

No. Es pan. Una pequeña hogaza de pan negro de centeno.

—Debías de tener mucha hambre para hacer lo que hiciste —dice. Ojalá me encontrara ahora a aquel hombre. Es la prueba de que doce años de gobierno del Reich de Hitler no son suficientes para que el odio se adueñe de las buenas personas. Sus ojos son los de mi padre. Verdes. Y llenos de alivio.

CAPÍTULO 5
—

LA ESCALERA DE LA MUERTE

Caminamos de nuevo durante días o semanas. Desde que salimos de Auschwitz, hemos permanecido en Alemania, pero un día llegamos a la frontera de Austria, donde esperamos para cruzar. Los guardias charlan mientras nos formamos en las filas interminables que se han convertido para mí en la ilusión del orden, la ilusión de que una cosa sigue naturalmente a otra. Es un alivio estar quietas. Escucho la conversación entre los guardias. El presidente Roosevelt ha muerto, dicen. Truman estará al mando durante el resto de la guerra. Qué raro oír que, fuera de nuestro purgatorio, las cosas cambian. Se marca un nuevo rumbo. Esos acontecimientos tienen lugar tan lejos de nuestra existencia diaria que resulta impactante que ahora, incluso en este preciso momento, alguien esté tomando una decisión sobre mí. No sobre mí específicamente. Yo no tengo nombre. Pero alguien con autoridad está tomando una decisión que determinará lo que me suceda. ¿Norte, sur, este u oeste? ¿Alemania o Austria? ¿Qué se tendría que hacer con los judíos supervivientes antes de que acabe la guerra?

—Cuando acabe la guerra… —dice un guardia. No acaba la frase. Ese es el tipo de conversación sobre el futuro que manteníamos Eric y yo en su día. «Después de la guerra…» ¿Si me concentro adecuadamente puedo saber si sigue vivo? Finjo que estoy esperando a la entrada de una estación de tren donde compraré un billete, pero solo tengo una oportunidad para averiguar la ciudad en la que me encontraré con él. ¿Praga? ¿Viena? ¿Düsseldorf? ¿Prešov? ¿París? Meto la mano en el bolsillo buscando el pasaporte en un acto reflejo. Eric, mi dulce amor. Estoy de camino. Una guardia fronteriza nos grita a Magda y a mí en alemán y nos señala otra fila. Empiezo a moverme. Magda se queda quieta. La guardia grita de nuevo. Magda no se mueve, no responde. ¿Se ha vuelto loca? ¿Por qué no me sigue? La guardia le grita a Magda en la cara y Magda sacude la cabeza.

—No entiendo —dice Magda en húngaro. Sí entiende, desde luego. Las dos hablamos fluidamente alemán.

—¡Sí entiendes! —grita la guardia.

—No entiendo —repite Magda. Su voz suena absolutamente neutra.

Sus hombros están rectos y erguidos. ¿Me estoy perdiendo algo? ¿Por qué finge que no entiende? No va a ganar nada con el desafío. ¿Perdió la razón? Las dos siguen discutiendo. Pero Magda no discute. Se limita a repetir cansinamente, con tranquilidad, que no entiende. La guardia pierde el control. Golpea a Magda en la cara con la culata de su fusil. Vuelve a golpearla entre los hombros. Golpea y golpea hasta que Magda cae al suelo y la guardia nos hace una seña a mí y a otra chica para que nos la llevemos de allí.

Magda está magullada y tosiendo, pero le brillan los ojos.

—¡Dije que no! —dice—. ¡Dije que no!

Para ella, es una paliza maravillosa. Es la demostración de su poder. Se mantuvo en sus trece mientras la guardia perdía el control. La desobediencia civil de Magda hace que se sienta como quien ha tomado una decisión, no como una víctima del destino.

Sin embargo, el poder que siente Magda dura poco. Pronto estamos caminando otra vez, hacia un lugar peor que cualquiera de los que hemos visto hasta ahora.

Llegamos a Mauthausen. Es un campo de concentración exclusivamente para hombres, situado en una cantera en la que los prisioneros son obligados a picar y acarrear granito que se utilizaría para construir la ciudad imaginada por Hitler, una nueva capital de Alemania, una nueva Berlín. No veo más que escaleras y cadáveres. Las escaleras son de piedra blanca y se extienden hacia arriba ante nosotras, como si por ellas pudiéramos subir al cielo. Los cadáveres están por todas partes, amontonados. Cadáveres doblados y estirados como trozos de valla rota. Cadáveres tan esqueléticos, desfigurados y enredados que apenas tienen forma humana. Permanecemos en fila en las escaleras blancas. Las escaleras de la muerte, las llaman. Estamos esperando en las escaleras otra selección, suponemos que significará la muerte o más trabajo. En la fila corren rumores estremecedores. Nos enteramos de que a los prisioneros de Mauthausen se les obliga a cargar bloques de piedra de cincuenta kilos desde el fondo de la cantera, subiendo los 186 peldaños corriendo en fila. Me imagino a mis antepasados, los esclavos del faraón de Egipto, doblados por el peso de las piedras. Aquí, en las escaleras de la muerte, nos dicen, cuando estás cargando una piedra por las escaleras y alguien delante de ti tropieza o se desploma, tú eres el siguiente en caer, y así sucesivamente, hasta que toda la fila cae formando un montón. Si sobrevives, es peor, oímos decir. Tienes que pasar por una pared situada al borde de un precipicio. *Fallschirmspringerwand*, se llama: el muro de los paracaidistas. A punta de pistola, tú eliges: ¿prefieres que te disparen o empujas al prisionero que está a tu lado por el precipicio?

—Tú empújame —dice Magda— si se da el caso.

—Tú a mí también —digo. Prefiero mil veces caer que ver cómo le disparan a mi hermana. Estamos demasiado débiles y hambrientas para decir eso por quedar bien. Lo decimos por amor, pero también por supervivencia. No me impongas otra pesada carga. Déjame caer entre las piedras.

Yo peso menos, mucho menos, que las rocas que suben los prisioneros por las escaleras de la muerte. Soy tan ligera que el viento podría levantarme como una hoja o una pluma. Abajo, abajo. Podría caer ahora mismo. Podría caer hacia atrás en lugar de dar el siguiente paso hacia arriba. Creo que estoy vacía. Ningún peso me mantiene pegada a la tierra. Estoy a punto de sumirme en esa fantasía de ingravidez, de soltar la carga que supone estar viva, cuando alguien delante de mí rompe el hechizo.

—Ahí está el crematorio —dice.

Miro hacia arriba. Llevamos tantos meses fuera de los campos de exterminio que he olvidado la naturalidad con que se alzan las chimeneas. En cierto modo, son tranquilizadoras. Sentir la proximidad de la muerte, la inminencia de la muerte, en la recta columna de ladrillo, ver la chimenea como un puente que te llevará de la carne al aire, considerarte ya muerta, tiene cierto sentido.

Y, sin embargo, mientras la chimenea expulsa humo, tengo algo contra lo que luchar. Tengo un objetivo. «Moriremos por la mañana», anuncian los rumores. Puedo sentir la resignación que tira de mí como la gravedad, una fuerza constante e inexorable.

Cae la noche y dormimos en las escaleras. ¿Por qué esperan tanto para empezar la selección? Mi ánimo flaquea. Moriremos por la mañana. Por la mañana, moriremos. ¿Sabía mi madre qué estaba a punto de pasar cuando la pusieron en la fila de los niños y los ancianos? ¿Fue inconsciente hasta el final? ¿Importa, cuando te toca, ser consciente de que vas a morir? Moriremos por la mañana. Por la mañana, moriremos. Oigo el rumor, la certeza, que se repite como el eco de la piedra de la cantera. ¿Realmente he caminado tantos cientos de kilómetros para acabar desvaneciéndome?

Quiero organizar mi mente. No quiero que mis últimos pensamientos sean tópicos ni de abatimiento. ¿Qué sentido tiene? ¿Qué significa todo? No quiero que mis últimos pensamientos sean una reproducción de los horrores que hemos visto. Quiero sentirme viva. Quiero saborear lo que supone estar viva. Pienso en la voz de Eric y en sus labios. Intento evocar pensamientos que todavía puedan tener la capacidad de hacerme estremecer de emoción. *Nunca olvidaré tus ojos.* «Nunca olvidaré tus manos.» Eso es lo que quiero recordar, la calidez en mi pecho, el rubor en mi piel, aunque *recordar* no es la palabra adecuada. Quiero gozar de mi cuerpo mientras aún lo tenga. Hace una eternidad, en Kassa, mi madre me prohibió leer *Nana* de Émile Zola, pero lo introduje subrepticiamente en el baño y lo leí a escondidas. Si muero mañana, moriré virgen. ¿Para qué tuve un cuerpo si no lo conocí por completo? Gran parte de mi vida ha sido un misterio. Recuerdo el día que tuve mi primer periodo. Volvía a casa del colegio en bicicleta y, cuando llegué, vi manchas de sangre por toda mi falda blanca. Estaba aterrorizada. Corrí en busca de mi madre, llorando, pidiéndole que me ayudara a localizar la herida. Me dio una bofetada. Yo no sabía que era una tradición húngara abofetear a las niñas cuando tenían su primer periodo. No sabía absolutamente nada de la menstruación. Nadie, ni mi madre, ni mis hermanas, ni mis profesoras, ni mis entrenadoras, ni mis amigas, me habían explicado nada acerca de mi anatomía. Sabía que había algo que los hombres tenían y las mujeres no. Nunca había visto a mi padre desnudo, pero había notado esa parte de Eric apretándome cuando me abrazaba. Nunca me había pedido que se la tocara, nunca había reconocido su cuerpo. Me había gustado la sensación de que su cuerpo, y el mío, fueran misterios esperando a ser revelados, algo que hacía que se disparase la energía entre nosotros cuando nos tocábamos.

Ahora, era un misterio que nunca resolvería. Había experimentado pequeños destellos de deseo, pero nunca sentiría su culminación, la plena promesa de un universo de luz. Me hace llorar ahí, en las escaleras de la muerte. Es terrible perder, haber perdido, todas las cosas conocidas: madre, padre, hermana, novio, país, hogar. ¿Por qué tengo que perder también las cosas que no conozco? ¿Por qué tengo que perder el futuro? ¿Mi potencial? Los hijos que nunca tendré. El vestido de boda que mi padre nunca me hará. Voy a morir virgen. No quiero que ese sea mi último pensamiento. Debería pensar en Dios.

Trato de imaginarme un poder omnipotente. Magda perdió la fe. Ella y muchas otras. «No puedo creer en un Dios que permite que pase esto», dicen. Entiendo a qué se refieren. Y, a pesar de todo, nunca me ha resultado difícil entender que no es Dios el que nos mata en las cámaras de gas, en las cunetas, en los precipicios, en escaleras blancas de 186 peldaños. Dios no dirige los campos de exterminio. Lo hacen las personas. Pero aquí está de nuevo el horror y no quiero aceptarlo. Me imagino a Dios como un niño que baila. Vivaracho, inocente y curioso. Yo también debo serlo si quiero estar cerca de Dios. Quiero mantener viva la parte de mí que siente admiración, que se maravilla, hasta el final. Me pregunto si alguien sabe que estoy aquí, si sabe lo que está pasando, si sabe que existe un sitio como Auschwitz, como Mauthausen. Me pregunto si mis padres pueden verme ahora. Me pregunto si Eric puede. Me pregunto cómo es un hombre desnudo. Está lleno de hombres a mi alrededor. Hombres que ya no viven. No heriría su orgullo que echara una ojeada. La peor transgresión sería renunciar a mi curiosidad, me digo convenciéndome a mí misma.

Dejo a Magda durmiendo en las escaleras y subo a gatas la embarrada ladera donde están apilados los cadáveres. No desnudaré a ninguno que lleve ropa. No voy a manipular a los muertos. Pero si un hombre ha caído, voy a mirar.

Veo un hombre, tiene las piernas torcidas. No parecen pertenecer al mismo cuerpo, pero puedo intuir el lugar en el que se juntan. Veo pelo, como el mío, oscuro, grueso, y un pequeño apéndice. Es como un pequeño champiñón, algo blando que sale de la suciedad. Qué raro que los órganos femeninos estén ocultos y los masculinos estén expuestos, tan vulnerables. Me siento satisfecha. No moriré ajena a la biología que me ha creado.

Al alba, la fila empieza a moverse. No hablamos demasiado. Algunas lloran. Algunas rezan. La mayoría nos guardamos nuestro terror, nuestro pesar, nuestra resignación o nuestro alivio en la intimidad. No le digo a Magda lo que vi la noche anterior. Esta fila se está moviendo muy rápido. No habrá demasiado tiempo. Intento recordar las constelaciones que reconocía en el cielo nocturno. Intento recordar el sabor del pan de mi madre.

—Dicuka —dice Magda, pero necesito unas cuantas exhalaciones huecas para reconocer mi nombre. Hemos llegado a la parte superior de las escaleras. El oficial que se encarga de la selección está justo delante de nosotras. Todo el mundo es enviado en la misma dirección. No es una fila de selección. Simplemente nos hacen pasar. Realmente es el fin. Han esperado a que amaneciera para enviarnos a la muerte. ¿Deberíamos hacernos promesas mutuamente? ¿Pedir perdón? ¿Qué hay que decir? Ahora hay cinco chicas delante de nosotras. ¿Qué debería decirle a mi hermana? Dos chicas.

Y entonces, la fila se detiene. Nos conducen hacia una multitud de guardas de las SS junto a una valla.

—Si intentan escapar, dispararemos —nos gritan—. Si se caen, dispararemos.

Nos hemos vuelto a salvar. Inexplicablemente.

Avanzamos.

Es la marcha de la muerte, de Mauthausen a Gunskirchen. Es la distancia más corta que nos han obligado a caminar, pero estamos tan débiles que solo sobreviviremos doscientas de dos mil. Magda y yo nos agarramos la una a la otra, decididas a mantenernos juntas, a mantenernos firmes. Cada hora, cientos de chicas caen en la cuneta a ambos lados de la carretera. Demasiado débiles o demasiado enfermas para seguir avanzando, son asesinadas allí mismo. Somos como un diente de león que se desprendió por el viento al que solo le quedan unas pocas hebras blancas. Mi único nombre es hambre.

Me duele todo el cuerpo, tengo todo el cuerpo entumecido. No puedo dar un paso más. Me duele tanto que no siento mis movimientos. No soy más que un circuito de dolor, una señal que se alimenta a sí misma. No me doy cuenta de que me tropecé hasta que noto los brazos de Magda y otras chicas levantándome. Entrelazan sus dedos para hacerme una silla.

—Tú compartiste tu pan —dice una.

Las palabras no significan nada para mí. ¿Cuándo probé el pan? Pero entonces, surge un recuerdo. Nuestra primera noche en Auschwitz. Mengele ordenando que suene la música y ordenándome bailar. Este cuerpo bailaba. Esta mente soñaba con el teatro de la Ópera. Este cuerpo comía aquel pan. Soy la que pensaba aquella noche y la que piensa otra vez ahora: Mengele mató a mi madre; Mengele me dejó vivir. Ahora, una chica que compartió conmigo un mendrugo de pan hace casi un año me reconoció. Usa las últimas fuerzas que le quedan para entrelazar sus dedos con los de Magda y los de otras chicas y levantarme. En cierto modo, Mengele permitió que esto sucediera. No nos mató a ninguna de nosotras aquella noche ni ninguna otra noche después. Nos dio pan.

CAPÍTULO 6

—

ELEGIR UNA BRIZNA DE HIERBA

Siempre hay un infierno peor. Esa es nuestra recompensa por vivir. Cuando nos detenemos, estamos en Gunskirchen Lager. Una sección de Mauthausen, unas cuantas edificaciones de madera en un bosque pantanoso cerca de un pueblo, un campo construido para albergar a algunos centenares de trabajadores forzados en el que ahora se apelotonan mil ochocientos. No es un campo de exterminio. Aquí no hay cámaras de gas ni crematorios. No obstante, no cabe duda de que nos enviaron aquí a morir.

Ya cuesta distinguir quién está viva y quién está muerta. La enfermedad recorre nuestros cuerpos. Tifus. Disentería. Piojos. Llagas abiertas. Carne viva. Viva y pudriéndose. El cadáver de un caballo medio devorado. Te lo comes crudo. ¿Quién necesita un cuchillo para cortar la carne? Roes los huesos. Duermes profundamente en las atestadas estructuras de madera o en el suelo. Si alguien muere debajo de ti, sigues durmiendo. No tienes fuerzas para echar a los muertos a un lado. Hay una chica que se retuerce de hambre. Hay un pie, negro, podrido. Nos llevaron al espeso, frío y húmedo bosque a matarnos en una hoguera gigante, todas abrasadas. Solo hay veinte letrinas para todo el campo. Si no puedes esperar a que llegue tu turno para defecar, te disparan allí mismo, donde cayeron tus excrementos. Hay basura ardiendo. La tierra es un pozo de barro y, si reúnes fuerzas para caminar, tus pies se revuelven en una pasta que es una mezcla de fango y mierda. Hace cinco o seis meses que salimos de Auschwitz.

Magda coquetea. Es su forma de reaccionar ante la llamada de la muerte. Conoce a un francés, un tipo de París, que antes de la guerra vivía en la *rue* de algo, una dirección que me digo a mí misma que nunca olvidaré. Incluso en las profundidades de este horror existe la química de persona a persona, ese nudo en la garganta, ese brillo. Los veo hablar como si estuvieran sentados en la terraza de un café, con platillos tintineando a su alrededor. Eso es lo que hacen los vivos. Utilizamos nuestro pulso sagrado como pedernal contra el miedo. No arruines tu espíritu. Enciéndelo como una antorcha. Dile al francés tu nombre y sácale su dirección, saboréala, mastícala lentamente, como si fuera pan.

Después de unos pocos días en Gunskirchen me convierto en una persona que no puede caminar. Aunque todavía no lo sé, tengo la espalda rota (aún hoy no sé cuándo ni cómo se produjo la lesión). Únicamente noto que ya llegué al límite de mis reservas. Estoy tirada en el exterior, respirando el aire denso, con el cuerpo enredado en cuerpos de desconocidos, todos formando una montaña, algunos ya muertos, otros muertos hace mucho, algunos, como yo, apenas con vida. Veo cosas que sé que no son reales. Las veo mezcladas con las cosas que sí lo son, pero no deberían serlo. Mi madre lee para mí. Escarlata grita, «He amado algo que en realidad no existe». Mi padre me lanza un *petit four*. Klara empieza a tocar el concierto para violín de Mendelssohn. Toca junto a la ventana para que si alguien pasa la vea, levante la cabeza, y así reciba la atención que ansía y no se atreve a reclamar abiertamente. Eso es lo que hacen los vivos. Hacemos que las cuerdas vibren según nuestras necesidades.

Aquí, en el infierno, veo a un hombre comer carne humana. ¿Sería yo capaz de hacerlo? Para salvar mi vida, ¿podría poner mi boca sobre la piel colgante de los huesos de una persona muerta y morder? He visto carne profanada con una crueldad imperdonable. Un chico atado a un árbol mientras los oficiales de las SS le disparaban en el pie, en la mano, en los brazos, en una oreja; un chico inocente usado para practicar el tiro al blanco. O la mujer embarazada que de algún modo consiguió llegar a Auschwitz sin que la mataran inmediatamente. Cuando iba a dar a luz, los SS le ataron las piernas. Nunca he visto una agonía como la suya. Pero ver a una persona hambrienta comer la carne de un muerto es lo que hace que me suba la bilis, lo que me nubla la vista. No puedo hacerlo. Y, sin embargo, tengo que comer. Tengo que comer o moriré. Fuera del pisoteado fango crece hierba. Miro fijamente las briznas. Veo sus diferentes tamaños y tonos. Comeré hierba. Elegiré esa brizna en lugar de esa otra. Mantendré mi mente ocupada con la decisión. Eso es lo que significa elegir. Comer o no comer. Comer hierba o comer carne. Comer esta brizna o esta otra. Sobre todo, dormimos. No hay nada de beber. Pierdo la noción del tiempo. A menudo estoy dormida. Incluso despierta me cuesta mantenerme consciente.

Una vez veo a Magda arrastrarse hacia mí con una lata en la mano, una lata que brilla con la luz del sol. Una lata de sardinas. A la Cruz Roja, al ser una organización neutral, le permitieron entregar ayuda humanitaria a los prisioneros, y Magda se acurrucó en una fila y le dieron una lata de sardinas. Pero no hay manera de abrirla. Es una nueva forma de crueldad. Aunque la intención es buena, el acto de bondad es inútil. Mi hermana se muere de hambre poco a poco; mi hermana aferra la comida en la mano. Aferra la lata de la misma manera que aferró su pelo en su día, tratando de no soltarlo. Una lata de pescado en conserva imposible de abrir es ahora su parte más humana. Somos personas muertas y personas casi muertas. Yo no sé entre cuáles estoy.

En las esquinas de mi consciencia, me doy cuenta de que el día y la noche intercambian su sitio. Cuando abro los ojos, no sé si dormí o me desmayé ni durante cuánto tiempo. No soy capaz de preguntar: ¿cuánto tiempo? A veces, puedo sentir que respiro. A veces intento mover la cabeza para buscar a Magda. A veces no recuerdo su nombre.

Unos gritos me arrancan de un sueño parecido a la muerte. Los gritos deben de ser el anuncio de la muerte. Espero la explosión prometida, el calor prometido. Mantengo los ojos cerrados y espero arder. Pero no hay ninguna explosión. No hay llamas. Abro los ojos y puedo ver *jeeps* rodando lentamente a través del bosque de pinos que oculta el campo de la carretera y del cielo. «¡Han llegado los americanos! ¡Los americanos están aquí!» Eso es lo que gritan los débiles. Los *jeeps* parecen ondulantes y borrosos, como si los viera a través del agua o de un intenso calor. ¿Podría ser una alucinación colectiva? Alguien canta *When the Saints Go Marching In*. Durante más de setenta años, esas impresiones sensoriales han permanecido conmigo, indelebles. Pero, mientras tienen lugar, no tengo ni idea de lo que significan. Veo hombres con ropa militar. Veo banderas con barras y estrellas, banderas estadounidenses. Veo banderas engalanadas con el número 71. Veo a un estadounidense dando cigarros a los presos, que están tan hambrientos que se los comen con papel y todo. Miro desde el medio de un montón de cadáveres. No distingo cuáles son mis piernas.

—¿Hay alguien vivo ahí? —gritan los americanos en alemán—. Si hay alguien vivo que levante la mano.

Intento mover los dedos para indicar que estoy viva. Un soldado pasa tan cerca de mí que puedo ver las manchas de barro en sus pantalones. Puedo oler su sudor. «Estoy aquí», quiero decir. «Aquí estoy.» No tengo voz. Inspecciona los cuerpos. Su mirada pasa por encima de mí sin verme. Se tapa la cara con un trozo de tela sucio. «Si me oyen, levanten la mano», dice. Apenas aparta el trapo de la cara al hablar. Me esfuerzo por encontrar mis dedos. Nunca saldrán con vida de aquí, dijeron: la kapo que me arrancó los aretes, el oficial de la SS con la pistola de tatuar que no quería desperdiciar tinta, la capataz de la fábrica de hilos, el SS que nos disparó durante la interminable marcha. Acabarán teniendo razón.

El soldado grita algo en inglés. Alguien fuera de mi campo de visión grita a su vez. Se marchan.

Y entonces, un haz de luz estalla en el suelo. Aquí está el fuego. Por fin. Me sorprende que no haga ruido. Los soldados se dan la vuelta. Mi cuerpo entumecido siente de repente el calor; de las llamas, pienso, o de la fiebre. Pero no. No hay fuego. El resplandor no es fuego en absoluto. ¡Es el sol que se refleja en la lata de sardinas de Magda! A propósito o por casualidad, atrae la atención de los soldados con una lata de conserva. Están volviendo. Tenemos otra oportunidad. Si soy capaz de bailar en mi mente, puedo hacer que vean mi cuerpo. Cierro los ojos y me concentro, levantando los brazos por encima de la cabeza en un arabesco imaginario. Oigo a los soldados gritándose de nuevo unos a otros. Uno está muy cerca de mí. Continúo con los ojos cerrados y sigo bailando. Me imagino que estoy bailando con él. Que me levanta por encima de su cabeza como hizo Romeo en el barracón con Mengele. Que existe el amor y que brota de la guerra. Que existe la muerte y siempre siempre lo contrario.

Y ahora puedo sentir mi mano. Sé que es mi mano porque un soldado la está tocando. Abro los ojos. Veo que su mano amplia y oscura rodea mis dedos. Aprieta algo contra mi mano. Garbanzos. Garbanzos de colores. Rojos, marrones, verdes, amarillos.

—Comida —dice el soldado. Me mira a los ojos. Su piel es la más oscura que he visto jamás; sus labios son gruesos; sus ojos, de color marrón oscuro. Me ayuda a llevarme la mano a la boca. Me ayuda a dejar caer esos garbanzos en mi lengua reseca. Hago saliva y noto algo dulce. Noto sabor a chocolate. Recuerdo el nombre de ese sabor. «Lleven siempre algo dulce en el bolsillo», decía mi padre. Ahí está.

¿Y Magda? ¿La descubrieron a ella también? Todavía no tengo palabras ni voz. No soy capaz de tartamudear dando las gracias. No puedo formar las sílabas del nombre de mi hermana. Apenas puedo tragar los pequeños caramelos que me dio el soldado. Apenas puedo pensar en algo que no sea el deseo de más comida. O beber agua. Su atención se centra ahora en sacarme de la montaña de cadáveres. Tiene que quitarme los muertos de encima. Sus caras y sus extremidades son flácidas. Escuálidos como están, pesan mucho, y gesticula y frunce el ceño mientras los levanta. El sudor le cubre la cara. El hedor lo hace toser. Se ajusta el trapo sobre la boca. ¿Quién sabe cuánto tiempo llevan muertos los muertos? Puede que solo los separe de mí una exhalación o dos. No sé cómo expresar mi gratitud. Pero me hace sentir un cosquilleo en la piel.

Ahora me levanta y me deja en el suelo, sobre la espalda, a escasa distancia de los cadáveres. Puedo ver fragmentos de cielo a través de las copas de los árboles. Siento el aire húmedo en la cara, la humedad de la hierba fangosa debajo de mí. Dejo que mi mente se explaye en esas sensaciones. Me imagino el largo pelo recogido de mi madre, el sombrero de copa y el bigote de mi padre. Todo lo que siento y he sentido jamás emana de ellos, de la unión que me creó. Me acunaron en sus brazos. Hicieron de mí una criatura de la tierra. Recuerdo la historia de Magda sobre mi nacimiento. «Me ayudaste —gritó mi madre a la suya—. Me ayudaste.»

Y, ahora, Magda está junto a mí sobre la hierba. Lleva en la mano su lata de sardinas. Sobrevivimos a la selección final. Estamos vivas. Somos libres.

SEGUNDA PARTE

—

LA HUIDA

CAPÍTULO 7
—

MI LIBERTADOR, MI AGRESOR

Cuando me atrevía a imaginar un momento como este, el fin de mi cautiverio, el final de la guerra, me imaginaba mi pecho henchido de alegría. Me imaginaba gritando a voz en cuello: «¡SOY LIBRE! ¡SOY LIBRE!». Pero ahora no tengo voz. Somos un río silencioso, una corriente de liberados que fluye desde el cementerio de Gunskirchen hacia el pueblo más cercano. Voy arriba de una carretilla improvisada. Las ruedas chirrían. Apenas puedo mantenerme consciente. No hay alegría ni alivio en esta libertad. Es un paseo lento fuera de un bosque. Es una cara aturdida. Es estar viva a duras penas y volver a dormir. Es el peligro de atiborrarse de alimentos. El peligro de comer alimentos equivocados. La libertad son llagas, piojos, estómagos corroídos y ojos apáticos.

Soy consciente de que Magda camina a mi lado. Del dolor que recorre todo mi cuerpo cuando la carretilla da una sacudida. Durante más de un año, no he podido permitirme el lujo de pensar en qué me duele y qué no. Solamente he sido capaz de pensar cómo estar a la altura de los demás, cómo mantenerme un paso por delante para conseguir un poco de comida, para caminar lo bastante rápido, para no detenerme nunca, para seguir viva, para no quedarme atrás. Ahora que el peligro pasó, el dolor en mi interior y el sufrimiento a mi alrededor convierten la consciencia en alucinación. Una película muda. Una marcha de esqueletos. La mayoría de nosotras está demasiado perjudicada para caminar. Estamos echadas en carretillas. Nos apoyamos en bastones. Nuestros uniformes están sucios y gastados, tan andrajosos y harapientos que apenas nos cubren la piel. La piel apenas nos cubre los huesos. Somos una lección de anatomía. Codos, rodillas, tobillos, pómulos, nudillos, costillas, sobresalen como preguntas. ¿Qué somos ahora? Nuestros huesos parecen obscenos, nuestros ojos son cavernas, inexpresivos, oscuros, vacíos. Rostros huecos. Uñas de color negro azulado. Somos traumas en movimiento. Somos un lento desfile macabro. Nos tambaleamos al caminar, las carretillas ruedan sobre los adoquines. Fila tras fila, llenamos la plaza de Wels, Austria. Los habitantes nos miran fijamente desde las ventanas. Somos aterradores. Nadie habla. Bloqueamos la plaza con nuestro silencio. Los lugareños corren a sus casas. Los niños se tapan los ojos. Solo hemos pasado por el infierno para convertirnos en la pesadilla de otros.

Lo más importante es comer y beber. Pero no demasiado ni demasiado rápido. Es posible sufrir una sobredosis de comida. Algunas no podemos evitarlo. La moderación desapareció con nuestra masa muscular, con nuestra carne. Hemos estado muertas de hambre durante mucho tiempo. Más adelante, me enteraré de que una chica de mi ciudad, la hermana de una amiga de mi hermana Klara, fue liberada de Auschwitz y murió por comer demasiado. Es tan mortal prolongar el hambre como ponerle fin. Es una bendición, por tanto, que los soldados estadounidenses tengan poca comida que ofrecernos, básicamente dulces, aquellos garbanzos de colores, M&M's, los llaman.

Nadie quiere acogernos. Hitler lleva muerto menos de una semana. Todavía faltan días para que se produzca la rendición oficial de Alemania. La violencia va disminuyendo en toda Europa, pero todavía es tiempo de guerra. Los alimentos y la esperanza escasean para todo el mundo. Y nosotras, las supervivientes, las antiguas cautivas, seguimos siendo el enemigo para algunos. Parásitos. Sabandijas. La guerra no acaba con el antisemitismo. Los soldados estadounidenses nos llevan a Magda y a mí a una casa en la que vive una familia alemana: la madre, el padre, la abuela y tres niños. Ahí es donde viviremos hasta que estemos lo bastante fuertes para viajar. Tengan cuidado, nos advierten los americanos en un alemán muy básico. Todavía no estamos en tiempo de paz. Podría pasar cualquier cosa.

Los padres trasladan todas las posesiones de la familia a un dormitorio, y el padre cierra la puerta con llave haciendo ostentación de ello. Los niños nos miran fijamente por turnos y luego corren a ocultar sus caras tras las faldas de su madre. Somos los contenedores de su fascinación y de su miedo. Estoy acostumbrada a la crueldad automática de la mirada vacía de los SS, y a su incongruente alegría; su manera de disfrutar de su poder. Estoy acostumbrada a la manera en que se animan, para sentirse importantes, para intensificar su sensación de determinación y de control. La forma en que nos miran los niños es peor. Somos una ofensa contra la inocencia. Así es como nos miran los niños, como si fuéramos nosotras las transgresoras. Su conmoción es más amarga que el odio.

Los soldados nos llevan a la habitación en la que dormiremos. Es la del bebé. Somos las huérfanas de la guerra. Me suben a una cuna de madera. Soy así de pequeña; peso 32 kilos. No puedo caminar sola. Soy un bebé. Apenas puedo usar palabras para pensar. Pienso en términos de dolor y necesidad. Lloraría para que me abrazaran, pero no hay nadie que pueda hacerlo. Magda se hace un ovillo en la camita.

Un ruido al otro lado de la puerta interrumpe mi sueño. Hasta el descanso es frágil. Estoy asustada todo el tiempo. Me da miedo lo que ya pasó. Y lo que podría pasar. Los ruidos en la oscuridad me traen la imagen de mi madre metiéndose el saco amniótico de Klara en el abrigo, mi padre mirando nuestro departamento la mañana de nuestro desahucio. A medida que se reproduce el pasado, pierdo mi hogar y a mis padres una y otra vez. Miro fijamente los barrotes de madera de la cuna, trato de calmarme y volverme a dormir, o al menos quedarme tranquila. Pero los ruidos persisten. Golpes y pisadas. Y, entonces, la puerta se abre de golpe. Dos soldados estadounidenses entran en la habitación a toda prisa. Tropiezan el uno con el otro al chocar con una pequeña estantería. La luz de una lámpara rasga la oscuridad. Uno de los hombres me señala y se ríe agarrándose la entrepierna. Magda no está aquí. No sé dónde está, ni si está lo bastante cerca para oírme si grito, si está escondida en algún sitio, tan asustada como yo. Oigo la voz de mi madre. «Ni se les ocurra perder la virginidad antes de casarse», nos sermoneaba, antes incluso de que yo supiera qué era la virginidad. No era necesario entender la amenaza. No se arruinen la vida. No me decepcionen.

Ahora, un movimiento brusco podría hacer algo peor que empañar mi virtud; podría matarme. Soy así de frágil. Pero no es morir o sentir más dolor lo que temo. Tengo miedo de perder el respeto de mi madre. El soldado empuja a su amigo hacia la puerta para que vigile. Se acerca a mí y me arrulla absurdamente con su voz áspera, fuera de lugar. Su sudor y el alcohol de su aliento apestan como a moho. Tengo que mantenerlo alejado de mí. No hay nada que le pueda arrojar. Ni siquiera puedo sentarme. Intento gritar, pero mi voz no es más que un trino. El soldado de la puerta está riendo. Pero luego ya no. Habla con dureza. No entiendo el inglés, pero sé que dice algo acerca de un bebé. El otro soldado se apoya en los barrotes de la cuna. Su mano tantea su cintura. Saca la pistola. La blande a lo loco como si fuera una antorcha. Espero que sus manos me sujeten. Pero, en lugar de eso, se aparta de mí. Se dirige a la puerta, en dirección a su amigo. La puerta se cierra con un clic. Estoy sola en la oscuridad.

No puedo dormir. Estoy segura de que el soldado volverá. ¿Y dónde está Magda? ¿Se la llevó algún otro soldado? Está demacrada, pero su cuerpo está en mucha mejor forma que el mío, y todavía se adivina su figura femenina. Para tranquilizar mi mente, intento plantearme lo que sé de los hombres, de la diversidad humana. Eric, tierno y optimista; mi padre, decepcionado por sí mismo y por sus circunstancias, en ocasiones derrotado, en ocasiones sacando el máximo partido y disfrutando de las pequeñas cosas de la vida; el doctor Mengele, lascivo y controlado; el soldado de la Wehrmacht que me descubrió con las zanahorias que acababa de arrancar del suelo, castigador pero compasivo, y luego bondadoso; el soldado estadounidense que me sacó de entre el montón de cadáveres en Gunskirchen, decidido y valiente; y ahora este nuevo sabor, esta nueva sombra. Un libertador y un agresor, su presencia intensa, pero también hueca. Un gran vacío negro, como si su humanidad hubiera abandonado su cuerpo. Nunca sabré dónde estuvo Magda aquella noche. Aún ahora no lo recuerda. Pero me llevaré conmigo una enseñanza vital de aquella velada terrorífica, algo que espero no olvidar nunca. El hombre que casi me violó, que podría haber vuelto a acabar lo que empezó, vio también el horror. Como yo, probablemente pasó el resto de su vida tratando de olvidarlo, de apartarlo. Aquella noche, creo que estaba tan perdido en la oscuridad que casi se convirtió él también en oscuridad. Pero no lo hizo. Tomó la decisión de no hacerlo.

Regresa por la mañana. Sé que es él porque todavía apesta a alcohol, porque el miedo me hizo memorizar el mapa de su cara, a pesar de que la vi en penumbra. Me agarro las rodillas lloriqueando. Parezco un animal. No puedo parar. Es un ruido agudo y monótono que recuerda al de un insecto. Se arrodilla junto a la cuna. Está llorando. Repite algo: no sé qué significa, pero recuerdo cómo suena. «Perdóname. Perdóname.» Me entrega una bolsa de tela. Pesa demasiado para que pueda levantarla, así que la vacío, y desparrama su contenido, pequeñas latas de comida del ejército, sobre el colchón. Me muestra las imágenes de las latas. Señala y habla, como un *maître* loco explicándome el menú, invitándome a elegir la siguiente comida. No entiendo ni una palabra de lo que dice. Examino las imágenes. Abre una lata haciendo palanca y me da de comer con una cuchara. Es jamón con algo dulce, pasas. Si mi padre no hubiera compartido conmigo sus paquetes de cerdo secretos, probablemente no reconocería el sabor (aunque los húngaros nunca acompañarían el jamón con algo dulce). Sigo abriendo la boca para recibir otro bocado. Por supuesto que lo perdono. Estoy hambrienta y me da de comer.

Regresa cada día. Magda está lo suficientemente bien para volver a coquetear y, en aquel momento, pienso que si él insiste en visitar esta casa es porque disfruta de su compañía. Pero, a medida que pasan los días, apenas se fija en ella. Viene a verme a mí. Yo soy lo que tiene que resolver. Tal vez está haciendo penitencia por haber estado a punto de atacarme. O tal vez necesita demostrarse a sí mismo que la esperanza y la inocencia pueden recuperarse, las suyas, las mías y las del mundo; que una chica destruida puede volver a caminar. El soldado, durante las seis semanas que me cuida en las que estoy demasiado débil y destrozada para aprender a decir o a deletrear su nombre, me levanta de la cuna, me toma de la mano y me convence para que dé algunos pasos por la habitación. El dolor de la parte superior de mi espalda es como un carbón ardiendo cuando intento moverme. Me concentro en desplazar mi peso de un pie al otro, tratando de sentir el momento exacto en que se transmite el peso. Extiendo los brazos por encima de la cabeza agarrándome a sus dedos. Imagino ver que es mi padre, mi padre, que quería que yo hubiera sido un niño, pero luego me quiso igual. «Serás la chica mejor vestida de la ciudad», me decía una y otra vez. Cuando pienso en mi padre, el calor abandona mi espalda y me arde en el pecho. Hay dolor y hay amor. Los bebés conocen esos dos aspectos del mundo, y yo también estoy volviendo a aprenderlos.

Magda está mejor que yo físicamente y trata de poner en orden nuestras vidas. Un día, cuando la familia alemana está fuera de casa, abre los armarios hasta que encuentra vestidos que ponernos. Envía cartas a Klara, al hermano de nuestra madre en Budapest, a la hermana de nuestra madre en Miskolc, cartas que nunca serán leídas, para averiguar quién sigue con vida, para averiguar dónde construirnos una vida cuando llegue el momento de irnos, de abandonar Wels. No recuerdo cómo se escribe mi propio nombre. Mucho menos una dirección. Una frase. ¿Estás ahí?

Un día, el soldado trae papel y lápiz. Empezamos por el abecedario. Escribe una *A* mayúscula. Una *a* minúscula. *B* mayúscula; *b* minúscula. Me entrega el lápiz y asiente. ¿Puedo escribir letras? Quiere que lo intente. Quiere ver cuánto retrocedí y cuánto recuerdo. Puedo escribir *C* y *c. D* y *d.* ¡Me acuerdo! Me anima. Me da ánimos. *E* y *e. F* y *f.* Pero entonces titubeo. Sé que a continuación viene la *G*, pero no la visualizo, no se me ocurre cómo escribirla en el papel.

Un día trae una radio. Pone la música más alegre que he escuchado jamás. Es optimista. Te levanta el ánimo. Oigo instrumentos de viento. Hacen que te muevas. Su brillo no es seductor, es algo más profundo, es una invitación imposible de rechazar. El soldado y sus amigos nos enseñan a Magda y a mí los bailes que van con ese sonido; *jitterbug, boogie-woogie.* Los hombres se ponen por parejas como si estuvieran en un salón de baile. Incluso la forma en que se toman del brazo es nueva para mí; es baile de salón, pero desenfadado, flexible. Es informal, pero no descoordinado. ¿Cómo se mantienen tensos y con energía y al mismo tiempo tan flexibles? ¿Tan dispuestos? Sus cuerpos expresan lo que la música genera. Quiero bailar así. Quiero que mis músculos recuerden cómo funcionan.

Una mañana, Magda va a darse un baño y vuelve a la habitación temblando. Tiene el pelo húmedo y la ropa a medio poner. Se mece en la cama con los ojos cerrados. Yo estaba durmiendo en la cama mientras ella se bañaba, ya soy demasiado grande para la cuna, y no sé si sabe que estoy despierta.

Hace más de un mes de nuestra liberación. Magda y yo hemos pasado prácticamente cada hora de los últimos cuarenta días juntas en esta habitación.

Hemos recuperado el uso de nuestros cuerpos, hemos recuperado la capacidad de hablar y de escribir, e incluso de intentar bailar. Podemos hablar de Klara, de nuestra esperanza de que esté viva en algún sitio e intentando encontrarnos. Pero no podemos hablar de todo por lo que hemos pasado.

Tal vez, en nuestro silencio, estemos intentando crear una esfera libre de nuestro trauma. Wels es vivir en el limbo, pero probablemente una nueva vida nos llama. Tal vez estamos intentando concedernos la una a la otra y a nosotras mismas una habitación vacía en la que construir el futuro. No queremos mancillar la habitación con imágenes de violencia y pérdida. Queremos ser capaces de ver algo aparte de la muerte. De modo que acordamos tácitamente no hablar de nada que pueda reventar la burbuja de la supervivencia.

Ahora mi hermana está temblando y sufriendo. Si le digo que estoy despierta, si le pregunto qué le pasa, si me convierto en testigo de su crisis nerviosa, no tendrá que vivir sola lo que la hace temblar, sea lo que sea. Pero si finjo estar dormida, puedo mantener un espejo para ella que no refleje este nuevo dolor; puedo ser un espejo selectivo, puedo reflejar las cosas que quiera cultivar y mantener invisible todo lo demás.

Al final, no tengo que decidir qué hacer. Empieza a hablar.

—Antes de irme de esta casa, me vengaré —jura.

Raramente vemos a la familia en cuya casa nos alojamos, pero su silenciosa y amarga rabia me lleva a imaginarme lo peor. Me imagino al padre entrando en el cuarto de baño mientras ella se estaba desnudando.

—¿Acaso él te…? —digo tartamudeando.

—No. —Respira entrecortadamente—. Intenté utilizar el jabón. La habitación empezó a dar vueltas.

—¿Estás enferma?

—No. Sí. No lo sé.

—¿Tienes fiebre?

—No. Es el jabón, Dicu. No podía tocarlo. Me dio una especie de pánico.

—¿Nadie te hizo daño?

—No. Fue el jabón. Ya sabes lo que dicen. Dicen que está hecho de personas. De las que han matado.

No sé si es verdad. Pero ¿tan cerca de Gunskirchen? Tal vez.

—Aún quiero matar a una madre alemana —dice Magda. Recuerdo los kilómetros que caminamos en invierno cuando esa era su fantasía, su mantra—. Podría hacerlo, ¿sabes?

Hay diferentes formas de salir adelante. Yo tendré que encontrar mi propia manera de vivir con lo que sucedió. Todavía no sé cuál es. Nos liberamos de los campos de exterminio, pero también debemos liberarnos para crear, para construir una vida, para elegir. Y hasta que encontramos nuestra libertad, no hacemos más que dar vueltas alrededor de la misma oscuridad eterna.

Más adelante, habrá doctores que nos ayudarán a recobrar nuestra salud física. Pero nadie nos explicará la dimensión psicológica de la recuperación. Pasarán muchos años antes de que empiece a entender eso.

Un día, el soldado y sus amigos vienen a decirnos que nos vamos de Wels, que los rusos están ayudando a transportar a los supervivientes a casa. Vienen a despedirse. Traen la radio. Suena *In the Mood* de Glenn Miller y nos dejamos llevar. Con mi espalda rota, a duras penas puedo dar los pasos, pero en mi mente, en espíritu, estamos dando vueltas a más no poder. Despacio, despacio, rápido, rápido, despacio. Despacio, despacio, rápido, rápido, despacio. Yo también puedo hacerlo, mantener los brazos y las piernas flexibles y no cojear. Glenn Miller. Duke Ellington. Repito los grandes nombres de la *big band* una y otra vez. El soldado me lleva en un cuidadoso giro, un minúsculo descenso y la separación. Sigo estando muy débil, pero puedo sentir el potencial de mi cuerpo, todo lo podré expresar con él cuando esté curada. Muchos años más tarde, trabajaré con un amputado que me explicará la desorientación que representa sentir una extremidad fantasma. Cuando bailo al son de Glenn Miller seis semanas después de la liberación, con mi hermana que está viva y el soldado que casi me viola, pero no lo hizo, tengo extremidades fantasmas inversas. No tengo sensibilidad en algo que perdí, sino en una parte de mí que está volviendo, que se está recuperando. Puedo sentir el potencial de mis miembros y la vida que puedo volver a tener.

* * *

Durante el trayecto de varias horas en tren de Wels a Viena, a través de la Austria ocupada por los rusos, me rasco la erupción que me provocan los piojos o la rubeola que sigue cubriendo mi cuerpo. Casa. Volvemos a casa. ¡Dentro de dos días estaremos en casa! Y, a pesar de todo, es imposible sentir la alegría del regreso a casa desvinculada de la devastación de la pérdida. Sé que mi madre y mis abuelos están muertos, y seguramente mi padre también. Llevan muertos más de un año. Ir a casa sin ellos es volverlos a perder. Tal vez Klara, me permito esperar. Tal vez Eric.

En el asiento contiguo están sentados dos hermanos. También son supervivientes. Huérfanos. ¡De Kassa, como nosotras! Lester e Imre, se llaman. Más adelante nos enteraremos de que a su padre le dispararon por la espalda mientras caminaba entre ellos dos en la marcha de la muerte. Pronto entenderemos que, de los más de quince mil deportados de nuestra ciudad natal, solo setenta sobrevivimos a la guerra.

—Nos tenemos el uno al otro —dicen ahora—. Tenemos suerte, mucha suerte.

Lester e Imre, Magda y yo. Somos casos excepcionales. Los nazis no solo asesinaban a millones de personas. Asesinaban familias. Y ahora, junto a la inconcebible lista de desaparecidos y muertos, nuestras vidas continúan. Más adelante escucharemos historias de los campamentos de desplazados por toda Europa. Reuniones. Bodas. Nacimientos. Oiremos hablar de los cupones de racionamiento especiales para que las parejas pudieran conseguir trajes de boda. Nosotras también rastrearemos los periódicos de la Administración de Naciones Unidas para el Auxilio y la Rehabilitación, con la esperanza de encontrar nombres conocidos entre la lista de supervivientes desperdigados por el continente. Pero, de momento, no hacemos más que mirar fijamente por las ventanillas del tren, contemplando campos vacíos, puentes destruidos y, en algunos lugares, el frágil nacimiento de cultivos. La ocupación aliada de Austria se prolongará durante diez años más. El estado de ánimo de los pueblos por los que pasamos no es de alivio ni de celebración; hay una atmósfera de incertidumbre y hambre, de dientes apretados. La guerra terminó, pero no ha terminado.

—¿Tengo los labios feos? —pregunta Magda cuando nos acercamos a las afueras de Viena. Está examinando su reflejo en el cristal de la ventanilla, superpuesto sobre el paisaje.

—¿Por qué? ¿Estás pensando utilizarlos?

Bromeo con ella, trato de sacar su lado implacablemente burlón. Trato de aplastar mis propias fantasías imposibles, que Eric está vivo en alguna parte, que pronto seré una novia de posguerra cubierta por un velo improvisado. Que estaré para siempre junto a mi amado y nunca sola.

—Lo digo en serio —dice—. Dime la verdad.

Su ansiedad me recuerda nuestro primer día en Auschwitz, cuando estaba de pie, desnuda, con la cabeza afeitada, aferrando mechones de su cabello. Tal vez condensa los terribles temores generales acerca de lo que va a suceder a continuación en unos temores más específicos y personales: el temor a no ser lo bastante atractiva para encontrar a un hombre, el temor a que sus labios sean feos. O puede que sus preguntas estén enredadas en una incertidumbre más profunda acerca de su valía esencial.

—¿Qué les pasa a tus labios? —pregunto.

—Mamá los odiaba. Una vez, alguien por la calle halagó mis ojos y ella dijo «Sí, tiene unos ojos bonitos, pero mira qué labios más gruesos».

La supervivencia es cuestión de blanco y negro, no hay «peros» que valgan cuando estás luchando por tu vida. Ahora los «peros» aparecen rápidamente. Tenemos pan para comer. «Sí, pero no tenemos ni un centavo.» Estás recuperando peso. «Sí, pero tengo el corazón abatido.» Estás viva. «Sí, pero mi madre está muerta.»

Lester e Imre deciden quedarse en Viena unos cuantos días; prometen que nos buscarán en casa. Magda y yo subimos a otro tren que nos llevará durante ocho horas en dirección noroeste hasta Praga. Un hombre bloquea la entrada al vagón. «*Nasa lude*», dice despectivamente. Nuestra gente. Es eslovaco. Los judíos tienen que viajar en el techo del vagón.

—Los nazis perdieron —dice Magda entre dientes—, pero estamos igual que antes.

No hay otra forma de llegar a casa. Subimos al techo del vagón, engrosando las filas de personas desplazadas. Nos agarramos de la mano. Magda se sienta al lado de un joven llamado Laci Gladstein. Acaricia los dedos de Magda con los suyos, que son poco más que huesos. No nos preguntamos unos a otros dónde estuvimos. Nuestros cuerpos y nuestros ojos angustiados dicen todo lo que hace falta saber. Magda se apoya en el estrecho pecho de Laci en busca de calor. Me siento celosa del consuelo que parecen encontrar el uno en el otro, la atracción, la pertenencia. Yo estoy demasiado comprometida con mi amor hacia Eric y con la esperanza de volver a encontrarlo como para buscar unos brazos de hombre que me abracen. Incluso si no siguiera llevando conmigo la voz de Eric, creo que estaría demasiado asustada para buscar afecto e intimidad. Soy toda piel y huesos. Estoy cubierta de chinches y llagas. ¿Quién iba a quererme? Más vale no arriesgarse a buscar el contacto y que me rechacen, más vale no confirmar mi mal estado. Y, además, ¿quién me iba a ofrecer el mejor refugio? ¿Alguien que sepa por lo que he pasado? ¿Otro superviviente? ¿O alguien que no lo sepa y pueda ayudarme a olvidar? ¿Alguien que me conociera antes de pasar por el infierno, que pueda ayudarme a recuperar mi antiguo yo? ¿O alguien que pueda mirarme ahora sin ver siempre lo que fue destruido? «Nunca olvidaré tus ojos —me dijo Eric—. Nunca olvidaré tus manos.» Durante más de un año, me he aferrado a esas palabras como a un mapa que me pudiera conducir a la libertad. Pero ¿y si Eric no puede afrontar aquello en lo que me convertí? ¿Y si nos encontramos y construimos una vida solo para acabar dándonos cuenta de que nuestros hijos son hijos de unos fantasmas?

Me acurruco contra Magda. Ella y Laci hablan del futuro.

—Voy a ser médico —dice él.

Es un hombre joven y noble que, como yo, estaba medio muerto hace uno o dos meses. Sobrevivió, se curará, curará a otros. Su ambición me tranquiliza. Y me asombra. Salió de los campos de exterminio con sueños. Parece un riesgo innecesario. Incluso ahora que conozco el hambre y la atrocidad, recuerdo el dolor de daños menores, el de un sueño arruinado por un prejuicio, el de la manera en que mi entrenadora me habló cuando me expulsó del equipo olímpico. Recuerdo a mi abuelo, cómo se jubiló de la empresa de máquinas de coser Singer y cómo esperaba el cheque de su pensión. Cómo esperaba y esperaba, cómo casi no hablaba de otra cosa. Por fin recibió su primer cheque. Una semana después fuimos evacuados a la fábrica de ladrillos. Unas cuantas semanas después estaba muerto. No quiero albergar un sueño equivocado.

—Tengo un tío en América —prosigue Laci—. En Texas. Iré allí, trabajaré y ahorraré para la universidad.

—Puede que nosotras también vayamos a América —dice Magda. Debe de estar pensando en nuestra tía Matilda, del Bronx. En el techo del vagón, todos a nuestro alrededor hablan de América, de Palestina. ¿Por qué continuar viviendo sobre las cenizas de nuestra pérdida? ¿Por qué seguir luchando por sobrevivir en un lugar en el que no se nos quiere? Pronto nos enteraremos de las restrictivas limitaciones a la inmigración en América y Palestina. No hay ningún paraíso libre de límites y prejuicios. Vayamos donde vayamos, es posible que la vida siempre sea así. Tratar de ignorar el miedo a que en cualquier momento vayamos a ser bombardeadas, a recibir disparos, a ser arrojadas a una cuneta. O, en el mejor de los casos, obligadas a subir al techo de un vagón de ferrocarril. Tomadas de la mano contra el viento.

* * *

En Praga tenemos que cambiar otra vez de tren. Nos despedimos de Laci. Magda le da nuestra antigua dirección:

calle Kossuth Lajos, número 6. Promete mantenerse en contacto. Tenemos tiempo hasta que salga el próximo tren para estirar las piernas y sentarnos al sol tranquilamente a comer nuestro pan. Quiero encontrar un parque. Quiero ver pasto y flores. Cierro los ojos cada pocos pasos y aspiro los olores de la ciudad, las calles, las banquetas y el ajetreo urbano. Panaderías, humo de los tubos de escape, perfume. Cuesta creer que todo esto existiera mientras estábamos en nuestro infierno. Miro los escaparates. No importa que no tenga un centavo. Importará, desde luego. En Košice no dan comida gratis. Pero, en este momento, me siento completamente plena viendo que se pueden comprar vestidos y medias, joyas, pipas, artículos de escritorio. La vida y el comercio siguen. Una mujer sostiene un vestido de verano. Un hombre admira un collar. Las cosas no son importantes, pero la belleza sí lo es. He aquí una ciudad llena de gente que no ha perdido la capacidad de imaginar, fabricar y admirar cosas hermosas. Volveré a ser una habitante, una habitante de algún sitio. Haré recados y compraré regalos. Haré cola en la oficina de correos. Comeré pan hecho por mí. Vestiré ropa de calidad en honor a mi padre. Iré al teatro de la Ópera en honor a mi madre, en recuerdo de cómo se sentaba en el borde de su butaca escuchando a Wagner, de cómo lloraba. Iré a escuchar a la orquesta sinfónica. Y, en honor a Klara, me enteraré de todas las interpretaciones del concierto de violín de Mendelssohn. Su añoranza y nostalgia. La urgencia a medida que se acelera el compás y luego la cadencia ondulante, el fragor, los acordes cada vez más potentes. Y, entonces, el fragmento más siniestro de las cuerdas, amenazando los crecientes sueños del solo de violín. De pie en la banqueta, cierro los ojos para poder oír el eco del violín de mi hermana. Magda me sobresalta.

—¡Despierta, Dicu!

Y, cuando abro los ojos, justo allí, en el centro de la ciudad, cerca de la entrada del parque, hay un póster que anuncia el concierto de una violinista solista.

En el póster aparece la foto de mi hermana.

Allí, en el papel, está mi Klarie, sosteniendo su violín.

CAPÍTULO 8
—
ENTRA POR UNA VENTANA

Bajamos del tren en Košice. Nuestra ciudad ya no pertenece a Hungría. Vuelve a formar parte de Checoslovaquia. El sol de junio nos deslumbra y nos hace cerrar los ojos. No tenemos dinero para un taxi; no tenemos dinero para nada y no tenemos ni idea de si el antiguo departamento de nuestra familia estará ocupado, ni idea de cómo vamos a arreglárnoslas para vivir. Pero estamos en casa. Estamos listas para buscar a Klara. Klara, que dio un concierto en Praga hace tan solo unas semanas. Klara, que está viva en alguna parte.

Atravesamos el parque Mestský hacia el centro de la ciudad. La gente está sentada en mesas con bancos al aire libre. Los niños se reúnen alrededor de las fuentes. Ahí está el reloj donde mirábamos a los chicos que iban a encontrarse con Magda. Está el balcón del establecimiento de nuestro padre, con las medallas de oro brillando en la barandilla. ¡Está aquí! Estoy tan segura de ello que hasta huelo su tabaco y noto su bigote en mi mejilla. Pero las ventanas de la tienda están a oscuras. Caminamos hacia nuestro departamento en Kossuth Lajos, número 6, y allí, en la banqueta, cerca de donde el camión se detuvo antes de llevarnos a la fábrica de ladrillos, sucede un milagro. Klara se materializa, saliendo por la puerta principal. Su pelo está peinado en una trenza y recogido como el de nuestra madre. Lleva su violín. Cuando me ve, deja caer la funda del violín en la banqueta y corre hacia mí. Está gimiendo. «¡Dicuka, Dicuka!», grita. Me toma en brazos como a un bebé, como si sus brazos fueran una cuna.

—¡No nos abraces! —grita Magda—. ¡Estamos llenas de chinches y llagas!

Creo que lo que quiere decir es: «Querida hermana, estamos marcadas. No permitas que lo que hemos visto te haga daño. No lo empeores. No nos preguntes qué pasó. No te desvanezcas».

Klara me acuna sin cesar. «¡Es mi pequeña!», le dice a un desconocido que pasa. A partir de este momento se convierte en mi madre. Ya vio en nuestros rostros que ese puesto está vacante y que hay que ocuparlo.

Ha pasado por lo menos un año y medio desde que la vimos por última vez. Se dirige a la emisora de radio a dar un concierto. Estamos desesperadas por no perderla de vista. «Quédate, quédate», suplicamos. Pero ya llega tarde. «Si no toco, no comemos», dice. «Corran, entren conmigo.» Puede que sea suerte que no tengamos tiempo para hablar ahora. No sabríamos cómo empezar. Aunque para Klara debe de ser impactante vernos tan deterioradas físicamente, puede que eso también sea suerte. Klara puede hacer algo concreto para expresar su amor y su alivio, para señalarnos el camino de la curación. Hará falta algo más que descanso. Tal vez nunca nos recuperemos. Pero hay algo que ella puede hacer ahora. Nos hace entrar y nos quita la ropa sucia. Nos ayuda a echarnos sobre las sábanas blancas de la cama en que dormían nuestros padres. Nos aplica loción de calamina en la erupción que cubre nues-

tros cuerpos. La erupción que nos provoca picores constantes, que pasa instantáneamente de nuestro cuerpo al
suyo, haciendo que casi no pueda dar el concierto a causa
de la comezón que siente en su piel. Nuestro encuentro es
físico.

Magda y yo pasamos al menos una semana en cama,
desnudas, con los cuerpos rociados de calamina. Klara no
nos hace preguntas. No nos pregunta dónde están nuestra
madre y nuestro padre. Habla de manera que nosotras no
tengamos que hacerlo. Habla para no tener que oír. Todo
lo que nos dice lo expresa como un milagro. Y es milagro-
so. Aquí estamos, juntas. Somos afortunadas. Hay pocos
encuentros como el nuestro. Nuestra tía y nuestro tío, los
hermanos de nuestra madre, fueron arrojados desde un
puente y se ahogaron en el Danubio, nos dice Klara, rotun-
da, sin tapujos, pero cuando los últimos judíos que quedaban en Hungría estaban siendo detenidos, ella logró escapar. Vivió en casa de su profesor, haciéndose pasar por
gentil. «Un día, mi profesor dijo: "Tienes que aprender la
Biblia mañana, vas a empezar a enseñarla, vas a vivir en un
convento". Parecía la mejor manera de mantenerme oculta. El convento estaba a casi 320 kilómetros de Budapest.
Llevaba hábito. Pero un día, una chica de la academia me
reconoció y me escabullí en un tren de vuelta a Budapest.»
Durante el verano, recibió una carta de nuestros padres. Era la carta que habían escrito cuando estábamos en
la fábrica de ladrillos, en la que le explicaban que estábamos detenidos, que estábamos juntos, a salvo, que pensá-
bamos que nos trasladarían a un campo de trabajo llamado
Kenyérmező. Recuerdo ver a mi madre dejar caer la carta

en la calle durante nuestra evacuación, ya que no había forma de enviarla. En aquel momento, pensé que la dejaba caer resignada. Sin embargo, al escuchar a Klara explicar la historia de su supervivencia, veo las cosas de manera diferente. Al soltar la carta, mi madre no estaba renunciando a toda esperanza, la estaba avivando. En cualquier caso, tanto si dejó caer la carta derrotada como si lo hizo esperanzada, asumió un riesgo. La carta señalaba a mi hermana, una judía de cabello rubio que se escondía en Budapest. Indicaba su dirección. Mientras nosotros avanzábamos lentamente en la oscuridad hacia Auschwitz, alguien, un desconocido, sostenía esa carta en sus manos. La podría haber abierto, podría haber entregado a Klara a los *nyilas*. Podría haber tirado la carta a la basura o haberla dejado en la calle. Pero ese desconocido le puso un sello y se la envió por correo a Klara, en Budapest. Esto me resulta tan increíble como la reaparición de mi hermana; es un truco de magia, una prueba de que existe una cuerda salvavidas que nos une; una prueba también de que, incluso en aquel momento, existía bondad en el mundo. A través del polvo levantado por tres mil pares de pies, muchos de los cuales se dirigían directamente a una chimenea de Polonia, la carta de nuestra madre voló. Una chica rubia dejó su violín para abrir el sobre.

Klara cuenta otra historia con final feliz. Al saber que habíamos sido evacuados de la fábrica de ladrillos y que esperábamos ser enviados cualquier día a Kenyérmező o a quién sabe dónde, acudió al consulado alemán de Budapest a exigir que la enviaran allí donde nos encontráramos. En el consulado, el portero le dijo «Lárgate, niñita. No entres aquí». Ella no iba a aceptar un no por respuesta. Trató de entrar de nuevo en el edificio sin ser vista. El portero la descubrió y le dio una paliza, golpeándola en los hombros, los brazos, el estómago y la cara. «Fuera de aquí», volvió a decirle.

—Me apaleó y me salvó la vida —nos dice.

Cerca del final de la guerra, cuando los rusos rodeaban Budapest, los nazis se mostraron aún más decididos a vaciar la ciudad de judíos.

—Teníamos que llevar tarjetas de identificación con nuestro nombre, religión y fotografía. Comprobaban las tarjetas constantemente en la calle, y si descubrían que eras judía, podían matarte. Yo no quería llevar mi tarjeta, pero me temía que tendría que presentar algo para demostrar quién era después de la guerra. Así que decidí entregarle la mía a una amiga para que me la guardara. Vivía al otro lado del puerto, de modo que tenía que cruzar el puente para llegar hasta allí y, cuando llegué al puente, los soldados estaban comprobando identidades. No sé cómo, me dejaron pasar. Mi pelo rubio y mis ojos azules debieron de convencerlos. Nunca volví a casa de mi amiga a buscar la tarjeta.

«Si no puedes entrar por una puerta, entra por una ventana», solía decir nuestra madre. No hay puerta para la supervivencia. Ni para la recuperación. Todo son ventanas. Pestillos que no puedes alcanzar fácilmente, cristales demasiado pequeños, espacios por los que no pasa un cuerpo. Hay que encontrar la manera.

Tras la rendición de Alemania, mientras Magda y yo estábamos recuperándonos en Wels, Klara volvió a un consulado, en esta ocasión al consulado de Rusia, porque Budapest había sido liberada del control nazi por el Ejército Rojo, e intentó averiguar qué había sido de nosotras. No tenían información de nuestra familia, pero, a cambio de un concierto gratuito, se ofrecieron a ayudarla a llegar a casa en Košice.

—Cuando toqué, asistieron doscientos rusos, y luego me llevaron a casa en el techo de un tren. Me vigilaban mientras parábamos y mientras dormía.

Cuando abrió la puerta de nuestro antiguo departamento, todo estaba desordenado, nuestros muebles y posesiones habían sido saqueados. Las habitaciones habían sido utilizadas como establos y los suelos estaban cubiertos de excrementos de caballo. Mientras nosotras aprendíamos a comer, andar y escribir nuestros nombres en Wels, Klara empezó a dar conciertos a cambio de dinero y a fregar los suelos.

Y ahora llegamos nosotras. Cuando desaparece la erupción, salimos del departamento por turnos. Solo tenemos un buen par de zapatos para las tres. Cuando me toca llevar los zapatos, camino lentamente por la banqueta, adelante y atrás, todavía demasiado débil para alejarme mucho. Un vecino me reconoce.

—Me sorprende que lo hayas conseguido —dice—. Siempre fuiste una niña muy pequeña y delgada.

Siento una sensación de triunfo. ¡Contra todo pronóstico, un final feliz! Pero me siento culpable. ¿Por qué yo? ¿Por qué lo conseguí? No hay explicación. Es una casualidad. O un error.

Hay dos clases de personas: las que sobrevivieron y las que no. Las últimas no están aquí para explicar su historia. El retrato de la madre de nuestra madre cuelga todavía de la pared. Su pelo oscuro con la raya en el centro y peinado hacia atrás en un moño ceñido. Unos cuantos cabellos rizados acarician su tersa frente. En la foto no sonríe, pero sus ojos son más sinceros que severos. Nos mira, sabia y sensata. Magda le habla al retrato tal como hacía nuestra madre. A veces le pide ayuda. Otras veces, murmura y despotrica: «Esos nazis cabrones... Los putos *nyilas*...». El piano que había junto a la pared bajo el retrato ya no está. El piano estaba tan presente en nuestras vidas cotidianas que era casi invisible, como el respirar. Ahora, su ausencia invade la habitación. Magda se enfurece al ver el espacio vacío. Al no estar el piano, a ella también le falta algo. Una parte de su identidad. Un medio de expresión. Su ausencia le provoca rabia. Vibrante, manifiesta. La admiro por ello. Mi rabia se me mete dentro y se congela en mis pulmones.

A medida que pasan los días, Magda va recuperando fuerzas, pero yo sigo estando débil. La parte superior de la espalda me sigue doliendo, lo cual hace que me cueste caminar, y mi pecho está fuertemente congestionado. Casi nunca salgo de casa. Incluso si no estuviera enferma, no hay ningún sitio al que quiera ir. Cuando la muerte es la respuesta a cada pregunta, ¿para qué vas a caminar? ¿Para qué vas a hablar si cualquier interacción con los vivos demuestra que deambulas por el mundo en compañía de una congregación de fantasmas cada vez más numerosa? ¿Por qué extrañar a alguien en concreto cuando todo el mundo tiene a tantas personas por las que llorar?

Dependo de mis hermanas. Klara, mi abnegada enfermera; Magda, mi fuente de noticias, mi contacto con el mundo. Un día, llega a casa sin aliento.

—¡El piano! —dice—. ¡Lo encontré! Está en la cafetería. Nuestro piano. Tenemos que recuperarlo.

El dueño de la cafetería no se cree que es nuestro. Klara y Magda suplican por turnos. Describen los conciertos familiares de música de cámara en nuestro salón, explican cómo János Starker, el amigo violoncelista de Klara, otro niño prodigio del conservatorio, dio un concierto con Klara en nuestra casa el año en que debutó profesionalmente. Sus palabras no tienen ninguna influencia. Finalmente, Magda busca al afinador del piano. Va con ella al café, habla con el propietario y, a continuación, mira bajo la tapa para ver el número de serie. «Sí —dice asintiendo—, es el piano Eléfant.» Reúne a un grupo de hombres para que lo lleven otra vez a nuestro departamento.

¿Hay algo en mi interior que pueda verificar mi identidad, que pueda devolverme a mí misma? ¿Si eso existiera, a quién buscaría para que levantara la tapa y leyera el código?

Un día, llega un paquete de la tía Matilda. Valentine Avenue, Bronx, dice la dirección del remitente. Envía té y Crisco. Nunca hemos visto Crisco antes, así que no tenemos ni idea de que es un sustituto de la mantequilla que se utiliza para cocinar y hacer pasteles. Lo comemos solo, extendido en el pan. Reutilizamos las bolsitas de té una y otra vez. ¿Cuántas tazas podemos preparar con las mismas hojas?

De vez en cuando, tocan el timbre y yo pego un brinco en la cama. Son los mejores momentos. Alguien espera en la puerta y, durante los segundos que pasan hasta que abrimos, esa persona podría ser cualquiera. A veces me imagino que es nuestro padre. Después de todo, sobrevivió a la primera selección. Consiguió trabajar, aparentar ser joven durante el resto de la guerra, y aquí está, fumando un cigarro, sosteniendo un trozo de tiza de sastre, con un metro alrededor del cuello como si fuera una bufanda. A veces es a Eric a quien imagino en la entrada. Lleva un ramo de rosas.

Mi padre nunca viene. Por eso estamos seguras de que está muerto.

Un día, Lester Korda, uno de los hermanos que viajó con nosotras en el tren de Wels a Viena, toca el timbre. Vino a ver cómo nos va. «Llámenme Csicsi», dice. Es como una ráfaga de aire fresco que atraviesa las rancias habitaciones. Mis hermanas y yo vivimos en un limbo permanente, entre mirar atrás y avanzar. Gran parte de nuestras energías las dedicamos solamente a recuperar cosas: nuestra salud, nuestras pertenencias, todo lo que podemos de la vida anterior a la pérdida y el cautiverio. El afecto y el interés de Csicsi por nuestro bienestar me recuerdan que hay más cosas por las que vivir.

Klara está en la otra habitación ensayando con el violín. Los ojos de Csicsi se iluminan al oír la música. «¿Puedo conocer a la intérprete?», pregunta, y Klara accede. Toca un *csárdás* húngaro. Csicsi baila. Tal vez es hora de construir nuestras vidas, no donde estaban, sino de nuevo.

A lo largo del verano de 1945, Csicsi se convierte en un visitante habitual. Cuando Klara tiene que viajar a Praga a dar otro concierto, Csicsi se ofrece a acompañarla.

—¿Voy preparando el pastel de boda? —pregunta Magda.

—¡Cállate! —dice Klara—. Tiene novia. Solo está siendo amable.

—¿Seguro que no se están enamorando? —pregunto.

—Se acuerda de nuestros padres —dice— y yo me acuerdo de los suyos.

Cuando llevo unas cuantas semanas en casa, aunque apenas tengo fuerzas, voy caminando al antiguo departamento de Eric. No ha vuelto nadie de su familia. El departamento está vacío. Prometo volver tan a menudo como me sea posible. El dolor de estar lejos es mayor que la decepción de la vigilancia. Llorar su muerte es llorar más que a una persona. En los campos de concentración podía extrañar su presencia física y aferrarme a la promesa de nuestro futuro. «Si sobrevivo hoy, mañana seré libre.» Lo irónico de la libertad es que resulta más difícil encontrar una esperanza y un objetivo. Ahora, tengo que asumir el hecho de que cualquiera con el que me case no conocerá a mis padres. Que, si alguna vez tengo hijos, no conocerán a sus abuelos. No es mi pérdida lo único que duele. Es la forma en que influye en el futuro. La forma en que se perpetúa. Mi madre solía decirme que buscase un hombre de frente ancha porque eso significa que es inteligente. «Fíjate en cómo usa el pañuelo —decía—. Asegúrate de que lleva siempre uno limpio. Asegúrate de que sus zapatos están relucientes.» No estará en mi boda. Nunca sabrá en quién me convierto, a quién escojo.

Klara es ahora mi madre. Lo hace por amor y por capacidad natural. También lo hace por sentimiento de culpa. No estuvo en Auschwitz para protegernos. Nos protegerá ahora. Cocina ella. Me alimenta con una cuchara, como si fuera un bebé. La quiero, me encantan sus cuidados, me encanta que me abrace y me haga sentir segura. Pero también es agobiante. Su bondad no me deja espacio para respirar. Y parece que necesita algo de mí a cambio. No gratitud ni reconocimiento. Algo más profundo. Siento que depende de mí para alcanzar su meta en la vida, su razón de ser. Al cuidar de mí, encuentra el motivo por el cual se-

salvó. Mi papel consiste en estar lo suficientemente sana para mantenerme viva, pero lo bastante indefensa para necesitarla. Esa es la razón por la que sobreviví.

A finales de junio, mi espalda todavía no está curada. Tengo una constante sensación de aplastamiento y de pellizco entre los omóplatos. Y el pecho todavía me duele, incluso al respirar. Entonces contraigo fiebre. Klara me lleva al hospital. Insiste en que me den una habitación individual, que reciba los mejores cuidados. Me preocupan los gastos, pero dice que dará más conciertos, que encontrará la manera de pagarlos. Cuando el doctor viene a reconocerme, yo lo reconozco a él. Es el hermano mayor de una compañera del colegio. Su nombre es Gaby. Recuerdo que su hermana lo llamaba el ángel Gabriel. Me entero de que ahora está muerta. Murió en Auschwitz. Me pregunta si la vi allí alguna vez. Me gustaría tener una última imagen de ella que le permitiera recordarla y me planteo mentirle, explicarle una historia en la que yo hubiera sido testigo de algún acto valiente por su parte, o la hubiera oído hablar cariñosamente de él. Pero no miento. Prefiero enfrentarme al vacío desconocido de los últimos minutos de mi padre y de Eric a que me cuenten algo que, por muy reconfortante que sea, no sea verdad. El ángel Gabriel me proporciona la primera asistencia médica desde la liberación. Me diagnostica fiebre tifoidea, neumonía, pleuritis y fractura de espalda. Me hace una escayola removible que me cubre todo el torso. Por la noche, la pongo sobre la cama para poder colocarme dentro de ella, como si fuera una cáscara de yeso.

Las visitas de Gaby se vuelven más que terapéuticas desde un punto de vista físico. No me cobra por su asistencia.
Nos sentamos y recordamos. No puedo llorar con mis hermanas, no explícitamente. Todo es demasiado reciente,
está demasiado presente. Y llorar con ellas parece un desprecio al milagro de estar juntas. Nunca nos abrazamos y
lloramos. Sin embargo, con Gaby puedo permitirme llorar.
Un día, le pregunto a Gaby por Eric. Lo recuerda, pero no
sabe qué fue de él. Gaby tiene amigos que trabajan en un
centro de repatriación en los montes Tatras. Dice que les
preguntará qué pueden averiguar sobre Eric.

Una tarde, Gaby me examina la espalda. Espera hasta
que estoy acostada boca abajo para decirme lo que ha averiguado. «Eric fue enviado a Auschwitz —dice—. Murió en
enero, el día antes de la liberación.»

Estallo en un lamento. Creo que el pecho se me va a
desgarrar. El impacto de la pena es tan grave que no me
salen las lágrimas, tan solo un gemido entrecortado en la
garganta. Todavía no soy capaz de tener pensamientos claros ni de hacerme preguntas sobre los últimos días de mi
amado, sobre su sufrimiento, sobre el estado de su mente y
de su espíritu cuando su cuerpo se rindió. Estoy consumida
por la pena y la injusticia de haberlo perdido. Si pudiera
haber resistido unas pocas horas más, puede que tan solo
unas pocas exhalaciones más, ahora podríamos estar juntos. Gimo en la mesa hasta que mi voz se vuelve ronca.

Cuando el impacto desaparece, me doy cuenta de que,
sorprendentemente, el dolor de la certeza es un consuelo.
No tengo certeza de la muerte de mi padre. Saber con seguridad que Eric se ha ido es como recibir un diagnóstico después de mucho sufrimiento. Puedo identificar el motivo del
dolor. Puedo saber claramente qué se tiene que curar.

Pero un diagnóstico no es una cura. Ahora no sé qué hacer con la voz de Eric, las sílabas recordadas, la esperanza.

A finales de julio, la fiebre ha desaparecido, pero Gaby todavía no está satisfecho con mi evolución. Mis pulmones, comprimidos demasiado tiempo por la espalda rota, están llenos de líquido. Le preocupa que pueda haber contraído tuberculosis y me recomienda que vaya a un hospital para tuberculosos en los montes Tatras, cerca del centro de repatriación en el que averiguaron que Eric había muerto. Klara me acompañará en tren hasta el pueblo más cercano a las montañas. Magda se quedará en el departamento. Después del esfuerzo de reclamarlo, no podemos arriesgarnos a dejarlo vacío ni un solo día, por si se presenta un visitante inesperado. Klara me atiende durante el viaje como si fuera una niña pequeña. «¡Miren mi nenita!», exclama a los demás pasajeros. Yo les sonrío como si fuera un precioso bebé. Prácticamente parezco uno. Se me volvió a caer el pelo a causa del tifus y está empezando a crecer, suave como el de un recién nacido. Klara me ayuda a cubrirme la cabeza con una bufanda. A medida que ganamos altura, el seco aire alpino me proporciona una sensación de limpieza en mi pecho, pero todavía me cuesta respirar. Siento un lodo constante en mis pulmones. Es como si todas las lágrimas que no logro expulsar estuvieran formando un charco en mi interior. No puedo ignorar la pena, pero, al parecer, tampoco puedo expulsarla.

Klara tiene que regresar a Košice para otra actuación en la radio, sus conciertos son nuestra única fuente de ingresos, y no puede acompañarme al hospital para tuberculosos en el que debo permanecer hasta que me recupere, pero se niega a dejarme sola. Preguntamos en el centro de repatriación si alguien sabe de alguna persona que tenga que ir al hospital y me dicen que un joven que se aloja en el hotel de al lado también tiene que ir a recibir tratamiento. Cuando me acerco a él en el vestíbulo del hotel, está besando a una chica.

—Nos vemos en el tren —masculla.

Cuando me acerco a él en el andén de la estación, sigue besando a la chica. Tiene el pelo gris y es, como mínimo, diez años mayor que yo. Yo cumpliré dieciocho en septiembre, pero con mis delgados miembros, mi pecho plano y mi cabeza sin pelo parece que tengo doce. Permanezco a su lado, incómoda, mientras se abrazan, no demasiado segura de cómo atraer su atención. Estoy enfadada. ¿Es este el hombre a quien se me encomienda?

—¿Puede ayudarme, señor? —pregunto por fin—. Se supone que debe usted acompañarme al hospital.

—Estoy ocupado —dice. Apenas interrumpe sus besos para contestarme. Es como un hermano mayor quitándose de encima a una hermana pesada—. Nos vemos en el tren.

Después de todos los cuidados y atenciones de Klara, su desdén resulta cortante. No sé por qué me molesta tanto. ¿Me molesta que su novia esté viva mientras que mi novio está muerto? ¿O es que ya estoy tan mermada que sin la atención o la aprobación de otra persona siento que estoy en peligro de desaparecer por completo?

Me compra algo de comer en el tren y él se compra el periódico. No hablamos más que para intercambiar nombres y formalidades. Se llama Béla. Para mí no es más que una persona maleducada en un tren, una persona a la que debo pedirle ayuda de mala gana, una persona que me la da de mala gana.

Cuando llegamos a la estación, nos enteramos de que tenemos que caminar hasta el hospital para tuberculosos, y ahora no hay ningún periódico que pueda distraerlo.

—¿Qué hacías antes de la guerra? —pregunta. Y noto algo que no había notado antes. Habla tartamudeando. Cuando le digo que era gimnasta y que bailaba *ballet*, dice—: Eso me recuerda a un chiste.

Lo miro expectante, preparada para una dosis de humor húngaro, preparada para sentir el alivio que sentí en Auschwitz cuando Magda y yo celebramos el concurso de tetas con nuestras compañeras de barracón, la fuerza de la risa en momentos terribles.

—Era un pájaro —dice— que estaba a punto de morir. Entonces llega una vaca que lo calienta un poco, con eso que te sale por atrás, ya sabes a qué me refiero, y el pájaro empieza a reanimarse. Entonces pasa un camión y acaba con el pájaro. Un caballo muy sabio pasa por allí, ve al pájaro en la carretera y dice: «¿No te dije que si tenías la cabeza llena de mierda no bailaras?».

Béla se ríe de su propio chiste. Pero yo me siento insultada. Pretende ser gracioso, pero creo que está intentando decirme: tienes la cabeza llena de mierda. Creo que quiere decir: eres un auténtico desastre. Creo que dice: no deberías decir que eres bailarina con esa pinta. Por un momento, antes de sentirme insultada, había sentido un gran alivio al recibir su atención, un gran alivio al preguntarme quién era antes de la guerra. Un gran alivio al tener en cuenta a la persona que existía, y prosperaba, antes de la guerra. Su chiste reafirma lo irremediablemente que me ha cambiado y dañado la guerra. Me duele que un desconocido me humille. Me duele porque tiene razón. Soy un desastre. No obstante, no pienso permitir que un hombre insensible o su sarcasmo húngaro digan la última palabra. Le demostraré que la prometedora bailarina sigue viva, por muy corto que tenga el pelo, por muy delgada que sea mi cara y por muy profunda que sea la pena en mi pecho. Me adelanto dando saltos y me abro de piernas en medio de la carretera.

Resulta que no tengo tuberculosis. De todas maneras, me tienen ingresada tres semanas en el hospital para tratarme el fluido que se me forma en los pulmones. Tengo tanto miedo a contraer la tuberculosis que abro las puertas con los pies en vez de con las manos, aunque sé que la enfermedad no se transmite por el tacto ni por los gérmenes en las perillas de las puertas. Que no tenga tuberculosis es bueno, pero todavía no estoy bien. No dispongo del vocabulario adecuado para expresar la sensación de encharcamiento en el pecho, el oscuro dolor punzante en la frente. Es como si mi visión estuviera recubierta de arena. Más adelante, esa sensación tendrá un nombre. Más adelante aprenderé que se llama *depresión*. Ahora, lo único que sé es que es necesario hacer un esfuerzo para salir de la cama. Un esfuerzo respiratorio y, lo que es peor, un esfuerzo existencial. ¿Para qué te vas a levantar? No tuve ideas suicidas en Auschwitz, cuando la situación era desesperada. Cada día estaba rodeada de personas que decían: «la única forma de salir de aquí es como cadáver». Pero las funestas profecías me proporcionaban algo contra lo que luchar. Ahora que me estoy recuperando, ahora que me enfrento al hecho irrevocable de que mis padres nunca regresarán, que Eric nunca regresará, los únicos demonios están en mi interior. Pienso en quitarme la vida. Quiero huir del dolor. ¿Por qué no elegir no ser?

A Béla le asignan la habitación justo encima de la mía. Un día se detiene en mi cuarto para ver cómo me va.

—Te haré reír —dice—, y eso hará que te sientas mejor. Ya lo verás.

Mueve la lengua, se jala las orejas, hace ruidos de animales, como se hace para entretener a un bebé. Es absurdo, puede que ofensivo, pero no puedo evitarlo. La risa llega como una oleada. «No te rías», me habían advertido los médicos, como si la risa fuera una tentación constante, como si corriera peligro de morirme de risa. «Si te ríes, te dolerá más.» Tenían razón. Duele, pero también me hace sentir bien.

Aquella noche, permanezco despierta en la cama pensando en él, en la cama justo encima de mí, pensando cosas para impresionarlo, cosas que estudié en el colegio. Al día siguiente, cuando viene a visitarme a mi habitación, le explico todo lo que fui capaz de recordar durante la noche acerca de los mitos griegos, evocando a los dioses y diosas más desconocidos. Le hablo de *La interpretación de los sueños* de Freud, el último libro que Eric y yo leímos juntos. Actúo para él, como solía actuar para los invitados de mis padres, ocupando los focos antes que Klara, la estrella principal, saliera al escenario. Me mira como un profesor mira a la mejor alumna de la clase. Me cuenta muy pocas cosas sobre él, pero me entero de que estudió violín cuando era joven y que aún le encanta escuchar grabaciones de música de cámara y dirigir en el aire.

Béla tiene veintisiete años. Yo no soy más que una niña. Hay otras mujeres en su vida. La mujer a la que estaba besando en el andén cuando lo interrumpí. Y, según me dice, otra paciente del hospital para tuberculosos, la mejor amiga de su prima, una chica con la que salía cuando iba a la escuela, antes de la guerra. Está muy enferma. No saldrá de esta. Él dice que es su prometido como un gesto de esperanza para ella en su lecho de muerte, un gesto de esperanza para su madre. Meses más tarde, me enteraré de que Béla también tiene una esposa, casi una desconocida, una mujer con la que nunca ha intimado, una gentil con la cual contrajo un matrimonio de conveniencia durante los primeros días de la guerra, en un intento de proteger a su familia y sus bienes.

No es amor. Lo que sucede es que estoy hambrienta, muy hambrienta, y lo divierto. Y me mira como me miraba Eric hace mucho tiempo en el club de lectura, como si fuera inteligente, como si tuviera cosas que decir que valieran la pena. Por ahora, es suficiente.

La última noche en el hospital para tuberculosos, estoy acostada en mi pequeña y acogedora habitación y llega hasta mí una voz desde lo más profundo de las montañas, del centro mismo de la Tierra. Atraviesa el suelo y el fino colchón, me envuelve, me activa. «Si vives —dice la voz—, tienes que luchar por algo.»

—Te escribiré —dice Béla a la mañana siguiente, cuando nos despedimos. No es amor. No le tomo la palabra.

Cuando regreso a Košice, Magda me viene a buscar a la estación de tren. Klara se ha mostrado tan posesiva desde nuestro encuentro que se me ha olvidado cómo es estar a solas con Magda. Le creció el pelo. Las ondas le enmarcan la cara. Sus ojos son brillantes de nuevo. Tiene buen aspecto. No puede aguantar sin contarme chismes de las tres semanas que estuve fuera. Csicsi ha roto con su novia y ahora está cortejando a Klara descaradamente. Los supervivientes de Košice han formado un club de ocio y ella ya prometió que yo actuaré. Y Laci, el hombre del techo del tren, escribió para decirnos que recibió una declaración jurada de respaldo de sus familiares de Texas. Pronto se unirá a ellos en un lugar llamado El Paso, me dice, donde trabajará en su tienda de muebles y ahorrará para ir a la Facultad de Medicina.

—Más vale que Klara no me humille casándose antes que yo —dice Magda.

Así es como nos curaremos. Ayer, canibalismo y asesinato. Ayer, escogiendo briznas de hierba. Hoy, las anticuadas costumbres y propiedades, las normas y los roles que hacen que nos sintamos normales. Minimizaremos la pérdida y el horror, la terrible interrupción de la vida, viviendo como si nada de eso hubiera sucedido. No seremos una generación perdida.

—Mira —dice mi hermana— tengo algo para ti. —Me entrega un sobre en el que aparece escrito mi nombre con la caligrafía cursiva que nos enseñaron en el colegio—. Vino una persona que conocías.

Por un momento, creo que se refiere a Eric. Está vivo. Dentro del sobre está mi futuro. Me esperó. O siguió adelante.

Pero el sobre no es de Eric. Y no contiene mi futuro. Contiene mi pasado. Contiene una foto mía, tal vez la última foto tomada antes de Auschwitz, la foto en la que salgo haciendo el *spagat* junto al río, la foto que me tomó Eric, la foto que le di a mi amiga Rebeka. Me la guardó. Entre mis dedos, sostengo la versión de mí que aún no ha perdido a sus padres, la que no sabe lo pronto que perderá a su amado.

Esa noche, Magda me lleva al club de ocio. Klara y Csic-si están ahí, y Rebeka, y también Imre, el hermano de Csicsi. Gaby, mi médico, también está y tal vez por eso, débil como estoy, accedo a bailar. Quiero demostrarle que me estoy recuperando. Quiero demostrarle que el tiempo que ha dedicado a mi cuidado ha marcado la diferencia, que no ha desperdiciado su esfuerzo. Les pido a Klara y al resto de músicos que toquen *El Danubio azul* y empiezo mi coreo-grafía, el mismo baile que, hace poco más de un año, in-terpreté en mi primera noche en Auschwitz, el baile por el que Josef Mengele me recompensó con una hogaza de pan. Los pasos no han cambiado, pero mi cuerpo sí. Mis músculos ya no son finos y flexibles, ya no tengo nada de fuerza en las extremidades ni en el corazón. Soy una cásca-ra jadeante, una chica sin pelo con la espalda rota. Cierro los ojos como hice en el barracón. Aquella lejana noche mantuve los párpados cerrados para no tener que ver los aterradores ojos homicidas de Mengele, para evitar des-plomarme en el suelo bajo la fuerza de su mirada. Ahora cierro los ojos para poder sentir mi cuerpo, no para huir de la habitación, para sentir el calor del reconocimiento de mi público. A medida que recuerdo los movimientos, los pasos familiares, el *grand battement*, los *spagats*, me voy sin-tiendo más confiada y cómoda. Y vuelvo atrás en el tiem-po, a los días en los que no podíamos imaginar una inva-sión a nuestra libertad peor que los toques de queda o las estrellas amarillas. Bailo hacia mi inocencia. Hacia la niña que subía saltando las escaleras del estudio de *ballet*. Ha-cia la sabia y amorosa madre que la llevó allí por primera vez. «Ayúdame —le digo—. Ayúdame. Ayúdame a vivir otra vez.»

Unos días después, llega una abultada carta dirigida a mí. Es de Béla. Es la primera de muchas largas cartas que me escribirá, primero desde el hospital para tuberculosos y luego desde su casa en Prešov, donde había nacido y se había criado, la tercera ciudad de Eslovaquia, a tan solo 32 kilómetros de Košice. A medida que voy sabiendo más cosas sobre Béla, empiezo a encajar los hechos que me cuenta en esas cartas y a formar una vida; el hombre de cabello gris que tartamudea y tiene un sentido del humor sarcástico se convierte en una persona con contornos.

El primer recuerdo de Béla, escribe, es salir a pasear con su abuelo, uno de los hombres más ricos del país, y que no le comprara una galleta en la pastelería. Cuando salga del hospital, se hará cargo del negocio de su abuelo, vendiendo al por mayor productos de los agricultores de la región, moliendo café y moliendo trigo para toda Eslovaquia. Béla es una despensa repleta, un país de abundancia, un banquete.

Como mi madre, Béla perdió a uno de sus padres cuando era muy joven. Su padre, que había sido alcalde de Prešov y, antes de eso, un célebre abogado de personas sin recursos, acudió a una conferencia en Praga el invierno en que Béla tenía cuatro años. Bajó del tren y le cayó encima un alud de nieve. O eso fue lo que la policía le dijo a la madre de Béla. Béla sospecha que su padre, un personaje controvertido por haberse rebelado contra la clase dominante de Prešov ejerciendo como abogado de los pobres y desfavorecidos, fue asesinado, pero la versión oficial fue que había quedado sepultado bajo la nieve. Desde la muerte de su padre, Béla tartamudea al hablar.

Su madre nunca se recuperó de la muerte de su padre. Su suegro, el abuelo de Béla, la mantuvo encerrada en casa para evitar que conociera a otros hombres. Durante la guerra, la tía y el tío de Béla la invitaron a que se reuniera con ellos en Hungría, donde vivían en la clandestinidad utilizando documentos de identificación falsos. Un día, la madre de Béla estaba en el mercado cuando vio a un grupo de soldados de las SS. Le entró pánico. Corrió hacia ellos y confesó a gritos: «¡Soy judía!». La enviaron a Auschwitz, donde murió en la cámara de gas. El resto de miembros de la familia, descubiertos por la confesión de la madre de Béla, consiguieron huir a las montañas.

El hermano de Béla, George, lleva viviendo en Estados Unidos desde antes de la guerra. Antes de emigrar, fue atacado por un grupo de gentiles que le rompieron los lentes cuando iba paseando por la calle en Bratislava, la capital de Eslovaquia. Huyó del antisemitismo que se estaba gestando en Europa y se fue a vivir con su tío abuelo a Chicago. Su prima Marianna huyó a Inglaterra. Béla, a pesar de haber estudiado en Inglaterra de pequeño y dominar el inglés, se negó a abandonar Eslovaquia. Quería proteger a toda su familia. No lo lograría. Su abuelo murió de cáncer de estómago. Su tía y su tío, engañados por los alemanes para que salieran de las montañas con la promesa de que todos los judíos que regresaran serían bien tratados, fueron puestos en fila en la calle y fusilados.

Béla escapó de los nazis escondiéndose en las montañas. Apenas era capaz de sostener un destornillador, escribe; las armas le daban miedo, no quería luchar, era torpe, pero se convirtió en partisano. Tomó un fusil y se unió a las filas rusas que combatían contra los nazis. Mientras estaba con los partisanos, contrajo la tuberculosis. No había tenido que sobrevivir a los campos de concentración. En cambio, había sobrevivido a los bosques de las montañas. Me alegro. Nunca veré la huella de las chimeneas reflejada en sus ojos.

Prešov está a solo una hora en coche de Košice. Un fin de semana, Béla viene a visitarme y saca queso suizo y salami de una bolsa. Comida. Eso es lo primero que me enamora. Si logro que siga interesado en mí, nos alimentará a mí y a mis hermanas; eso es lo que pienso. No suspiro por él como suspiraba por Eric. No fantaseo con besarle ni anhelo tenerle cerca. Ni siquiera coqueteo, al menos no de una manera romántica. Somos como dos náufragos que miramos fijamente al mar buscando alguna señal de vida. Y cada uno ve en el otro un atisbo de luz. Descubro que estoy volviendo a incorporarme a la vida. Siento que voy a pertenecer a alguien. Sé que Béla no es el amor de mi vida como lo era Eric. No estoy intentando sustituir a Eric. Pero Béla me cuenta chistes y me escribe cartas de veinte páginas y tengo que tomar una decisión.

Cuando le digo a Klara que me voy a casar con Béla, no me felicita. Se voltea hacia Magda.

—Vaya, dos lisiados que se casan —dice—. ¿Cómo quieres que eso funcione?

Más tarde, en la mesa, me habla directamente a mí.

—Eres una niña, Dicuka —dice—. No puedes tomar decisiones así. No estás sana. Y él tampoco. Tiene tuberculosis. Tartamudea. No te puedes casar con él.

Ahora tengo una nueva motivación para que este matrimonio salga bien. Tengo que demostrarle a mi hermana que está equivocada.

La objeción de Klara no es el único impedimento. Se da el caso de que Béla sigue estando casado legalmente con la mujer gentil que protegió la fortuna de su familia de los nazis, y ella se niega a divorciarse. Nunca han vivido juntos, nunca han tenido relación de ninguna clase aparte de la de conveniencia —para ella, el dinero de él; para él, el estatus de gentil—, pero ella no quiere concederle el divorcio, al menos no de entrada, no hasta que él acceda a pagarle una enorme cantidad de dinero. Y luego está la prometida de los montes Tatras que se está muriendo de tuberculosis. Le ruega a su amiga Marianna, su prima que huyó a Inglaterra pero regresó después de la guerra, que le dé la noticia de que no se va a casar con ella. Como es lógico, Marianna monta en cólera.

—¡Eres horrible! —grita—. ¡No puedes hacerle esto! ¡Ni en un millón de años pienso decirle que estás incumpliendo tu promesa!

Béla me pide que vuelva con él al hospital para darle la noticia en persona. Ella es condescendiente y amable conmigo y está muy, muy enferma. Me inquieta ver a alguien tan deteriorado físicamente. Me recuerda mucho al pasado reciente. Me da miedo estar tan cerca de las puertas de la muerte. Me dice que se alegra de que Béla vaya a casarse con alguien como yo, alguien con tanta energía y vitalidad. Me alegro de contar con su bendición. Y, a pesar de todo, perfectamente podría haber sido yo la que estuviera en la cama, incorporada con unas almohadas ásperas, tosiendo tras cada palabra, llenando un pañuelo de sangre.

Aquella noche, Béla y yo nos alojamos juntos en un hotel, el hotel en el que nos conocimos. Durante todas sus visitas a Košice hemos dormido en habitaciones separadas. Nunca hemos dormido en la misma cama. Nunca nos hemos visto desnudos. Pero esta noche es distinto. Intento recordar las palabras prohibidas de *Nana* de Zola. ¿Qué otra cosa puede prepararme para darle placer y para buscar yo el mío propio? Nadie me ha instruido en la coreografía de la intimidad. La desnudez ha sido degradante, humillante, aterradora. Tengo que aprender de nuevo a habitar en mi propia piel.

—Estás temblando —dice Béla—. ¿Tienes frío?

Va a su maleta y saca un paquete envuelto con un lazo brillante. En la caja, cuidadosamente colocado bajo papel de regalo, hay un bonito camisón de seda. Es un regalo extravagante. Pero no es eso lo que me emociona. De algún modo, sabía que yo necesitaría una segunda piel. No es que quiera esconderme de él, mi futuro marido. No es ocultación lo que busco. Es una forma de realzarme, de extenderme, una forma de incorporarme al capítulo que todavía no se ha escrito. Tiemblo mientras me lo pone por la cabeza, mientras la tela cae por mis piernas. El vestuario adecuado puede mejorar el baile. Hago piruetas para él.

—*Izléses* —dice. Elegante.

Estoy encantada de que alguien me esté mirando. Su mirada es más que un cumplido. Del mismo modo que las palabras de mi madre me enseñaron una vez a valorar mi inteligencia, a través de los ojos de Béla descubro un nuevo reconocimiento de mi cuerpo; de mi vida.

CAPÍTULO 9

—

EL AÑO QUE VIENE EN JERUSALÉN

Me caso con Béla Eger el 12 de noviembre de 1946 en el
ayuntamiento de Košice. Podríamos haber hecho una celebración fastuosa en la mansión de los Eger; podríamos haber optado por una ceremonia judía. Pero soy una niña.
Tengo solo diecinueve años. No he tenido la oportunidad
de acabar la escuela, voy pasando de una cosa a otra. Y mis
padres están muertos. Uno de los viejos amigos de mi padre, un gentil, se ha estado interesando por mis hermanas
y por mí. Es juez, y resulta que conoció a George, el hermano de Béla, cuando estaba en la Facultad de Derecho. Es
un eslabón entre la familia de Béla y la mía, tiene un víncu-
lo con mi padre, de modo que es a quien elegimos para
que nos case.

En los quince meses transcurridos desde que Béla y yo
nos conocimos, me ha crecido el pelo y la escasa pelusilla
se ha convertido en una ondulada melena que me llega a
los hombros. Lo llevo suelto, con un pasador blanco sujeto
en la sien. Me caso con un vestido prestado de rayón negro,
largo hasta las rodillas, con hombreras, cuello blanco y
mangas estrechas. Llevo un pequeño ramo de lirios y rosas
atado con una ancha cinta de satén formando un lazo. Sonrío para las fotografías en el balcón de la tienda de mi pa-

dre. Solo hay ocho personas en la boda: Béla, Magda, Klara, Csicsi, Imre, dos viejos amigos de mi padre, uno de ellos es el presidente de un banco y el otro el juez que nos casa, y yo. Béla tartamudea al decir sus votos y Klara me lanza una mirada de reprobación. La recepción es en nuestro departamento. Klara cocinó toda la comida. Pollo asado, cuscús húngaro, papas con mantequilla y perejil y *dobos*, un pastel de chocolate de siete capas. Intentamos darle al día un aire de felicidad, pero todas las ausencias nos frenan. Los huérfanos se casan con huérfanos. Más adelante oiré que se dice que nos casamos con nuestros padres. Pero yo digo que nos casamos con nuestros temas no resueltos. Para Béla y para mí, nuestro tema no resuelto es la pena.

Pasamos la luna de miel en Bratislava, en el Danubio. Bailo con mi marido valses que conocíamos antes de la guerra. Visitamos la fuente de Maximiliano y la colina de la Coronación. Béla finge ser el nuevo monarca, señalando con su espada al norte, al sur, al este y al oeste, prometiendo defenderme. Vemos la antigua muralla de la ciudad, fortificada dos veces contra los turcos. Pensamos que la tormenta ya pasó.

Aquella noche, en el hotel, nos despiertan unos golpes en la puerta. La policía está controlando constantemente a los civiles. Nuestras vidas son un laberinto de exigencias burocráticas y necesitamos permisos oficiales hasta para las cosas más insignificantes de nuestra vida cotidiana. Pueden enviarte a la cárcel sin apenas excusas. Y, dado que mi marido es rico y una persona importante, no debería sorprenderme que nos hayan seguido. Pero estoy sorprendida. Y asustada (siempre estoy asustada). Y también avergonzada. Y enojada. Es mi luna de miel. ¿Por qué vienen a molestarnos?

—Acabamos de casarnos —les tranquiliza Béla en eslovaco. Yo crecí hablando únicamente húngaro, pero Béla domina también el checo, el eslovaco y otras lenguas necesarias para sus negocios de venta al por mayor. Les muestra nuestros pasaportes, el acta de matrimonio, los anillos, todo lo que pueda confirmar nuestras identidades y el motivo por el cual nos alojamos en el hotel.

—Por favor, no nos molesten.

La policía no nos da ninguna explicación para su invasión de nuestra intimidad, para sus sospechas hacia nosotros. ¿Están siguiendo a Béla por alguna razón? ¿Lo confundieron con alguien? Trato de no interpretar la intrusión como un mal presagio. Me concentro en la suavidad de la voz de mi marido bajo su tartamudeo. No tenemos nada que ocultar. Sin embargo, mi estado permanente es de máxima alerta. Y no puedo evitar la sensación de que soy culpable de algo. De que me van a descubrir.

Mi infracción es la vida. Y el comienzo de una cautelosa felicidad.

En el tren de vuelta a casa tenemos un compartimento privado. Prefiero su sobria elegancia al hotel. Me puedo imaginar formando parte de una historia. Somos exploradores, colonizadores. El movimiento del tren me libera de la aprensión y la confusión de mi cerebro y me ayuda a concentrarme en el cuerpo de Béla. O tal vez se debe únicamente a lo pequeña que es la cama. Mi cuerpo me sorprende. El placer es un elixir. Un bálsamo. Nos encontramos una y otra vez mientras el tren avanza a través de la noche.

Cuando volvemos a Košice a visitar a mis hermanas tengo que ir corriendo al baño. Vomito una y otra vez. Son buenas noticias, pero todavía no lo sé. Lo único que sé es que después de más de un año de lenta recuperación, estoy otra vez enferma.

—¿Qué le hiciste a mi niña? —grita Klara.

Béla humedece su pañuelo en agua fría y me lo pasa por la cara.

Mientras mis hermanas siguen con su vida en Košice, yo empiezo a vivir una inesperada vida de lujo. Me mudo a la mansión de los Eger en Prešov, un monasterio de quinientos años de antigüedad, ancho y largo, un edificio enorme, con caballos y carruajes alineados a lo largo del camino de entrada. El negocio de Béla está en el piso de abajo y nosotros vivimos en el de arriba. Los arrendatarios ocupan otras zonas de la enorme casa. Una mujer nos lava la ropa, hierve las sábanas y plancha toda la ropa blanca. Comemos en una vajilla de porcelana hecha especialmente para la familia, con su nombre, mi nuevo nombre, grabado en oro. En el comedor hay un botón que puedo pulsar para avisar a Mariska, el ama de llaves, que está en la cocina. No puedo parar de comer su pan de centeno. Toco el botón y pido más pan.

—Comen como cerdos —me dice susurrando.

No disimula su desagrado por el hecho de que haya entrado a formar parte de la familia. Soy una amenaza a su modo de vida, a su forma de llevar la casa. Me duele ver a Béla entregarle dinero para hacer las compras. Soy su mujer. Me siento inútil.

—Por favor, enséñame a cocinar —le pido un día a Mariska.

—No quiero ni verte en esta cocina —dice.

Para incorporarme a mi nueva vida, Béla me presenta a la élite de Prešov: abogados, médicos, hombres de negocios y sus esposas, entre quienes me siento desgarbada, joven e inexperta. Conozco a dos mujeres de mi edad. Ava Hartmann es una mujer elegante casada con un hombre rico de edad avanzada. Lleva su pelo oscuro peinado con raya al lado. Marta Vadasz está casada con el mejor amigo de Béla, Bandi. Tiene el cabello rojizo y una cara bondadosa y paciente. Miro a Ava y a Marta atentamente, tratando de averiguar cómo debería comportarme y qué debería decir. Ava, Marta y las otras mujeres beben coñac. Yo bebo coñac. Ava, Marta y todas las demás mujeres fuman. Una noche, después de una cena de gala en casa de Ava, que hizo el mejor hígado picado que había probado jamás, añadiéndole pimientos verdes además de cebolla, le comento a Béla que soy la única que no fuma, y al día siguiente me trae una cigarrera y una boquilla de plata. No sé utilizarla —cómo insertar el cigarro en un extremo, cómo inhalar, cómo expulsar el humo a través de mis labios—. Trato de imitar a las otras mujeres. Me siento como un loro elegante, nada más que un eco emperifollado con los ropajes bonitos que mi padre no me pudo hacer.

¿Saben dónde estuve? Sentada en salones y ante mesas suntuosas, miro a nuestros amigos y conocidos y me lo pregunto. ¿Han perdido las mismas cosas que perdimos Béla y yo? No hablamos de ello. La negación es nuestro escudo. Todavía no sabemos que perpetuamos el daño al negar el pasado, al mantener nuestra conspiración de silencio. Estamos convencidos de que cuanto más encerremos el pasado, más seguros y felices nos sentiremos.

Intento adaptarme tranquilamente a mi nueva situación privilegiada y a mi riqueza. Ya no habrá más golpes en la puerta que interrumpan mi sueño, me digo. Tan solo la comodidad de los edredones y las limpias sábanas blancas. No más hambre. Como sin cesar: el pan de centeno de Mariska, empanadillas de *spaetzle*, unas rellenas de chucrut y otras de *bryndza*, un queso eslovaco de leche de oveja. Estoy ganando peso. Los recuerdos y la pérdida solo ocupan una pequeña parte de mí. Los empujaré una y otra vez hasta que se pongan en su sitio. Miro mi mano alzar la boquilla de plata hasta mi rostro y alejarla. Me imagino que es un nuevo baile. Puedo aprender cada gesto.

El peso que estoy ganando no se debe solo a la buena comida. A principios de primavera descubro que estoy embarazada. En Auschwitz no teníamos la regla. Puede que la angustia y el hambre constantes bastaran para interrumpir nuestro ciclo menstrual, o tal vez se debía a la extrema pérdida de peso. Pero ahora, mi cuerpo, el cuerpo que estaba hambriento y consumido y que fue dado por muerto, alberga una nueva vida. Cuento las semanas desde mi último periodo y calculo que Béla y yo debemos de haber concebido a nuestro hijo en nuestra luna de miel, puede que en el tren. Ava y Marta me dicen que también están embarazadas.

Espero que mi médico, el médico de la familia Eger, el mismo hombre que asistió al nacimiento de Béla, me felicite. Sin embargo, en lugar de hacerlo me sermonea.

—No es usted lo bastante fuerte —me dice. Me insta a que programe un aborto. Y pronto. Me niego. Corro a casa llorando. Él me sigue. Mariska lo deja entrar en el salón.

—Señora Eger, si tiene este niño, morirá —dice—. Es usted demasiado delgada y demasiado débil.

Le miro a los ojos.

—Doctor, voy a dar vida —le digo—. Buenas noches.

Béla lo acompaña a la puerta. Oigo a mi marido disculpándose con el médico por mi falta de respeto. «Es la hija de un sastre, no sabe lo que dice», explica. Las palabras que dice para tratar de protegerme crean otro pequeño agujero en mi todavía frágil ego.

Pero, a medida que mi matriz se ensancha, también lo hacen la seguridad en mí misma y mi determinación. No me escondo por los rincones. Engordo 23 kilos y cuando camino por la calle saco mi estómago y miro el reflejo de esa nueva versión de mí misma en los escaparates de las tiendas. No reconozco inmediatamente esa sensación. Entonces recuerdo. Eso es lo que se siente al ser feliz.

Klara y Csicsi se casan en la primavera de 1947, y Béla y yo vamos a la ceremonia en su Opel Adam verde. Es otra ocasión memorable que se pierden nuestros padres, otro día feliz que lo es menos a causa de su ausencia. Pero estoy embarazada, mi vida es plena y no voy a permitir que la pena me venza. Magda toca el piano de la familia. Canta las melodías que cantaba mi padre. Béla se debate entre levantarme en el aire al bailar y hacer que me siente y descanse los pies. Mis hermanas ponen sus manos en mi barriga. Esta nueva vida que hay dentro de mí nos pertenece a todas. Es nuestro nuevo comienzo. Un trozo de nuestros padres y nuestros abuelos que perdurará en el futuro.

Ese es nuestro tema de conversación cuando descansamos un momento de la música y los hombres encienden sus cigarros. El futuro. Imre, el hermano de Csicsi, partirá pronto hacia Sídney. Nuestro grupo familiar ya es muy pequeño. No me gusta la idea de dispersarnos. Prešov ya parece muy alejado de mis hermanas. Antes de que acabe la noche, antes de que Béla y yo volvamos a casa, Klara nos hace entrar a Magda y a mí en el dormitorio.

—Tengo que decirte algo, pequeña —dice. Por el ceño fruncido de Magda, me doy cuenta de que ella ya sabe lo que Klara está apunto de decir—. Si Imre se va a Sídney, nosotros nos iremos también.

Australia. Entre nuestros amigos de Prešov, a causa de la toma del poder por parte de los comunistas en Checoslovaquia, también se habla de emigrar, tal vez a Israel, tal vez a Estados Unidos… Pero las políticas de inmigración son menos rígidas en Australia. Ava y su marido también han mencionado Sídney. Pero está tan lejos…

—¿Y qué pasa con tu carrera? —le pregunto a Klara.

—Hay orquestas en Sídney.

—No hablas inglés. —Le estoy lanzando cualquier excusa, como si fueran objeciones que ella misma no se hubiera planteado ya.

—Csicsi hizo una promesa —dice—. Justo antes de morir, su padre le pidió que cuidara de su hermano. Si Imre se va, nos vamos.

—Así que las dos me abandonan —dice Magda—. Después de lo que nos ha costado sobrevivir, pensé que permaneceríamos juntas.

Recuerdo la noche de abril, hace solo dos años, en que me preocupaba que Magda muriera, cuando me arriesgué a recibir una paliza o algo peor y escalé un muro y le conseguí zanahorias frescas. Sobrevivimos a un calvario increíble; cada una sobrevivió porque la otra la protegía y porque cada una consideraba a la otra algo por lo que vivir. Yo le debo la vida a mi hermana.

—Te casarás pronto —la tranquilizo—. Ya lo verás. Nadie es más atractiva que tú.

Todavía no soy consciente de que el dolor de mi hermana no tiene tanto que ver con la soledad como con la creencia de que no merece el amor. Pero, donde ella ve dolor, infierno, carencia, daño, yo veo otra cosa. Veo su valor. Veo su triunfo y su fuerza. Es como nuestro primer día en Auschwitz, cuando su falta de cabello me reveló con mayor claridad la belleza de sus ojos.

—¿Te interesa alguien? —le pregunto. Quiero platicar como hacíamos cuando éramos pequeñas. Magda siempre ofrece información jugosa o imitaciones divertidas; incluso es capaz de hacer que las cosas trascendentes resulten nimias. Quiero que sueñe. Magda niega con la cabeza.

—No pienso en una persona —dice—, pienso en un lugar. —Señala una postal que introdujo en el marco del espejo de su cómoda. La foto muestra un desierto árido y un puente. «El Paso», se lee en una inscripción sobre la imagen. Es de Laci.

—Él se fue —dice Magda—. Yo también puedo.

Para mí, El Paso es como el fin del mundo.

—¿Laci te pidió que te reúnas con él?

—Dicuka, mi vida no es un cuento de hadas. No espero que ningún hombre me rescate.

Tamborilea con sus dedos sobre su regazo como si estuviera tocando el piano. Hay algo más que quiere decir.

—¿Recuerdas qué llevaba mamá en el bolsillo el día que murió?

—El saco amniótico de Klarie.

—Y un billete de un dólar. Un dólar que la tía Matilda le envió una vez desde Estados Unidos.

¿Por qué yo no lo sabía? Hubo muchas pequeñas cosas que hizo mi madre para mantener viva la esperanza. No solo llevar el billete de un dólar, cosa que no recuerdo, ni el saco amniótico, que sí, sino el *schmaltz*, la grasa de pollo para cocinar en la fábrica de ladrillos o la carta que escribió a Klara. Magda parece reproducir el sentido práctico de nuestra madre, así como su esperanza.

—Laci no se va a casar conmigo —dice—, pero me voy a América de todas formas.

Le escribió a la tía Matilda pidiéndole que le envíe una declaración jurada de respaldo a su inmigración.

Australia. América. Mientras la siguiente generación da vueltas en mi interior, mis hermanas amenazan con zarpar muy lejos. Yo fui la primera en elegir una nueva vida después de la guerra. Ahora, son ellas las que están eligiendo. Me alegro por ellas. Sin embargo, pienso en el día, durante la guerra, en el que estaba demasiado enferma para trabajar, cuando Magda fue a la fábrica de munición sin mí y hubo un bombardeo, cuando Magda podía haber huido, pero decidió regresar al barracón a rescatarme. He logrado tener una vida buena y afortunada. Ahora no es necesario que se ocupe de mi supervivencia. Pero si hay una pequeña parte del infierno que echo de menos, es la parte que me hizo entender que no es posible sobrevivir sola. ¿Corremos mis hermanas y yo el riesgo de romper el hechizo, al tomar direcciones diferentes?

Béla está fuera de la ciudad cuando noto las primeras contracciones, una mañana temprano de septiembre. Tiran y tiran, lo bastante fuerte para romperme. Llamo a Klara. Cuando llega, dos horas más tarde, el médico todavía no ha llegado. Doy a luz en la misma habitación en la que nació Béla; en la misma cama. Cuando me retuerzo a causa del dolor, siento una conexión con su madre, una mujer a la que nunca tuve oportunidad de conocer. El bebé que estoy intentando traer al mundo no tendrá abuelos. El médico todavía no ha llegado. Klara da vueltas a mi alrededor, ofreciéndome agua, secándome la cara.

—¡Sal de aquí! —le digo gritando—. ¡No soporto tu olor!

No puedo ser un bebé y dar a luz a un bebé. Tengo que habitar en mi cuerpo y me está distrayendo. De la aguda nebulosidad del parto surge el recuerdo de la mujer embarazada de Auschwitz que dio a luz martirizada con las piernas atadas. No puedo evitar que su cara y su voz entren conmigo en la habitación. Me obsesiona. Me inspira. Cada impulso de su cuerpo y de su corazón apuntaba a la vida, mientras que ella y su bebé estaban condenados a una muerte indescriptiblemente cruel. El pesar me invade. Soy una avalancha. Me desgarraré en el afilado borde de su tormento. Aceptaré este dolor porque ella no tuvo elección. Aceptaré mi dolor para borrar el suyo, para borrar cualquier recuerdo, porque si este dolor no me destruye, su recuerdo lo hará.

—¡Es una niña! —grita Klara. Por un momento, me siento plena. Estoy aquí. Mi niña está aquí. Y está bien.

Quiero llamarla Anna-Marie, un nombre romántico que suena francés, pero los comunistas tienen una lista de los nombres permitidos y Anna-Marie no lo está. Así que decidimos invertirlo: Marianne, un homenaje a Marianna, la prima de Béla, la que aún me llama estúpida por haber roto el compromiso entre Béla y su amiga, la que ahora está muerta. Béla reparte cigarros. No cumple con la tradición de repartir cigarros solo cuando nacen hijos varones. Su hija será objeto de todos los rituales de celebración. Me entrega un estuche. Dentro hay una pulsera dorada formada por cuadrados del tamaño de un sello de correos, hecha con dos tipos de oro. Parece pesada, pero es ligera. «Por el futuro», dice Béla, y me la abrocha en la muñeca.

Dice eso y yo sé cuál es el destino de mi vida. Esto es por lo que lucharé: esta niña. Mi compromiso con ella será tan completo y uniforme como el círculo de oro que rodea mi muñeca. Puedo ver cuál es mi objetivo. Viviré para asegurarme de que ella nunca pase por lo que yo pasé. La continuidad de mí a ella crecerá a partir de nuestras raíces comunes, formando una rama nueva, una ramificación que crece hacia la esperanza y la felicidad.

Sin embargo, tomamos precauciones. La bautizamos. Por seguridad. Por la misma razón que nuestros amigos Marta y Bandi usan un nombre húngaro, Vadasz, que significa 'cazador', en lugar de su apellido judío.

¿Pero qué control tenemos realmente? El bebé de Marta nace muerto.

Marianne pesa 4,5 kilos al nacer. Ocupa toda la carriola.

—¿Le doy de mamar? —le pregunto a la pediatra alemana.

—¿Para qué crees que son las tetas? —dice.

Tengo leche en abundancia. Más que suficiente para alimentar a Marianne y también al bebé de mi amiga Ava. Puedo alimentar a quien tenga hambre. Represento la abundancia. Me inclino hacia ella cuando la amamanto, de manera que no tenga que esforzarse para alcanzar mi cuerpo, su fuente. Le doy hasta la última gota. Cuando me vacía, me siento llena.

* * *

Marianne está tan protegida, mimada, cuidada y abrigada que, cuando en noviembre de 1948, con catorce meses, cae enferma, al principio no me lo creo. Sé interpretar su nerviosismo. Tiene hambre, pienso. Está cansada. Pero cuando la cargo otra vez por la noche tiene fiebre. Está ardiendo. Tiene los ojos empañados. Su cuerpo se queja, llora. Pero está demasiado enferma para percibir mi presencia. O no le importa. No quiere comer. Mis brazos no la tranquilizan. Cada pocos minutos, una tos sofocante le agarrota el pecho. Despierto al servicio. Béla llama al médico, el médico que lo trajo al mundo, el que trajo al mundo a Marianne, y camina arriba y abajo por la habitación en la que nació.

El médico es adusto conmigo. La niña tiene neumonía. «Es cuestión de vida o muerte», dice. Suena molesto, como si la enfermedad fuera culpa mía, como si no pudiera permitirme olvidar que, desde el principio, la vida de Marianne se ha basado en el riesgo, en mi insensato atrevimiento. Ahora, mira lo que pasó. Pero tal vez lo que suena a enojo no es más que cansancio. Vive para curar. Muy a menudo su trabajo debe de acabar en fracaso.

—¿Qué hacemos? —pregunta Béla—. Díganos qué hay que hacer.

—¿Han oído hablar de la penicilina?

—Sí, por supuesto.

—Denle penicilina a la niña. Y rápido.

Béla lo mira fijamente, atónito, mientras el médico se abotona el abrigo.

—Usted es el médico. ¿Dónde está la penicilina? —pregunta.

—Señor Eger, no hay penicilina en este país. Al menos que pueda comprarse de manera legal. Buenas noches. Buena suerte.

—¡Pagaré lo que sea!

—Sí —dice el médico—. Tendrán que encargarse ustedes.

—¿Los comunistas? —sugiero cuando el médico ya se ha ido. Ellos liberaron Checoslovaquia de la ocupación nazi. Han estado cortejando a Béla a causa de su riqueza y su influencia. Le ofrecieron el cargo de ministro de Agricultura si se afilia al partido.

Béla niega con la cabeza.

—Los vendedores del mercado negro tendrán un acceso más directo —dice.

Marianne ha vuelto a sumirse en un sueño irregular. Tengo que mantenerla hidratada, pero no acepta agua ni leche.

—Dame el dinero —digo— y dime adónde ir.

Los traficantes del mercado negro tienen sus negocios junto a los comerciantes legales en el mercado del centro de la ciudad. Tengo que ir a ver al carnicero y darle un mensaje en clave, luego al panadero y darle otra clave, y entonces alguien me irá a buscar. El traficante me intercepta cerca del puesto de venta de flores.

—Penicilina —digo—. Suficiente para una niña enferma.

Se ríe ante la imposibilidad de mi petición.

—Aquí no hay penicilina —dice—. Tendría que volar a Londres. Puedo salir hoy y volver mañana. Eso cuesta dinero.

El precio que menciona es el doble de la cantidad que Béla envolvió en papel de periódico y metió en mi bolsa.

No titubeo. Digo que le pagaré. Le digo la cantidad exacta que llevo encima.

—Es indispensable. Si usted no va, encontraré a otro.

Pienso en el guarda el día que salimos de Auschwitz, mi voltereta, su guiño. Tengo que hablarle a la parte de ese hombre que cooperará conmigo.

—¿Ve esta pulsera? —Me levanto la manga para mostrar la pulsera de oro que he llevado cada día desde que nació Marianne.

Asiente. Puede que se imagine cómo quedará en la muñeca de su novia. Puede que esté calculando mentalmente el precio que puede pedir por ella.

—Mi marido me la regaló cuando nació mi hija. Ahora le estoy dando la oportunidad de salvar la vida de esa niña.

Veo que sus ojos parpadean con algo más que avaricia.

—Entréguéme el dinero —dice—. Quédese la pulsera.

El médico vuelve a la noche siguiente para administrar la primera dosis de penicilina. Se queda hasta que la fiebre de Marianne remite y acepta mi pecho.

—Sabía que encontrarías la manera —dice.

A la mañana siguiente, Marianne está lo suficientemente bien para sonreír. Se queda dormida comiendo. Béla la besa en la frente y a mí en las mejillas.

Marianne está mejor, pero se fraguan otras amenazas. Béla no acepta el cargo de ministro de Agricultura. «Los nazis de ayer son los comunistas de hoy», dice, y, un día, sacan su Opel Adam de la carretera. Béla sale ileso, pero su chófer sufre algunas heridas leves. Béla va a su casa a llevarle provisiones y a desearle una pronta recuperación. El chófer entreabre la puerta. Su mujer grita desde otra habitación. «No le dejes entrar.» Béla empuja la puerta, entra y ve uno de los mejores manteles de su madre en la mesa.

Vuelve a casa y comprueba el armario donde se guarda la ropa del hogar. Faltan muchos artículos. Supongo que va a enojarse, a despedir al chófer y tal vez a otros empleados. Se encoge de hombros.

—Usa siempre tus cosas bonitas —me dice—. Nunca sabes cuándo desaparecerán.

Pienso en el departamento de mi familia cubierto de boñigas de caballo, en nuestro piano en la cafetería de la calle, en cómo los momentos políticos decisivos, cambios en el poder, nuevo diseño de fronteras, son también personales. Košice se convierte en Kassa y luego en Košice de nuevo.

—No puedo seguir así —le digo a Béla—. No puedo vivir con una diana en la espalda. Mi hija no va a perder a sus padres.

—No —coincide.

Pienso en la tía Matilda. Magda ya recibió la declaración jurada y está esperando el visado. Estoy a punto de sugerirle a Béla que intentemos seguir a Magda a Estados Unidos, pero entonces recuerdo que a Magda le advirtieron que puede tardar años en conseguir el visado, ya que, incluso contando con un patrocinador, la cuota de inmigración está sometida a restricciones. No podemos depender de un proceso de varios años para protegernos de los comunistas. Necesitamos una salida más rápida.

El 31 de diciembre de 1948, Marta y Bandi vienen a casa a dar la bienvenida al Año Nuevo. Son sionistas convencidos. Brindan a la salud del nuevo estado de Israel, copa tras copa.

—Podríamos ir ahí —dice Béla—. Podríamos abrir un negocio.

No es la primera vez que me imagino a mí misma en Palestina. En la escuela, era sionista, y Eric y yo nos habíamos imaginado viviendo juntos en Palestina después de la guerra. En medio de los prejuicios y la incertidumbre, no podíamos evitar que nuestros compañeros de clase nos escupieran, ni que los nazis se adueñaran de nuestras calles, pero podíamos buscar un lugar seguro donde construir nuestro futuro hogar.

No sé si debería tomarme la sugerencia de Béla como el cumplimiento de mi antiguo sueño aplazado o preocuparme por el hecho de apostarlo todo a una ilusión, a una expectativa que conducirá a la decepción. Israel es un estado tan sumamente nuevo que aún no ha celebrado sus primeras elecciones y ya está en guerra con sus vecinos árabes. Además, todavía no existe una ley de retorno, la legislación que varios años más tarde concederá a cualquier judío de cualquier país el derecho a emigrar y asentarse en Israel. Tendremos que ir allí ilegalmente, dependiendo de la Bricha, la organización clandestina que ayudó a los judíos a huir de Europa durante la guerra, para conseguir los boletos de barco. La Bricha continúa existiendo en la clandestinidad y ayudando a gente, refugiados, desposeídos, personas sin hogar y apátridas, a tener una nueva vida. Pero, incluso en el caso de que consigamos lugares en un barco, nuestro plan no es una apuesta segura. Hace tan solo un año, el *Éxodo*, con 4.500 emigrantes judíos que buscaban asilo para establecerse en Israel a bordo, fue enviado de vuelta a Europa.

Pero es la noche de Fin de Año. Estamos esperanzados. Nos sentimos valientes. Durante las últimas horas de 1948, nuestro plan toma forma. Utilizaremos la fortuna de los Eger para comprar todo lo necesario para poner un negocio en Israel. Las semanas siguientes, tras mucha investigación, Béla decidirá que una fábrica de macarrones es la inversión más inteligente, y llenaremos un camión con todas nuestras pertenencias y con todo lo necesario para mantenernos los primeros años en nuestro nuevo hogar.

Los húngaros no podemos poner fin a una noche de copas sin comer sopa de chucrut. Mariska trae cuencos humeantes.

—El año que viene en Jerusalén —decimos.

Durante los meses siguientes, Béla compra el contenedor que llevará la fortuna de los Eger a Italia y luego a Haifa por barco. Compra el material fundamental para la fábrica de macarrones. Superviso el empaquetado de la plata y de la porcelana con iniciales doradas, compro ropa para Marianne, la suficiente para los cinco años siguientes, y coso las joyas en los bolsillos y en los dobladillos.

Enviamos antes el contenedor y planeamos viajar nosotros a continuación, en cuanto la Bricha nos ayude a encontrar la manera de hacerlo.

Un día de finales de invierno, cuando Béla está de viaje de negocios, llega una carta certificada de Praga a su atención, una carta que firmo en su nombre, una carta que no espero a que él llegue para leer. Antes de la guerra, dice la carta, los ciudadanos checoslovacos que ya habían emigrado a Estados Unidos estaban autorizados a inscribir a cualquier miembro de su familia que permaneciese en Europa en virtud de una ley que permitía a las personas que fueran objeto de persecución a solicitar visados para viajar a Estados Unidos sin estar sujetas a las restricciones de cuota que limitaban el número de personas que podían refugiarse en el país. Albert, el tío abuelo de Béla, el cual llevaba en Chicago desde principios de la década de 1900, había inscrito a la familia Eger. Ahora somos una de las dos familias checas inscritas antes de la guerra invitadas a solicitar refugio en Estados Unidos. Béla debe presentarse inmediatamente en el consulado estadounidense para tramitar la documentación.

Nuestro contenedor ya está de camino a Israel. Ya lo organizamos todo. Ya elegimos. Pero mi corazón se acelera ante la noticia, ante esta oportunidad inesperada. Podríamos ir a América como Magda, pero sin tener que esperar. Béla regresa de su viaje y le suplico que vaya a Praga a buscar la documentación. «Por si acaso», le insisto. «Como precaución.» Accede a regañadientes. Meto los papeles en el cajón superior de mi cómoda, con mi ropa interior. Por si acaso.

CAPÍTULO 10
—

LA FUGA

Vuelvo a casa del parque con Marianne el 19 de mayo de 1949 y Mariska está llorando.

—¡Arrestaron al señor Eger! —dice gimoteando—. Se lo llevaron.

Hace meses que sabíamos que nuestros días de libertad estaban contados. Aparte de sacar a Béla de la carretera el año anterior, hasta ahora los comunistas se han adueñado de su negocio, nos han confiscado el coche y nos han intervenido el teléfono. Nuestra fortuna está segura en el contenedor camino de Israel y nosotros hemos esperado a que la Bricha organice el viaje. Nos quedamos porque no podíamos imaginarnos salir ya. Y ahora corro el riesgo de tener que criar a mi hija sin su padre. Pero no lo voy a aceptar. No lo haré. En primer lugar, tengo que desconectar la preocupación y el miedo que anidan en mí. Tengo que descartar la posibilidad de que Béla esté siendo torturado o que ya esté muerto. Tengo que ser como mi madre la mañana en que fuimos desahuciados de nuestro departamento y enviados a la fábrica de ladrillos. Tengo que convertirme en una agente de recursos y esperanza. Tengo que actuar como una persona que tiene un plan.

Baño a Marianne y como con ella. La acuesto para que duerma la siesta. Voy a tomarme un tiempo para pensar y asegurarme de que se alimente como es debido y tenga las comodidades necesarias. ¿Quién sabe si esta noche dormiremos o dónde lo haremos? Vivo al minuto. No sé qué haré a continuación, solo que tengo que encontrar una forma de sacar a Béla de la cárcel y mantener a nuestra hija a salvo. Abro el cajón de la cómoda y saco el anillo que Béla encargó para mí cuando nos casamos. Es un anillo precioso, con un diamante perfecto, redondo, engastado en oro, pero siempre me ha hecho sentirme demasiado cohibida, así que nunca lo llevo. Hoy me lo pongo. Me meto los papeles que Béla obtuvo en el consulado estadounidense en Praga dentro del vestido, colocados planos contra mi espalda, sujetos a mi cuerpo por el cinturón. No puedo parecer una persona que está huyendo. No puedo utilizar nuestro teléfono intervenido para llamar a nadie pidiéndole ayuda. Sin embargo, no puedo soportar la idea de abandonar la casa sin ponerme en contacto con mis hermanas. No espero que sean capaces de ayudarnos, pero quiero que sepan que estamos en dificultades, que puede que no vuelva a verlas. Llamo a Klara. Contesta el teléfono y yo improviso. Intento no llorar. Intento que la voz no me tiemble ni se me quiebre.

—Estoy muy contenta de que vengas a visitarnos —le digo. No hay ninguna visita planeada. Estoy hablando en clave. Espero que me entienda—. Marianne ha estado preguntando por su tía Klarie. Dime, ¿a qué hora es tu tren?

Oigo que empieza a corregirme o a hacerme preguntas y, a continuación, oigo la breve pausa cuando se da cuenta de que estoy intentando decirle algo. Tren, visita. ¿Qué sacaría de esas escasas pistas?

—Llegamos esta noche —dice.

—Estaré en la estación.

¿De algún modo esta noche se encontrará con nosotros en un tren? ¿Es lo que acabamos de organizar? ¿O la conversación es demasiado en clave para que la entendamos incluso nosotras?

Meto nuestros pasaportes en la bolsa y espero a que Marianne se despierte. No lleva pañales desde que tenía nueve meses, pero cuando la visto después de la siesta me deja que le ponga un pañal y meto dentro mi pulsera de oro. No me llevo nada más. No puedo parecer una persona que huye. Todo lo que diga el resto del día, durante todo el tiempo que haga falta hasta que estemos a salvo, lo diré en ese lenguaje. Me encuentro bajo coacción, esa forma de ser que no es autoritaria ni dominante, pero tampoco cobarde ni débil. Ser pasiva es permitir que otros decidan por ti. Ser agresiva es decidir por los otros. Ser asertiva es decidir por ti misma. Y confiar en que eso basta, que tú bastas.

Pero, ay, estoy temblando. Salgo de casa con Marianne en brazos. Si actúo correctamente, no volveré a la mansión de los Eger, hoy no, y puede que nunca. Esta noche estaremos de camino a nuestro nuevo hogar. Hablo en voz baja. Hablo con Marianne sin cesar. Durante los doce meses que han transcurrido desde el nacimiento de Marianne, ese ha sido mi mayor triunfo como madre: se lo cuento todo a mi hija. Le explico lo que estamos haciendo a lo largo del día. Le digo cómo se llaman las calles y los árboles. Las palabras son tesoros que le ofrezco una y otra vez. Habla tres idiomas: húngaro, alemán y eslovaco.

—*Kvetina* —dice señalando una flor y diciendo la palabra en eslovaco.

De ella aprendo de nuevo lo que es estar segura y ser curiosa. Y, a cambio, esto es lo que no le puedo proporcionar: no puedo mantenerla alejada del peligro, pero puedo ayudarla a saber dónde está y para qué sirve. Continúo el monólogo para que no haya espacio para la voz del miedo.

—Sí, una flor, y mira al roble, se le cayeron todas las hojas; y ahí está el camión de la leche. Ahora iremos a ver al señor de la comisaría, es un edificio muy muy grande, como nuestra casa, con pasillos muy largos...

Hablo como si fuera una excursión normal, como si pudiera ser para ella la madre que necesito para mí.

La comisaría de policía es intimidante. Cuando los guardias armados me hacen entrar en el edificio, casi doy media vuelta y echo a correr. Hombres uniformados. Hombres armados. No puedo soportar esa expresión de autoridad. Me saca de quicio, me descoloca. Pierdo la noción de mí misma y de adónde me dirijo ante su actitud amenazadora. Pero, cada minuto que espero, aumenta el peligro para Béla. Ya ha demostrado que no es una persona que se someta y obedezca. Y los comunistas ya han demostrado que no toleran la disidencia. ¿Hasta dónde están dispuestos a llegar para darle una lección, para sacarle alguna información que crean que tiene, para someterlo a su voluntad?

¿Y a mí? ¿Cómo me castigarán cuando revele cuál es mi objetivo? Hago acopio de la confianza que tuve el día que compré penicilina al traficante del mercado negro. En aquel momento, el mayor riesgo era que me dijera que no. Me arriesgaba más si no le pedía lo que necesitábamos para salvar la vida de Marianne. Hoy, mantenerme firme podría dar lugar a represalias, encarcelamiento, tortura. Y, a pesar de todo, no intentarlo también supone un riesgo.

El encargado está sentado en un taburete detrás de un mostrador elevado. Es un hombre enorme. Tengo miedo de que Marianne se dé cuenta de que está gordo, lo diga en voz demasiado alta y eche a perder nuestras posibilidades. Establezco contacto visual. Sonrío. Lo trataré, no como lo que es, sino como lo que confío que puede ser.

—Gracias, señor —digo en eslovaco—, muchas gracias por devolverle a mi hija a su padre.

Su frente se arruga presa de la confusión. Le sostengo la mirada. Me quito el anillo con el diamante. Se lo ofrezco.

—Una reunión entre un padre y una hija es algo hermoso —prosigo, moviendo la joya adelante y atrás de manera que brilla como una estrella bajo la tenue luz.

Mira el anillo y, a continuación, me mira fijamente durante un momento interminable. ¿Llamará a su superior? ¿Me arrebatará a Marianne de los brazos y me detendrá a mí también? ¿O tomará algo que es bueno para él y me ayudará? Mi pecho se tensa y los brazos me duelen mientras sopesa su decisión. Al final, agarra el anillo y se lo mete en el bolsillo.

—¿Nombre? —dice.

—Eger.

—Venga.

Me hace cruzar una puerta y bajar unas escaleras. «Vamos a ver a papá», le digo a Marianne, como si fuéramos a encontrarnos con él en el tren. Es un lugar lúgubre y triste. Y los papeles están cambiados. ¿Cuántos de los que están encerrados aquí no son delincuentes sino víctimas de un abuso de poder? No he estado rodeada de prisioneros desde que yo era una de ellos. Casi me siento avergonzada de estar a este lado de los barrotes. Y me aterroriza que, en un momento de terror arbitrario, nos obliguen a intercambiar nuestros puestos.

Béla está en una celda solo. Lleva su ropa, no un uniforme, y salta del catre en cuanto nos ve, tratando de agarrar las manos de Marianne entre los barrotes.

—Marchuka —dice—, ¿ya viste qué camita tan graciosa?

Cree que hemos venido de visita. Uno de sus ojos está negro. Tiene sangre en el labio. Veo en él dos caras: la inocente y feliz para Marianne y la perpleja para mí. ¿Por qué llevé a la niña a la cárcel? ¿Por qué le estoy mostrando a Marianne esta imagen que recordará siempre, aun cuando no la pueda identificar? Trato de no ponerme a la defensiva. Trato de que mis ojos le digan que puede confiar en mí. Y trato de rociarlo de amor, la única cosa más fuerte que el miedo. Nunca lo he amado más de lo que le amo en este momento, cuando sabe instintivamente cómo actuar con Marianne para transformar este lugar inhóspito y aterrador en algo inofensivo.

El guardia abre la celda.

—¡Cinco minutos! —grita. Se palpa el bolsillo en el que tiene el anillo de diamante y, a continuación, se retira por el pasillo dándonos la espalda.

Arrastro a Béla a través de la puerta de la celda y no respiro hasta que estamos otra vez en la calle: Béla, Marianne y yo. Ayudo a Béla a limpiarse la sangre del labio con su pañuelo sucio. Caminamos hacia la estación del tren. No hace falta discutirlo. Es como si lo hubiéramos planeado todo, su detención, su repentina fuga. Vamos decidiéndolo todo a medida que avanzamos, pero tenemos la vertiginosa sensación de que nos movemos rápidamente a través de nieve profunda, pisando sobre rastros de pisadas, sorprendidos al descubrir que los rastros marcados se ajustan a nuestros pies y a nuestro ritmo. Es como si ya hubiéramos emprendido este viaje en otra vida y ahora actuáramos de memoria. Me alegro de que Béla pueda llevar a Marianne. Tengo los brazos prácticamente insensibles.

Lo más importante es salir del país. Huir de los comunistas. Llegar al lugar más cercano en el que haya presencia aliada. En la estación de tren dejo a Béla y a Marianne en un banco apartado y voy sola a comprar tres billetes a Viena y un montón de comida. ¿Quién sabe cuándo volveremos a comer?

Todavía tenemos que esperar cuarenta y cinco minutos a que salga el próximo tren. Cuarenta y cinco minutos para que alguien pueda descubrir la celda vacía de Béla. Obviamente, enviarán oficiales a la estación de ferrocarril. La estación de ferrocarril es a donde vas cuando persigues a un fugitivo, que es lo que es Béla ahora. Y yo soy su cómplice. Cuento mis respiraciones para evitar temblar. Cuando vuelvo a reunirme con mi familia, Béla le está contando a Marianne un cuento muy divertido sobre una paloma que se cree que es una mariposa. Intento no mirar al reloj. Marianne está en el regazo de Béla, me inclino hacia ellos, intento mantener oculta la cara de Béla. Los minutos transcurren lentamente. Desenvuelvo un bocadillo para Marianne. Intento comer un bocado.

Entonces, se oye un aviso que hace que los dientes me castañeteen demasiado violentamente para poder comer: «Béla Eger, por favor, acuda a la cabina de información», dice con voz monótona el encargado de la megafonía. Su voz atraviesa el sonido de la compra de boletos, de los padres reprendiendo a sus hijos, de las separaciones y de los adioses.

—No mires —susurro—. Hagas lo que hagas, no levantes la vista.

Béla le hace cosquillas a Marianne, intentando hacerla reír. Me preocupa que estén haciendo demasiado ruido. «Béla Eger, acuda inmediatamente a información», dice el encargado.

Notamos que la urgencia aumenta.

Por fin, el tren con destino al oeste llega a la estación.

—Sube al tren —le digo—. Escóndete en el baño por si lo registran.

Intento no mirar a mi alrededor en busca de oficiales de policía mientras nos apresuramos a subir al tren. Béla corre con Marianne en hombros. Ella grita encantada. No llevamos equipaje, cosa que tenía sentido en la calle mientras veníamos hacia aquí, pero ahora me preocupa que la ausencia de equipaje levante sospechas. Se tardan casi siete horas en llegar a Viena. Si logramos salir de Prešov, seguirá existiendo la posibilidad de que la policía suba en cualquier parada a registrar el tren. No hubo tiempo de obtener documentación falsa. Somos los que somos.

Encontramos un compartimento vacío y entretengo a Marianne en la ventanilla, contando los zapatos del andén. Después de sacar a Béla de la cárcel, apenas puedo soportar la idea de perderlo de vista. No puedo soportar que el peligro continúe, que aumente. Béla me besa, besa a Marianne y corre a esconderse en el baño. Espero a que el tren empiece a moverse. Si el tren sale de la estación, estaremos un poquito más cerca de la salvación, un segundo más cerca del regreso de Béla.

El tren no se mueve. «Mamá, mamá —rezo—. Ayúdanos, mamá. Ayúdanos, papá.»

La puerta del compartimento se abre y un oficial de policía echa una rápida ojeada antes de volver a cerrarla. Oigo sus botas a medida que avanza por el pasillo, oigo otras puertas que se abren y se cierran, le oigo gritar el nombre de Béla. Parloteo con Marianne, canto, hago que mire por la ventana. Y entonces me entra miedo de que veamos a Béla esposado saliendo del tren. Por fin veo que el conductor se levanta de su asiento en el andén y sube al tren. Se cierran las puertas del vagón. El tren se pone en marcha. ¿Dónde está Béla? ¿Sigue en el tren? ¿Logró que no lo encuentren? ¿O está otra vez camino de la cárcel, de una paliza segura, o de algo peor? ¿Y si cada giro de las ruedas nos aleja cada vez más de una vida que podemos vivir juntos?

Cuando llegamos a Košice, Marianne está dormida en mis brazos. Todavía no hay rastro de Béla. Escudriño el andén en busca de Klara. ¿Vino a buscarnos? ¿Vendrá Csicsi? ¿Entendió el peligro que corremos? ¿Qué preparaciones llevó a cabo durante las horas transcurridas desde que hablamos?

Justo antes de que el tren parta de la estación de Košice, la puerta del compartimento se abre y Béla entra a toda prisa, con la cabeza dándole vueltas como consecuencia de la adrenalina.

—¡Tengo una sorpresa! —grita antes de que haya tiempo de acallarlo.

Marianne abre los ojos, está desorientada, se muestra intranquila. La acuno de un lado a otro, me dirijo hacia mi marido. Mi marido, que está a salvo.

—¿Quieres ver mi sorpresa? —Abre la puerta de nuevo. Y allí están mi hermana Klara, y Csicsi, y una maleta, y su violín.

—¿Hay algún asiento libre ahí dentro? —pregunta Csicsi.

—¡Pequeña! —dice Klara, mientras me estrecha contra su pecho.

Béla quiere explicar cómo escapó del registro policial en Prešov, y Csicsi quiere explicar cómo se encontraron mutuamente en Košice, pero soy supersticiosa. Es como vender la piel del oso antes de cazarlo. En las fábulas nunca sale nada bueno de regodearse. Tienes que dejar que los dioses mantengan la imagen de su extraordinario poder. Todavía no le he explicado a Béla lo del anillo ni cómo lo saqué de la cárcel. Él no me ha preguntado.

El tren vuelve a moverse. Marianne se vuelve a quedar dormida con la cabeza en el regazo de Béla. Csicsi y Klara cuchichean sus planes: Viena es el lugar perfecto para esperar sus visados para Australia, es el momento adecuado para abandonar Europa, para unirse a Imre en Sídney. Todavía no me quiero imaginar Viena. Aguanto la respiración en cada estación. Spišska Nová Ves. Poprad-Tatry. Liptovský Mikuláš. Žilina. Faltan tres paradas más para llegar a Viena. Trenčín no provoca ninguna catástrofe. No hay ninguna crisis en Trnava. Ya casi estamos. En Bratislava, el cruce fronterizo, el lugar de nuestra luna de miel, el tren se detiene. Marianne se despierta al notar que el tren deja de moverse.

—Duerme, cariño, duerme —dice Béla.

—Calla —digo—, calla.

En el andén, en la oscuridad, vemos a una docena de soldados eslovacos dirigiéndose al tren. Se despliegan, acercándose a los vagones por parejas. Dentro de poco estarán tocando a la puerta. Nos pedirán nuestros documentos de identificación. Si no reconocen la cara de Béla, verán su nombre en el pasaporte. Es demasiado tarde para esconderse.

—Ahora vuelvo —dice Csicsi. Sale al pasillo, oímos su voz, la del maquinista, lo vemos descender al andén justo cuando los soldados llegan a la puerta. Nunca sabré lo que Csicsi les dice. Nunca sabré si hay dinero o joyas que cambian de manos. Lo único que sé es que, después de unos momentos insoportables, los soldados se tocan la gorra, dan media vuelta y vuelven a la estación. ¿Cómo pude enfrentarme a una fila de selección, a veces cada día, a veces más de una vez al día? Al menos en la fila de selección el veredicto era rápido.

Csicsi regresa al compartimento. Mi corazón ya dejó de latir frenéticamente, pero no soy capaz de preguntarle cómo convenció a los soldados para que se marcharan. Nuestra seguridad parece demasiado frágil. Si expresamos nuestro alivio en voz demasiado alta, corremos el riesgo de destruirla. Permanecemos en silencio mientras el tren se dirige a Viena.

En Viena somos pequeñas gotas en la corriente de 250.000 solicitantes de asilo y pasajes para Palestina o Norteamérica desde el final de la guerra. Nos refugiamos en el Hospital Rothschild en la parte de la ciudad ocupada por los americanos. El hospital se utiliza como centro de acogida de los refugiados que huyen de Europa del Este y a los cinco se nos asigna una habitación junto a otras tres familias. Aunque son altas horas de la noche, Béla sale de la habitación antes incluso de acostar a Marianne en una cama. Está decidido a encontrar a Bandi y Marta, los amigos con los que habíamos estado planeando ir a Israel, para decirles dónde estamos. Froto la espalda de Marianne mientras duerme, escuchando la conversación en voz baja de Klara con las otras mujeres que comparten nuestra habitación. Aquí, en el Hospital Rothschild, hay miles como nosotros, esperando la ayuda de la Bricha. Cuando estuvimos sentados a la mesa comiendo sopa de chucrut con Bandi y Marta la noche de Fin de Año, urdiendo el plan de empezar una nueva vida en Israel, estábamos construyendo algo, no huyendo. Pero ahora, en una habitación abarrotada de otros refugiados, me doy cuenta de cuál es el significado de *Bricha*. *Bricha* es 'fuga' en hebreo. Estamos en fuga.

¿Nuestro plan es seguro? Las mujeres de nuestra habitación en Rothschild nos hablan de sus amigos que ya emigraron a Israel. No es un lugar fácil, dicen. Después de un año, la guerra árabe-israelí está remitiendo, pero el país sigue siendo zona de guerra. La gente vive en tiendas, hace lo que debe en una época de profunda agitación política y constantes hostilidades entre árabes y judíos. Esa no es la vida que preparábamos cuando llenamos nuestro contenedor. ¿De qué nos servirán nuestra plata y nuestra porcelana en una tienda rodeada de un conflicto violento? ¿Y las joyas cosidas en la ropa de Marianne? Únicamente valen lo que los demás estén dispuestos a pagar por ellas. ¿Quién quiere comer en platos con nuestro nombre escrito? No es la idea del trabajo duro ni de la pobreza la que me provoca una cierta aversión en el estómago. Es la realidad de más guerra. ¿Por qué empezar otra vez si el resultado no es más que el mismo sufrimiento?

En la oscuridad, esperando a que Béla vuelva, abro los papeles del consulado estadounidense, los papeles que tanto insistí en que Béla obtuviera en Praga, que cruzaron la frontera con nosotros, pegados a mi espalda. Dos familias checoslovacas que reúnen los requisitos para emigrar a Estados Unidos. Solo dos. La otra familia, según supo Béla cuando fue a Praga, ya abandonó Europa; decidió emigrar a Israel en lugar de a Estados Unidos. Ahora nos toca a nosotros decidir si vamos. Doy vueltas a los papeles en mis manos, miro las palabras, borrosas bajo la tenue luz, espero que se desmenucen en mis manos, que se reordenen. «Estados Unidos, Dicuka», puedo oír decir a mi madre. Estados Unidos es el país en el que es más complicado entrar. Las cuotas son terribles. Pero si la carta no es un fraude, un engaño, tenemos la manera de entrar. Sin embargo, nuestra fortuna está en Israel. La carta tiene que ser una invitación falsa, me autoconvenzo. Nadie te quiere si no tienes ni un centavo.

Béla entra sin aliento, despertando a nuestras compañeras de habitación. Logró ponerse en contacto con Bandi en mitad de la noche. Mañana por la noche, nuestros amigos viajarán a Viena, nos encontraremos con ellos en la estación de tren a la mañana siguiente y juntos viajaremos a Italia, donde Bandi, con la ayuda de la Bricha, nos consiguió boletos de barco a Haifa. Iremos a Israel con Bandi y Marta como llevábamos planeando desde la noche de Fin de Año. Construiremos nuestra fábrica de macarrones. Tenemos suerte de poder salir de Viena casi en cuanto llegamos. No tendremos que esperar años, como puede que tengan que hacer Klara y Csicsi para poder ir a Australia.

Pero no me entusiasma la idea de abandonar Viena en treinta y seis horas, o de haber huido del caos de la posguerra de Prešov únicamente para llevar otra vez a mi hija a otra inestable zona de conflicto. Me siento en el borde de la cama con los papeles del consulado estadounidense en la falda. Recorro la tinta con los dedos. Béla me observa.

—Es un poco tarde —dice. Ese es su único comentario.

—¿No crees que deberíamos discutirlo?

—¿Qué hay que discutir? Nuestra fortuna, nuestro futuro están en Israel.

Tiene razón. A medias. Nuestra fortuna está en Israel, probablemente cociéndose en un contenedor en el desierto. Nuestro futuro, no. Todavía no existe. Nuestro futuro es la suma de una ecuación que es parte intención y parte circunstancia. Y nuestras intenciones pueden cambiar. O desintegrarse.

Cuando por fin me acuesto en la cama, Klara me susurra por encima del cuerpo dormido de Marianne.

—Pequeña —me dice—, escúchame. Lo que hagas te tiene que encantar. De lo contrario, no deberías hacerlo. No vale la pena.

¿Qué me está diciendo que haga? ¿Que discuta con Béla de algo que ya decidimos? ¿Que lo deje? Yo pensaba que ella defendería mis decisiones, las ya tomadas, contaba con ello. Sé que ella no quiere ir a Australia. Sin embargo, irá para estar con su marido. Si alguien debería entender por qué voy a Israel, aunque no quiera, es ella. No obstante, por primera vez en nuestras vidas, me está diciendo que no haga lo mismo que ella, que no siga su estela.

Por la mañana, Béla sale enseguida para proveerse de las cosas que necesitaremos para nuestro viaje a Israel: maletas, abrigos, ropa y otras cosas indispensables que nos proporciona el Comité Judío Americano de Distribución Conjunta, la organización benéfica financiada por Rothschild, a los refugiados. Yo voy a la ciudad con Marianne, los documentos de Praga guardados en mi bolso como Magda escondía los caramelos, en parte tentación y en parte auxilio. ¿Qué significa que seamos la única familia checa a la que le está permitido emigrar? ¿Quién irá si nosotros renunciamos? ¿Nadie? El plan de ir a Israel es bueno. Es lo mejor que podríamos hacer con lo que teníamos. Pero ahora hay una oportunidad que no existía cuando decidimos llevar a cabo el plan. Ahora se nos ofrece una nueva posibilidad, una que no implica vivir en tiendas de campaña en zona de guerra. No puedo evitarlo. Sin permiso de Béla, sin su conocimiento, pregunto cuál es la dirección del consulado estadounidense. Me dirijo allí a pie con Marianne en brazos. Como mínimo, comprobaré la posibilidad de que los papeles sean un error o un engaño.

—Felicidades —dice el funcionario cuando le muestro los documentos—, pueden ustedes viajar en cuanto se tramiten sus visados.

Me entrega el papeleo para la solicitud de visado.

—¿Cuánto costará?

—Nada, señora. Son ustedes refugiados. Navegan por gentileza de su nuevo país.

Me siento mareada. Mareada en el buen sentido, como la noche anterior cuando el tren partió de Bratislava con mi familia todavía sana y salva. Me llevo los impresos de solicitud a nuestra habitación en el Rothschild, se los enseño a Klara y a Csicsi, estudio las preguntas, buscando la trampa. No tardo en encontrar una: ¿Ha padecido usted alguna vez tuberculosis? Béla sí. No ha desarrollado síntomas desde 1945, pero no importa lo sano que se encuentre actualmente. Tienes que presentar una radiografía con la solicitud. Hay cicatrices en sus pulmones. El daño es evidente. Y la tuberculosis nunca se cura, como los traumas; podría reaparecer en cualquier momento.

Entonces, Israel. Mañana.

Klara me observa poner las solicitudes debajo del colchón.

—¿Te acuerdas de cuando yo tenía diez años y me aceptaron en la escuela Juilliard y mamá no me dejó ir? —dice—. Ve a América, Dicu. Mama querría que lo hicieras.

—Pero la tuberculosis… —digo. Estoy tratando de ser fiel no a la ley, sino a los deseos de Béla, a la decisión de mi marido.

—Si no puedes entrar por una puerta, entra por una ventana —me recuerda Klara.

* * *

Cae la noche. Nuestra segunda noche, nuestra última noche en Viena. Espero a que Marianne esté dormida, hasta que Klara y Csicsi y las otras familias se hayan ido a la cama. Béla y yo nos sentamos en sendas sillas junto a la puerta. Nuestras rodillas se tocan. Intento memorizar su cara para poder describirle sus rasgos a Marianne. Su frente despejada, los perfectos arcos de sus cejas, la bondad de su boca.

—Queridísimo Béla —empiezo—, lo que voy a decirte no va ser fácil de oír. No hay manera de suavizarlo. Y no hay forma de que renuncie a lo que voy a decir.

Su hermosa frente se arruga.

192

—¿Qué sucede?

—Si te reúnes con Bandi y Marta para ir a Israel mañana tal como planeamos, no te lo reprocharé. No trataré de disuadirte. Pero ya tomé una decisión. No iré contigo. Me llevo a Marchuka a América.

TERCERA PARTE

—

LA LIBERTAD

CAPÍTULO 11
—

EL DÍA DE LA INMIGRACIÓN

El día de la inmigración, el 28 de octubre de 1949, fue el día más optimista y prometedor de mi vida. Después de vivir en la abarrotada habitación del Hospital Rothschild durante un mes y pasar otros cinco meses en un diminuto departamento en Viena esperando los visados, estábamos a las puertas de nuestro nuevo hogar. Un cielo azul y soleado iluminaba el Atlántico mientras nos encontrábamos en la cubierta del *USAT General R. L. Howze*. La estatua de la Libertad apareció, minúscula, en la distancia, como la pequeña figurita de una caja de música. Entonces se hizo visible la ciudad de Nueva York, unos edificios intricados perfilados donde durante semanas solo habíamos visto el horizonte. Levanté a Marianne por encima de la barrera de la cubierta.

—Estamos en América —le dije—. La tierra de los libres.

Y pensé que por fin éramos libres. Habíamos corrido el riesgo. Ahora, la seguridad y las oportunidades eran nuestra recompensa. Parecía una ecuación justa y sencilla. Miles de kilómetros de océano nos separaban de las alambradas, los registros policiales, los campos de prisioneros, los campos de refugiados. Todavía no sabía que las pesadillas no entienden de geografía, que la culpa y la angustia vagan sin importarles las fronteras. Durante veinte minutos en la cubierta superior de un barco de pasajeros, bajo el sol de octubre, con mi hija en brazos, con Nueva York a la vista, pensé que aquí el pasado no podría alcanzarme. Magda ya estaba allí. En julio había recibido por fin su visado y había zarpado hacia Nueva York, donde ahora vivía con la tía Matilda y su marido en el Bronx. Trabajaba en una fábrica de juguetes, colocando cabezas en pequeñas jirafas. «Hace falta un Elefánt para hacer una jirafa», me dijo bromeando en una carta. Al cabo de una hora, tal vez dos, abrazaría a mi hermana, mi valiente hermana, con sus bromas siempre listas para vencer el dolor. Mientras Marianne y yo contábamos las gorras blancas entre el barco y la tierra firme, mientras yo daba las gracias por lo que tenía, Béla salió del diminuto camarote donde estaba acabando de empacar nuestras cosas.

Mi corazón volvió a llenarse de cariño hacia mi marido. Durante las semanas de viaje, en el pequeño catre que se balanceaba y se meneaba sobre las aguas negras, a través del aire negro, sentí por él más pasión de la que había sentido nunca durante los tres años que llevábamos juntos, más que en el tren durante nuestra luna de miel, cuando concebimos a Marianne.

El pasado mayo, en Viena, Béla había sido incapaz de decidir hasta el último minuto. Estaba junto a una columna en la estación de tren donde debía reunirse con Bandi y Marta, maleta en mano. Vio llegar a nuestros amigos, los vio buscándonos en el andén. Continuó ocultándose. Vio llegar el tren. Oyó el aviso de que los viajeros debían embarcar. Vio gente subiendo al tren. Vio a Bandi y a Marta en la puerta de un vagón, esperándolo. Entonces, oyó al encargado de la megafonía diciendo su nombre. Quería unirse a nuestros amigos, quería subir al tren y tomar el barco y recuperar el contenedor que contenía su fortuna. Pero allí estaba, paralizado tras la columna. El resto de pasajeros fueron subiendo a bordo, incluidos Bandi y Marta. Cuando las puertas del tren se cerraron, se obligó por fin a actuar. En contra de lo que consideraba mejor, en contra de la apuesta que había hecho por lo que esperaba que conllevaría un futuro seguro y económicamente desahogado, asumió el mayor riesgo de su vida. Se fue de allí.

Ahora, cuando solo faltaban unos minutos para empezar nuestra nueva vida en América, nada parecía más profundo o más intenso que el hecho de haber tomado la misma decisión, de renunciar a la seguridad en favor de una oportunidad para nuestra hija, de volver a empezar juntos de cero. Que hubiera asumido ese compromiso con nuestra hija, con esta nueva empresa, me llegaba al alma.

Y, a pesar de todo (este «a pesar de todo» se cierra como un cerrojo), yo había estado dispuesta a renunciar a nuestro matrimonio para llevar a Marianne a América. Por muy doloroso que resultara, había estado dispuesta a sacrificar nuestra familia, nuestra pareja, precisamente las cosas que Béla había sido incapaz de aceptar perder. De manera que empezábamos nuestra nueva vida en un plano desigual. Podía sentir que, aunque su devoción por nosotras podía medirse en todo aquello a lo que había renunciado, seguía mareado por todo lo que había perdido. Y, donde yo sentía alivio y alegría, él sentía dolor. Por muy feliz que yo estuviera dándole la bienvenida a nuestra nueva vida, sentía ya entonces que la pérdida sufrida por Béla suponía una presión peligrosa sobre todas las incógnitas venideras.

Así que en el fondo de nuestra decisión había un sacrificio. Y también había una mentira: el informe médico, la radiografía que habíamos presentado en una carpeta junto con las solicitudes de visados. No podíamos permitir que el fantasma de la antigua enfermedad de Béla, su tuberculosis, arruinara nuestro futuro, de manera que Csicsi se había hecho pasar por Béla y había ido conmigo al examinador médico. Ahora llevábamos radiografías del pecho de Csicsi, limpio como el agua de la fuente. Cuando los funcionarios encargados de la nacionalización determinaran que Béla cumplía con los requisitos necesarios para la inmigración, lo que aprobarían sería el cuerpo y el historial médico de Csicsi, el cuerpo de otro hombre al que considerarían sano.

Quería respirar tranquilamente. Valorar nuestra seguridad y buena suerte como un milagro, no guardármelas en secreto con cautela. Quería enseñarle a mi hija a tener confianza en su posición. Allí estaba, con el pelo alborotado y las mejillas rojas por el viento. «¡Libertad!», dijo encantada con su nueva palabra. En un arrebato le arranqué el chupón que llevaba colgado de una cinta alrededor del cuello y lo arrojé al mar.

Si me hubiera dado la vuelta, puede que hubiera visto a Béla llamándome la atención. Pero no estaba mirando.

—Ahora somos estadounidenses. Los niños estadounidenses no usan chupón —dije, embriagada e improvisando, lanzando al aire el único objeto que le daba seguridad a mi hija como si fuera confeti. Quería que fuera lo que yo quería ser, alguien integrado, alguien a quien no le atormentara la idea de ser diferente, de ser imperfecto, alguien que no jugara constantemente para empatar en una incesante carrera para huir de las garras del pasado.

No protestó. Estaba emocionada por la novedad de nuestra aventura, le hizo gracia mi extraña actuación y acepté mi lógica. En América haremos como los americanos (como si supiéramos algo sobre qué hacen los americanos). Quería confiar en mi decisión, en nuestra nueva vida, así que renuncié a cualquier atisbo de tristeza, a cualquier atisbo de miedo. Cuando descendí por la rampa de madera a nuestra nueva tierra, ya llevaba puesta una máscara.

Había escapado, pero todavía no era libre.

CAPÍTULO 12

—

NOVATA

Noviembre de 1949. Tomo un autobús interurbano en Baltimore. Alba gris. Calles húmedas. Voy a trabajar a la fábrica de ropa, donde pasaré todo el día cortando hilos sueltos de las costuras de pantalones cortos para niños, a siete centavos la docena. La fábrica me recuerda la fábrica de hilos en Alemania donde Magda y yo trabajamos cuando nos sacaron de Auschwitz: aire seco y polvoriento, hormigón frío y máquinas traqueteando tan fuerte que cuando la capataz dice algo tiene que gritar. «¡Reduzcan al mínimo las pausas para ir al baño!», grita. Pero yo oigo a la capataz del pasado, la que nos dijo que nos utilizarían hasta que no pudiéramos más y luego nos matarían. Trabajo sin cesar. Para maximizar mi productividad y mi exigua paga. Pero también porque trabajar sin descanso es una antigua necesidad, un hábito imposible de eliminar. Y si soy capaz de rodearme constantemente de ruido y de urgencia, no tendré que estar a solas con mis pensamientos ni por un instante. Trabajo tan duramente que mis manos tiemblan sin cesar en la oscuridad cuando regreso a casa.

Dado que la tía Matilda y su marido no disponían de espacio ni recursos para acoger a mi familia —Magda ya era una boca más que alimentar—, no hemos iniciado nuestra nueva vida en el Bronx, como yo había imaginado, sino en Baltimore, donde vivimos con George, el hermano de Béla, su mujer y dos hijas pequeñas en un reducido departamento en un edificio sin elevador. George había sido un prestigioso abogado en Checoslovaquia, pero en Chicago, donde vivió al emigrar a Estados Unidos en la década de 1930, se ganaba la vida como empleado de Fuller Brush, vendiendo cepillos y artículos de limpieza a domicilio; ahora, en Baltimore, vende seguros. En la vida de George todo es amargo, basado en el miedo y fruto del desánimo. Me sigue por las habitaciones del departamento, vigilando todos mis movimientos, gritándome que cierre con más fuerza la lata del café. Está enojado con el pasado. Por haber sido atacado en Bratislava y atracado en Chicago durante los primeros días después de su llegada. Y está enojado con el presente; no puede perdonarnos que hayamos llegado sin un centavo, que hayamos dado la espalda a la fortuna de los Eger. Me siento tan cohibida en su presencia que no puedo bajar las escaleras sin tropezar.

Un día, cuando subo al autobús para ir al trabajo, mi cabeza está tan llena de inquietud, preparándose para el frenético ritmo de la fábrica, dándole vueltas al carácter desagradable de George, obsesionándome con nuestras incesantes preocupaciones a causa del dinero, que tardo un rato en darme cuenta de que el autobús no empieza a moverse, que todavía estamos en la cuneta, que los otros pasajeros me están mirando fijamente, con cara de pocos amigos, sacudiendo la cabeza. Empiezo a sudar inquieta. Es la sensación que tuve cuando me desperté al oír a los *nyilas* aporreando nuestra puerta de madrugada. El miedo que sentí cuando el soldado alemán me puso un arma en el pecho después de agarrar las zanahorias. La sensación de que había hecho algo malo, de que iba a ser castigada, de que lo que está en juego es la vida y la muerte. Estoy tan consumida por la sensación de peligro y amenaza que no me doy cuenta de qué pasó: subí al autobús como se hace en Europa, sentándome y esperando a que el conductor venga y me venda el boleto. Se me olvidó marcar en la máquina. Ahora, el conductor me está gritando: «¡Pague o bájese! ¡Pague o bájese!». Aunque supiera hablar inglés, no sería capaz de entenderle. Estoy atenazada por el miedo, por imágenes de alambradas y armas apuntando, por el humo espeso que sale de las chimeneas y oscurece mi realidad actual, por los muros de la prisión del pasado que se acercan. Es lo contrario a lo que me sucedió cuando bailé para Josef Mengele en mi primera noche en Auschwitz. Entonces, me trasladé del barracón al escenario del teatro de la Ópera de Budapest. Entonces, mi visión interior me salvó. Ahora, mi vida interior me lleva a interpretar un simple error, un malentendido, como una catástrofe. En la actualidad, nada va realmente mal, no hay nada que no pueda arreglarse fácilmente. Un hombre está enojado porque hubo un malentendido, porque no le entiendo. Hay gritos y conflicto. Pero mi vida no está en peligro. Y, a pesar de todo, así es como interpreto la situación actual. Peligro, peligro. Muerte.

—¡Pague o bájese! ¡Pague o bájese! —grita el conductor. Se levanta de su asiento. Viene hacia mí. Me caigo al suelo, me cubro la cara. Ahora está encima de mí, agarrándome del brazo, tratando de hacer que me ponga en pie. Me acurruco en el suelo del autobús, llorando, temblando. Otra pasajera se apiada de mí. Es una inmigrante, como yo. Me pregunta, primero en yidis y luego en alemán, si tengo dinero, cuenta las monedas en la sudada palma de mi mano, me ayuda a colocarme en mi asiento y me acompaña hasta que recupero el aliento. El autobús arranca.

—Estúpida novata —dice alguien en voz baja mientras ella avanza por el pasillo hacia su asiento.

Cuando le explico a Magda el incidente por carta, lo transformo en una broma, un episodio, una payasada de una inmigrante; una «novata». Sin embargo, aquel día cambió algo en mi interior. Pasarán más de veinte años hasta que tenga la formación lingüística y psicológica que me permita entender que estaba viviendo un *flashback*, que las desconcertantes sensaciones físicas, corazón acelerado, palmas de las manos sudorosas, visión borrosa, que experimenté aquel día (y que continuaré experimentando muchas veces a lo largo de mi vida, incluso ahora, con más de ochenta años) son una reacción automática ante un trauma. Por esa razón, me opongo a calificar como patología el estrés postraumático denominándolo *trastorno*. No se trata de una reacción patológica a un trauma, es una reacción normal y natural. Pero aquella mañana de noviembre en Baltimore no sabía qué me estaba pasando; daba por sentado que mi colapso significaba que era una persona profundamente deficiente. Ojalá hubiera sabido que no era una persona dañada, sino que estaba sufriendo las secuelas de una vida interrumpida.

En Auschwitz, en Mauthausen, en la marcha de la muerte, sobreviví recurriendo a mi mundo interior. Encontré esperanza y paz en la vida dentro de mí, incluso cuando estaba rodeada de hambre, tortura y muerte. Después de mi primer *flashback*, empecé a creer que mi mundo interior era donde vivían mis demonios. Que había una plaga dentro de mí. Mi mundo interior ya no se sostenía, se convirtió en la fuente de mi dolor: recuerdos incesantes, pérdida, miedo. Podía estar en la cola de la pescadería esperando mi turno y, cuando el dependiente decía mi nombre, veía la cara de Mengele superpuesta sobre la suya. Al ir a la fábrica algunas mañanas, veía a mi madre a mi lado, clarísimamente; la veía darse la vuelta y alejarse. Intenté borrar mis recuerdos del pasado. Pensé que era cuestión de supervivencia. Únicamente después de muchos años llegué a entender que huir no cura el dolor. Lo empeora. En América estaba geográficamente más lejos que nunca de mi antigua prisión. Al huir del pasado, de mi miedo, no encontré la libertad. Construí una celda con mi terror y corrí el cerrojo con el silencio.

Marianne, sin embargo, estaba creciendo sana. Quería que se sintiera normal, normal, normal. Y lo hacía. A pesar de mi temor a que descubriera que éramos pobres, que su madre estaba asustada constantemente, que la vida en América no era lo que esperábamos, era una niña feliz. En la guardería, a la que acudía de forma gratuita porque la mujer que la dirigía, la señorita Bower, simpatizaba con los inmigrantes, aprendía inglés rápidamente. Se convirtió en la ayudante de la señorita Bower, y se ocupaba de los otros niños cuando lloraban o alborotaban. Nadie le pidió que desempeñara ese papel. Tenía una sensibilidad innata hacia el dolor de los demás y una confianza innata en su propia fortaleza. Béla y yo la llamábamos *la pequeña embajadora*. La señorita Bower la enviaba a casa con libros, tanto para que me ayudara a aprender inglés como para apoyarla a ella. Intento leer *Chicken Little*. No consigo enterarme de quiénes son los personajes. ¿Quién es Ducky Lucky? ¿Quién es Goosey Loosey? Marianne se ríe de mí. Me enseña otra vez. Finge exasperación. Yo finjo que solo estoy jugando, que solo estoy fingiendo que no entiendo. Más que la pobreza, lo que me daba miedo era la vergüenza de mi hija. Me daba miedo que se sintiera avergonzada de mí. Los fines de semana, venía conmigo a la lavandería y me ayudaba a utilizar las máquinas, me llevaba a la tienda de alimentación para comprar mantequilla de cacahuate Jif y un montón de productos alimentarios de los que nunca había oído hablar, con nombres que no sabía deletrear ni pronunciar. En 1950, ya con tres años, Marianne insiste en que comamos pavo el Día de Acción de Gracias, como sus compañeros de clase. ¿Cómo voy a decirle que no nos lo podemos permitir? Paro en Schreiber's al volver a casa el día antes de Acción de Gracias y tengo suerte: pusieron el pollo de oferta a 29 centavos la libra. Elijo el más pequeño.

—¡Mira, cariño! —grito al llegar a casa—. Tenemos un pavo. ¡Un pavo chiquitín! Deseo desesperadamente que se integre; que los tres nos integremos.

La alienación es mi estado crónico, incluso entre nuestros amigos inmigrantes judíos. El invierno que Marianne tiene cinco años, nos invitan a la festividad de Janucá, donde todos los demás niños cantan canciones. La anfitriona invita a Marianne a cantar. Yo me siento muy orgullosa al ver a mi inteligente y precoz hija, que ya habla inglés como si fuera su lengua nativa, feliz, con los ojos brillantes y dispuesta a aceptar confiada la invitación, ocupando su lugar en el centro del escenario. Va al jardín de niños y asiste a un programa extraescolar dirigido por un judío que, sin yo saberlo, se ha convertido en miembro de Judíos para

Jesús. Marianne sonríe a los invitados, cierra los ojos y empieza a cantar: «Jesús me ama, yo lo sé, porque la Biblia me lo dice…». Los invitados nos miran fijamente a ella y a mí. Mi hija aprendió la habilidad que yo más deseaba que tuviera, la capacidad de adaptarse a todo. Y, ahora, es precisamente esa falta de conocimiento de los códigos que separan a las personas la que hace que me quiera escurrir bajo los listones del suelo y desaparecer. Esa vergüenza, esa sensación de exilio, incluso en mi propia comunidad, no venía de fuera. Era la parte cautiva de mí que creía que no merecía haber sobrevivido, que nunca sería lo bastante buena para integrarme.

Marianne se sentía cada día mejor en Estados Unidos, pero Béla y yo salíamos adelante con dificultades. Yo seguía siendo víctima de mis propios miedos, los recuerdos de pesadilla, el pánico que bullía justo bajo la superficie. Y me daba miedo el resentimiento de Béla. No tenía que esforzarse por aprender inglés como hacía yo. Él había estado en un internado en Londres durante un tiempo cuando era pequeño y hablaba inglés con la misma fluidez que hablaba checo, eslovaco, polaco, alemán y muchas otras lenguas, pero su tartamudez se acentuaba en Estados Unidos, lo cual me parecía una señal de que estaba dolido por la decisión que lo había obligado a tomar. Su primer trabajo fue en un almacén en el que tenía que levantar pesadas cajas, actividad que sabíamos que era peligrosa para alguien que hubiera padecido tuberculosis. Sin embargo, George y su mujer, Duci, que era una trabajadora social y nos había ayudado a conseguir empleo, nos convencieron de que teníamos suerte de tener trabajo. El salario era terrible; el trabajo, agotador y degradante, pero esa era la realidad de los inmigrantes. Los inmigrantes no eran médicos, abogados o alcaldes, independientemente de su formación y experiencia (a excepción de mi extraordinaria hermana Klara, la cual obtuvo un puesto como violinista en la Orquesta Sinfónica de Sídney poco después de que ella y Csisi llegaran a Australia). Los inmigrantes conducían taxis. Los inmigrantes trabajaban a destajo en las fábricas. Los inmigrantes reponían las estanterías de las tiendas de alimentación. Yo interiorizaba mi sensación de indignidad. Béla luchaba contra ella. Se volvió irascible y volátil.

Durante nuestro primer invierno en Baltimore, Duci viene a casa con un mono de invierno que le ha comprado a Marianne. Tiene un cierre muy largo. Marianne se lo quiere probar inmediatamente. Tardamos una eternidad en ponerle el ceñido mono sobre la ropa, pero por fin estamos listos para ir al parque.

Bajamos lentamente los cinco tramos de escaleras hasta la calle. Cuando llegamos a la acera, Marianne dice que tiene que hacer pipí.

—¡Por qué no nos dijiste antes! —explota Béla. Nunca le ha gritado a Marianne antes.

—Salgamos de esta casa —susurro aquella noche.

—Lo conseguiste, princesa —gruñe. No lo reconozco. Su ira me asusta.

No, la ira que más me asusta es la mía.

Conseguimos ahorrar dinero suficiente para mudarnos a una pequeña habitación de servicio en la parte trasera de una casa en Park Heights, el mayor barrio judío de Baltimore. Nuestra casera fue también inmigrante en su día, de Polonia, pero ya lleva varias décadas en Estados Unidos, desde mucho antes de la guerra. Nos llama novatos y se burla de nuestro acento. Nos enseña el baño, esperando que nos quedemos asombrados por las cañerías internas. Pienso en Mariska y en la campanilla de la mansión de los Eger que tocaba cuando quería pedirle más pan. Es más fácil fingir asombro y corroborar las expectativas de nuestra casera sobre quiénes somos que explicar, incluso a mí misma, la brecha entre entonces y ahora.

Béla, Marianne y yo vivimos juntos en una habitación. Apagamos las luces cuando Marianne se va a la cama y nos sentamos a oscuras. El silencio entre nosotros no es íntimo, es tenso y tirante, una cuerda que empieza a deshilacharse bajo el peso de su carga.

Hacemos lo que podemos por ser una familia normal. En 1950, tiramos la casa por la ventana y vamos a ver una película al cine que hay junto a la lavandería en Park Heights Avenue. Mientras nuestra ropa da vueltas en la lavadora, llevamos a Marianne a ver *Las zapatillas rojas,* una película que, según nos enteramos con orgullo, ha sido escrita por Emeric Pressburger, un inmigrante judío húngaro. Recuerdo muy bien la película porque me afectó en dos sentidos. Sentada en la oscuridad, comiendo palomitas con mi familia, sentí una satisfacción que se había vuelto difícil de alcanzar; la fe en que todo iba bien, que podríamos llevar una vida feliz después de la guerra. Sin embargo, la película en sí, los personajes, el guion, me trastocó con la fuerza del reconocimiento. Algo rompió mi cuidada máscara y pude mirar de frente mi anhelo.

La película trata de una bailarina, Vicky Page, que llama la atención de Boris Lermontov, el director artístico de una célebre compañía de *ballet*. Ella practica el *grand battement* en la barra, baila apasionadamente *El lago de los cisnes*, anhela la atención y el reconocimiento de Lermontov. No puedo apartar la vista de la pantalla. Me parece estar viendo mi propia vida, la vida que habría vivido de no haber existido un Hitler, de no haber habido una guerra. Por un instante, creo que quien está en la butaca de al lado es Eric. Me olvido de que tengo una hija. Solo tengo veintitrés años, pero siento que lo mejor de mi vida ya pasó. En un momento de la película, Lermontov le pregunta a Vicky: «¿Por qué quieres bailar?». Ella responde: «¿Por qué quieres vivir?». Lermontov dice: «No sé exactamente por qué, pero tengo que hacerlo». Vicky dice: «Esa también es mi respuesta». Antes de Auschwitz, incluso en Auschwitz, yo habría dicho lo mismo. Había una luz interior constante, una parte de mí que siempre se alegraba y bailaba, que nunca renunciaba a las ansias de vivir. Ahora, mi objetivo principal es actuar de tal manera que mi hija no conozca nunca mi dolor.

Es una película triste. El sueño de Vicky no se cumple tal y como ella espera. Cuando interpreta el papel protagonista en el nuevo *ballet* de Lermontov, la atormentan sus demonios. Esta parte de la película es tan terrorífica que casi no puedo mirar. Las zapatillas de *ballet* de Vicky parecen controlarla, la hacen bailar casi hasta la muerte, baila a través de sus propias pesadillas, demonios y paisajes áridos, una pareja de baile hecha de papel de periódico que se desintegra, pero no puede parar, no se puede despertar. Vicky intenta dejar de bailar. Esconde las zapatillas rojas en un cajón. Se enamora de un compositor, se casa con él. Al final de la película, la invitan a bailar una vez más en el *ballet* de Lermontov. Su marido le ruega que no lo haga. Lermontov la advierte: «Nadie puede tener dos vidas». Tiene que elegir. ¿Qué lleva a una persona a hacer una cosa y no otra? Me lo pregunto. Vicky se vuelve a poner las zapatillas rojas. Esta vez la hacen bailar en el borde de un edificio hasta morir. Los otros bailarines interpretan el *ballet* sin ella, con un foco apuntando al espacio vacío en el escenario donde Vicky debería estar bailando.

No es una película sobre el trauma. De hecho, yo entonces no soy consciente de estar viviendo con un trauma. Sin embargo, *Las zapatillas rojas* me proporciona un vocabulario de imágenes, me enseña algo sobre mí misma, la tensión entre mis experiencias internas y externas. Y algo acerca de la manera en que Vicky se había puesto las zapatillas rojas por última vez y había echado a volar no parecía una elección. Parecía un acto compulsivo. Automático. ¿De qué tenía tanto miedo? ¿Qué la había hecho correr? ¿Era algo con lo cual no podía vivir, o algo sin lo cual no podía vivir?

—¿Habrías elegido la danza antes que a mí? —pregunta Béla en el viaje de vuelta en autobús. Me pregunto si está pensando en la noche en Viena cuando le dije que me llevaba a Marianne a América, con o sin él. Ya sabe que soy capaz de elegir a otro u otra cosa.

Eludo su pregunta con un coqueteo.

—Si me hubieras visto bailar, no me habrías pedido que eligiera —le digo—. Nunca has visto un *grand battement* como el mío.

Finjo, finjo. En algún lugar en lo más profundo de mi pecho ahogo un grito. «¡No pude elegir! —grito en silen-

cio en mi interior—. Hitler y Mengele decidieron por mí.
¡No pude elegir!»

Béla es el primero en ceder a la presión. Le sucede en
el trabajo. Está levantando una caja y se cae al suelo. No
puede respirar. En el hospital, una radiografía revela que
su tuberculosis ha reaparecido. Parece más perjudicado y
pálido que el día que lo saqué de la cárcel, el día que huimos a Viena. Los médicos lo trasladan a un hospital para
tuberculosos y, cuando llevo a Marianne a visitarlo cada día
después del trabajo, me paraliza el miedo a que lo vea toser
sangre, a que se dé cuenta de que puede morir a pesar de
nuestros esfuerzos por ocultarle lo enfermo que está. Tiene cuatro años, ya sabe leer, lleva consigo libros ilustrados
de la señorita Bower para entretener a su padre, les dice a
las enfermeras cuándo ha acabado de comer y cuándo necesita más agua.

—¿Sabes qué animaría a papá? —me dice—. ¡Una her-
manita!

No nos hemos planteado siquiera ir por otro hijo, somos demasiado pobres y ahora es un alivio no sufrir la presión de tener otra boca que alimentar, además de la recuperación de Béla, con mi miserable paga. Pero me rompe
el corazón ver a mi hija añorando compañía. Ver su soledad. Hace que eche de menos a mis propias hermanas.
Ahora Magda tiene un empleo mejor en Nueva York, gracias a los conocimientos de confección adquiridos de mi
padre, haciendo abrigos en London Fog. No quiere empezar de nuevo en otra ciudad, pero le suplico que venga a
Baltimore. En Viena, en 1949, así es como imaginé brevemente que sería mi vida: criando a Marianne con mi her-

mana en lugar de con mi marido. En aquel momento era una elección, un sacrificio, para evitar que mi hija se criara en una zona de guerra. Ahora, si Béla muere o queda inválido, será una necesidad. Ahora vivimos en un departamento un poco más grande y, aun trabajando los dos, nos cuesta reunir dinero para comer. No puedo imaginarme cómo voy a poder pagarlo sola. Magda accede a pensárselo.

—No te preocupes —dice Béla tosiendo en un pañuelo—, no permitiré que nuestra hija crezca sin padre. No lo haré.

Tose y tartamudea tan estrepitosamente que apenas puede pronunciar las palabras.

Béla se recupera, pero sigue débil. No podrá reanudar su trabajo en el almacén, pero vivirá. Los miembros del personal médico del hospital para tuberculosos, cautivados por el encanto y el humor de Béla, le prometen que, antes de darle de alta, le ayudarán a encontrar una carrera profesional que nos permita salir de la pobreza y a él vivir sano muchos años. Le hacen realizar un test de aptitud que Béla considera una tontería hasta que llegan los resultados. Está especialmente cualificado para ser director de orquesta o contable, revela el test.

—Podríamos empezar una nueva vida en el mundo del *ballet* —bromea—. Tú podrías bailar y yo dirigiría la orquesta.

—¿Te habría gustado estudiar música cuando eras joven? —Es peligroso jugar a qué habría sucedido si hubieras hecho algo en el pasado.

—Estudié música de joven.

¿Cómo puedo haberlo olvidado? Estudió violín, como

mi hermana. Me lo contó en las cartas que me enviaba cuando me cortejaba. Oírlo hablar de ello ahora es como que me digan que antes utilizaba otro nombre.

—Era bastante bueno. Los profesores me decían que podría haber ido al conservatorio, y puede que lo hubiera hecho de no haber sido porque tenía que hacerme cargo del negocio familiar.

La cara me arde. De repente, estoy enojada. No sé por qué. Quiero decirle algo que le duela, pero no sé si en realidad quiero castigarme a mí misma o a él.

—Piénsalo —digo—, si no lo hubieras dejado podrías haber conocido a Klara en lugar de a mí.

Béla intenta leer mi rostro. Puedo verlo tratar de decidir si me molesta o me tranquiliza.

—¿De verdad quieres intentar convencerme de que no soy más que feliz por estar casado contigo? Era un violín. Ahora no importa.

Entonces entiendo qué es lo que me ofendió. La aparente facilidad con la que mi marido ha desechado un viejo sueño. Si alguna vez se sintió angustiado por haber abandonado la música, me lo ocultó. ¿Qué me pasaba a mí, que seguía anhelando tanto lo que no era?

* * *

Béla le muestra a su antiguo jefe en el almacén los resultados del test de aptitud y este le presenta a su contable, un hombre generoso que accede a nombrarle su ayudante mientras Béla asiste a clases y trabaja para obtener el título oficial de contabilidad.

Estoy inquieta. He estado tan obcecada con las preocupaciones económicas y la enfermedad de Béla, tan inmersa en la absorbente rutina de las horas en la fábrica y en contar monedas para comprar comida que las buenas noticias hacen que sienta que voy a la deriva. El fin de las preocupaciones deja en mí un vacío que no sé cómo llenar. Béla tiene nuevos proyectos, un nuevo camino, pero yo no. Cambio varias veces de trabajo con la intención de ganar más, de sentirme mejor conmigo misma. El dinero extra ayuda y los ascensos me levantan el ánimo durante un tiempo. Sin embargo, la sensación nunca dura demasiado. En una compañía de seguros me ascienden de encargada de la máquina fotocopiadora a llevar los libros de contabilidad. Mi supervisora se ha dado cuenta de lo mucho que trabajo y me va a formar. Me siento feliz en compañía de otras secretarias, contenta de ser una de ellas, hasta que mi nueva amiga me avisa: «Nunca te sientes junto a las judías a la hora de comer, huelen mal». Después de todo, no soy una de ellas. Tengo que ocultar quién soy. En la empresa de maletas en la que trabajo a continuación tengo un jefe judío y creo que por fin encajaré. Me siento confiada, aceptada. Aunque soy una vendedora y no una recepcionista, un día el teléfono suena y suena sin cesar y, al ver lo ocupadas que están las secretarias, me apresuro a contestar. Mi jefe sale del despacho hecho una furia.

—¿Quién te dio permiso? —grita—. ¿Quieres echar a perder mi reputación? Ninguna novata va a representar a esta empresa. ¿Queda claro?

El problema no es que me regañe. El problema es que me creo su afirmación de que no valgo para nada.

En el verano de 1952, poco después de la recuperación de Béla y algunos meses antes de que Marianne cumpla cinco años, Magda se muda a Baltimore. Se quedará con nosotros unos cuantos meses hasta que encuentre trabajo. Le ponemos una cama en el comedor, cerca de la puerta de entrada. Nuestro departamento siempre es muy sofocante en verano, incluso por las noches, y Magda abre un poco la puerta antes de irse a dormir.

—Ten cuidado —avisa Béla—. No sé en qué clase de palacio vivirías en el Bronx, pero este barrio no es seguro. Si dejas la puerta abierta, alguien podría entrar.

—Ya me gustaría —susurra Magda pestañeando. Mi hermana. Su dolor solo es visible en el humor que utiliza para ocultarlo.

Damos una pequeña fiesta para darle la bienvenida; vienen George y Duci (George sacude la cabeza al ver lo poco que nos gastamos), y algunos de nuestros vecinos del edificio de departamentos, incluidos nuestros caseros, que traen a su amigo Nat Shillman, un ingeniero naval jubilado. Magda explica una historia divertida de su primera semana en Estados Unidos, cuando la tía Matilda le compró un hot dog en la calle.

—En Europa, cuando le compras un hot dog a un vendedor como ese, siempre te dan dos, y están cubiertos de chucrut y cebolla. Matilda va a pagar y, cuando vuelve, trae solo un raquítico perrito caliente en un panecillo birrioso. Pensé que era demasiado tacaña para pagar el precio de uno doble o que me estaba lanzando una indirecta sobre mi peso. Estuve indignada varios meses, hasta el día que me compré yo misma un hot dog y me di cuenta de cómo iban las cosas aquí.

Todos los ojos se posan en Magda, en su cara expresiva, esperando la siguiente anécdota divertida. Y ella tiene más; siempre tiene más. Nat está claramente fascinado por ella.

Cuando los invitados se marchan y Marianne está dormida, me siento con Magda en su cama chismorreando como hacíamos cuando éramos pequeñas. Me pregunta qué sé de Nat Shillman.

—Sí, ya lo sé, ya sé que tiene la edad de papá —dice—, pero me da buenas vibraciones.

Hablamos hasta que me quedo medio dormida en su cama. No quiero parar. Hay algo que necesito preguntarle a Magda, algo que tiene que ver con el vacío en mi interior, pero si le pregunto por el miedo y el sentimiento de vacío, tendré que admitirlos, y estoy muy acostumbrada a fingir que no existen.

—¿Eres feliz? —me atrevo por fin a preguntarle. Quiero que diga que sí para poder serlo yo también. Quiero que diga que nunca será feliz, que nunca lo será realmente, para saber así que no solo yo siento ese vacío.

—Dicuka, escucha este consejo de tu hermana mayor. O eres sensible o no lo eres. Si eres sensible, sufres más.

—¿Estaremos bien? —pregunto—. ¿Algún día?

—Sí —dice—. No. No lo sé. Hay una cosa que está clara: Hitler nos jodió bien.

Béla y yo ganamos ahora 60 dólares a la semana, lo suficiente para ir por un segundo hijo. Me quedo embarazada. Mi hija nace el 10 de febrero de 1954. Cuando despierto de la anestesia que los médicos estadounidenses administraban a las parturientas de manera habitual en aquella época, está en la unidad de neonatología, pero yo exijo que me la traigan, exijo hacerme cargo de mi bebé. Cuando la enfermera me la trae, veo que es perfecta y está adormilada, que no es tan grande como su hermana cuando nació, que tiene la nariz diminuta y las mejillas muy tersas.

Béla trae a Marianne, que ahora tiene seis años, para que vea al bebé. «¡Ya tengo a mi hermana! ¡Ya tengo a mi hermana!», dice encantada, como si yo hubiera metido dinero en un sobre y le hubiera pedido una hermana por catálogo, como si yo tuviera la capacidad de hacer que se cumplan sus deseos. Pronto tendrá también una prima, porque Magda, que se casó con Nat Shillman en 1953, está embarazada y dará a luz a una hija en octubre. La llama Ilona en honor a nuestra madre.

Nosotros llamamos a nuestra nueva hija Audrey, por Audrey Hepburn. Todavía estoy aturdida por los fármacos que los médicos utilizaron para sedarme. Incluso la intensidad del parto, de conocer y abrazar a mi hija por primera vez, adopta el estado de insensibilidad de mi vida en la clandestinidad.

Esperar lo malo junto a lo bueno se convierte en un reflejo adquirido. Durante los primeros meses de vida de Audrey, Béla estudia para obtener el título oficial de contabilidad como si se estuviera preparando para el examen definitivo, la prueba crucial que determinará para siempre si encontrará o no su lugar, si se sentirá en paz consigo mismo y nuestras decisiones.

No aprueba el examen. Es más, le dicen que con su tartamudez y su acento nunca conseguirá trabajo, independientemente de que obtenga o no la licencia.

—Siempre habrá un obstáculo en el camino —dice—, haga lo que haga.

Protesto. Lo tranquilizo. Le digo que ya encontraremos la manera, pero no puedo dejar de oír la voz de mi hermana Klara introduciéndose en mi cabeza. «Dos lisiados. ¿Cómo quieres que eso funcione?» Lloro en el baño. Lo hago en silencio y salgo alegre. No sé que los miedos que se mantienen ocultos no hacen más que volverse más terribles. No sé que mi costumbre de aportar y aplacar, o fingirlo, no hace más que empeorar las cosas.

CAPÍTULO 13

—

¿ESTUVISTE ALLÍ?

En el verano de 1955, cuando Marianne tenía siete años y Audrey uno, cargamos nuestro viejo Ford gris y nos mudamos de Baltimore a El Paso, Texas. Desmoralizado por la falta de perspectivas laborales, cansado de las opiniones y el rencor de su hermano y preocupado por su propia salud, Béla se había puesto en contacto con su primo, Bob Eger, para que le aconsejara. Bob era el hijo adoptivo del tío abuelo de Béla, Albert, el cual había emigrado a Chicago con dos de sus hermanos a principios de la década de 1900, dejando al cuarto hermano, el abuelo de Béla, en Prešov, a cargo del negocio de venta al por mayor que Béla había heredado después de la guerra. Fueron los Eger de Chicago los que avalaron la inmigración de George a Estados Unidos en la década de 1930, y fueron también ellos los que nos proporcionaron la oportunidad de obtener nuestros visados al inscribir a la familia Eger antes de la guerra. Yo estaba agradecida por la generosidad y la previsión de los Eger de Chicago, sin los cuales nunca habríamos podido establecer nuestro hogar en América.

Pero cuando Bob, que ahora vivía con su mujer y sus dos hijos en El Paso, le dijo a Béla «¡Vengan al oeste!», me preocupó no estar metiéndonos en otro callejón sin salida disfrazado de oportunidad. Bob nos tranquilizó. Dijo que la economía estaba en auge en El Paso, que en una ciudad fronteriza los inmigrantes estaban menos segregados y marginados y que la frontera era el lugar idóneo para empezar de cero, para reinventar nuestra vida. Incluso ayudó a Béla a encontrar empleo como ayudante de contable público con el doble de sueldo que en Baltimore.

—El aire del desierto les irá bien a mis pulmones —dijo Béla—. Nos podremos permitir alquilar una casa, no otro departamento minúsculo.

Y yo accedí. Intentamos convertir el desbarajuste en una aventura divertida, unas vacaciones. Conducíamos por carreteras pintorescas, nos deteníamos en moteles con alberca y dejábamos la carretera lo suficientemente pronto para darnos un refrescante chapuzón antes de cenar. A pesar de mis preocupaciones por la mudanza, el coste de la gasolina, los moteles y las comidas en restaurantes y los kilómetros que volvían a interponerse entre Magda y yo, me di cuenta de que sonreía más a menudo. No era una careta sonriente para tranquilizar a mi familia, sino una sonrisa de verdad, profunda, en mis mejillas y en mis ojos. Sentí una nueva complicidad con Béla, que le enseñaba a Marianne chistes inocentes y sumergía a Audrey en el agua cuando nadábamos.

En El Paso, lo primero que me sorprendió fue el cielo. Abierto, despejado, vasto. Las montañas que rodeaban la ciudad también atrajeron mi mirada. Siempre estaba mirando hacia arriba. En determinados momentos del día, el ángulo del sol aplanaba la cordillera hasta convertirla en una leve silueta recortada en cartón, un decorado cinematográfico, con las cumbres de un color marrón apagado. Y entonces, la luz cambiaba y las montañas se convertían en un arcoíris rosa, naranja, púrpura, rojo, dorado y azul oscuro, adquiriendo volumen como un acordeón desplegado para mostrar todos sus pliegues. También existía un buen panorama cultural. Yo esperaba una ciudad fronteriza polvorienta y aislada como en las películas del oeste, una tierra de hombres estoicos solitarios y mujeres más solitarias aún. Pero El Paso parecía más europea, más cosmopolita que Baltimore. Era bilingüe. Multicultural, pero sin una segregación evidente. Y estaba la propia frontera, la unión de dos mundos. El Paso, en Texas, y Ciudad Juárez, en Chihuahua, no eran ciudades separadas, sino más bien dos mitades del mismo conjunto. El río Bravo atravesaba por el medio y dividía la ciudad en dos países, pero la frontera era tan arbitraria como clara. Pensé en mi tierra natal: primero Košice, luego Kassa y luego Košice de nuevo, con la frontera cambiándolo todo y no cambiando nada. Mi inglés todavía era rudimentario y no hablaba ni una palabra de español, pero me sentía menos marginada y excluida que en Baltimore, donde vivíamos en un barrio de inmigrantes judíos en el que habíamos esperado encontrar refugio, pero donde, en cambio, nos sentíamos indefensos. En El Paso formábamos parte de la mezcla.

Una tarde, poco después de nuestro traslado, estoy en un parque del barrio con Audrey cuando oigo a una madre llamar a sus hijos en húngaro. Observo a esta otra madre húngara durante unos minutos, con la esperanza de reconocerla, pero enseguida me autocensuro. Vaya suposición más ingenua que solo porque su voz me resulte familiar, un espejo de la mía, podamos tener algo en común. Sin embargo, no puedo dejar de fijarme en ella mientras juega con sus hijos, no puedo evitar tener la sensación de que la conozco.

De repente, recuerdo algo en lo que no he pensado desde la noche de la boda de Klara: la postal colocada en el espejo de Magda en Košice.

La caligrafía cursiva que cruza la foto del puente: *El Paso*. ¿Cómo había podido olvidar que, diez años atrás, Laci Gladstein se mudó aquí, a esta ciudad? Laci, el joven que fue liberado con nosotras en Gunskirchen, que fue en el techo del tren con Magda y conmigo de Viena a Praga, que nos tomó de la mano para tranquilizarnos, el que pensé que quizá un día se casaría con Magda, que se había ido a El Paso a trabajar en la tienda de muebles de sus tíos para ahorrar para ir a la Facultad de Medicina. El Paso, el lugar que en la postal pensé que parecía el fin del mundo, el lugar donde vivía ahora.

Audrey me saca de mi ensueño, pidiéndome que la suba a los columpios. Cuando la levanto, la mujer húngara se acerca al columpio con su hijo. Me dirijo rápidamente a ella en húngaro, antes de poder echarme atrás.

—Eres húngara —le digo—. Tal vez conozcas a un viejo amigo mío que vino a El Paso después de la guerra.

Me mira con la expresión divertida con la que los adultos miran a los niños, como si yo fuera encantadora e increíblemente ingenua.

—¿Quién es tu amigo? —pregunta. Me está siguiendo el juego.

—Laci Gladstein.

Le saltan las lágrimas.

—¡Soy su hermana! —grita. Descifró mi código. Viejo amigo. Después de la guerra—. Es médico. Ahora se hace llamar Larry Gladstone.

¿Cómo puedo explicar cómo me sentí en ese momento? Habían pasado diez años desde que fui con Laci en el techo de un tren con otros supervivientes desplazados. En aquella década, había cumplido su sueño de convertirse en médico. Oír eso hacía que ninguna esperanza o ambición pareciera inalcanzable. Se había reinventado a sí mismo en Estados Unidos. Así que yo también podía.

Pero esa es solo la mitad de la historia. Allí, en un parque, bajo el sol del desierto, estaba realmente en el fin del mundo, más lejos que nunca en el tiempo y el espacio de la niña a la que habían dado por muerta en una montaña de cadáveres en un húmedo bosque de Austria. Y, a pesar de todo, desde la guerra, nunca había estado tan cerca de ella, porque aquí estaba casi presentándosela a una desconocida, aquí estaba encontrándome con un fantasma del pasado a plena luz del día, mientras mi hija me pedía que la empujara más y más fuerte en el columpio. Puede que avanzar significara también retroceder.

Localizo a Larry Gladstone en la guía telefónica y espero una semana o más antes de llamarle. Su mujer, estadounidense, contesta al teléfono. Toma el recado, pregunta varias veces cómo se escribe mi nombre. Me digo que no se acordará de mí. Aquella noche, Bob y su familia vienen a cenar a nuestra casa. Marianne me pide que haga hamburguesas y las preparo como lo habría hecho mi madre: carne picada mezclada con huevo, ajo y pan rallado, enrolladas como si fueran albóndigas y servidas con coles de

Bruselas y papas cocinadas con semillas de comino. Cuando llevo la comida a la mesa, Marianne pone los ojos en blanco.

—Mamá —dice—, me refería a hamburguesas americanas.

Quiere hamburguesas aplastadas servidas en insípidos panecillos blancos, con papas fritas grasientas y un charco de kétchup soso. Se siente avergonzada delante de Dickie y Barbara, sus primos estadounidenses. Su desaprobación me duele. Hice lo que me prometí no hacer nunca. Hice que se sienta avergonzada. Suena el teléfono y huyo de la mesa a contestar.

—Edith —dice el hombre—. Señora Eger, soy el doctor Larry Gladstone.

Habla inglés, pero la voz es la misma. Trae el pasado a mi cocina, el azote del viento en el techo del tren. Estoy mareada. Tengo hambre, como la tenía entonces, cuando estaba medio muerta. Me duele la espalda rota.

—Laci —digo. Mi voz suena lejana, como si procediera de una radio en otra habitación. Nuestro pasado común es omnipresente, pero innombrable.

—Volvemos a encontrarnos —dice. Cambiamos al húngaro. Me habla de su mujer, de su trabajo filantrópico y de sus tres hijas. Yo le hablo de mis hijas y de las aspiraciones de Béla de llegar ser contable titulado. Me invita a visitar su consulta, quiere que mi familia vaya a cenar con la suya. Así empieza, de nuevo, una amistad que se prolongará durante el resto de nuestras vidas. Cuando cuelgo el teléfono, el cielo se está poniendo rosado y dorado. Oigo las voces de mi familia en el comedor. El hijo de Bob, Dickie, le está preguntando a su madre por mí. ¿Soy de verdad americana? ¿Por qué es tan malo mi inglés? Mi cuerpo se tensa, como me sucede cuando el pasado está demasiado cerca.

Es como la mano que estiro delante de mis niñas cuando el coche frena demasiado bruscamente. Un acto reflejo de protección. Desde que me quedé embarazada de Marianne, cuando no hice caso de las advertencias del médico, cuando decidí que mi vida abogaría siempre por más vida, tomé la determinación de no permitir que los campos de exterminio proyectaran su sombra sobre mis hijas. Esa convicción cristalizó en un único objetivo: «Mis hijas no pueden saberlo nunca». Nunca me imaginarán esquelética y hambrienta, soñando con el *strudel* de mi madre bajo un cielo cubierto de humo denso. Nunca tendrán que soportar esa imagen en sus mentes. Las protegeré. Las salvaré. Pero las preguntas de Dickie me recuerdan que, aunque pueda optar por mi propio silencio y pueda optar por la afinidad o el camuflaje del silencio de otros, no puedo decidir lo que digan o hagan otras personas cuando no estoy. ¿Qué puede llegar a oídos de mis hijas? ¿Qué pueden decirles otros a pesar de mis esfuerzos por mantener oculta la verdad?

Para mi alivio, la madre de Dickie cambia de tema. Les dice a Dickie y a su hermana mayor, Barbara, que le hablen a Marianne de los mejores profesores del colegio al que empezará a ir en otoño. ¿Le indicó Béla que mantenga la conspiración de silencio? ¿O se trata de algo que ella misma intuyó? ¿Es algo que hace por mí, por mis hijas, o por ella misma? Más tarde, cuando la familia se congrega en la puerta para despedirse de nosotros, oigo a la madre de Dickie susurrarle a este en inglés: «Nunca le preguntes a la tía Dicu por el pasado. Eso es algo de lo que no se habla». Mi vida es un tabú familiar. Mi secreto está a salvo.

Siempre hay dos mundos. El que elijo y el que niego, que entra siempre sin mi permiso.

En 1956, Béla aprueba el examen oficial de contabilidad, obtiene la licencia y, unos cuantos meses antes de que nazca nuestro tercer hijo, un niño, nos compramos una modesta casa de tres dormitorios en Fiesta Drive. Detrás de la casa no hay más que desierto: capas de ceniza de color rosa y púrpura, flores de yuca rojas, el zumbido de las serpientes de cascabel. Para el interior elegimos muebles de color claro en la sala de estar. Mientras comemos la papaya fresca que Béla compra cruzando la frontera en los mercados de Ciudad Juárez los domingos por la mañana, leemos los titulares de la prensa. Un levantamiento en Hungría. Tanques soviéticos avanzan para aplastar la rebelión anticomunista. Béla se muestra huraño con las niñas y su tartamudez se vuelve a acentuar. Hace calor. Estoy embarazada de muchos meses. Encendemos el ventilador y nos reunimos frente al televisor en el salón para ver la retransmisión de los juegos olímpicos de verano de Melbourne.

Sintonizamos justo cuando Ágnes Keleti, una judía de Budapest del equipo de gimnasia femenina, calienta para realizar su ejercicio de suelo. Tiene treinta y cinco años, seis más que yo. Si hubiera vivido en Kassa, o yo en Budapest, habríamos entrenado juntas.

—¡Pongan atención! —dice Béla a las niñas—. Es húngara, como nosotros.

Ver a Ágnes Keleti salir a la pista es como ver mi otra mitad, mi otro yo. La que no enviaron a Auschwitz. (Keleti, según me enteré después, compró la documentación de una chica cristiana en Budapest y huyó a un pueblo remoto donde esperó a que acabara la guerra, trabajando de criada.) Aquella cuya madre aún vivía. La que retomó las riendas de su antigua vida después de la guerra, que no permitió que las penurias de su época destruyeran sus sueños. Levanta los brazos, extiende su cuerpo, está lista para empezar. Béla se pone a animar como un loco. Audrey le imita. Marianne se fija en mí, en cómo me inclino hacia el televisor. No sabe que yo fui en su día una gimnasta profesional y mucho menos que la misma guerra que interrumpió la vida de Ágnes Keleti también interrumpió, y sigue importunando, la mía. Noto que mi hija se da cuenta de que contengo la respiración, de la forma en que sigo los movimientos del cuerpo de Keleti con mi cuerpo, no solo con los ojos. Béla, Marianne y Audrey aplauden cada pirueta. Me quedo sin aliento cuando Keleti se mueve lentamente de manera controlada, cuando flexiona su cuerpo hacia adelante para tocar el suelo y, a continuación, gira sentada en el suelo, inclinándose hacia atrás para formar un arco, y se levanta haciendo la vertical con movimientos fluidos y elegantes. Su ejercicio concluye.

Su contrincante soviética salta a la pista. A causa del levantamiento en Hungría, las tensiones entre los atletas húngaros y soviéticos son especialmente agudas. Béla la abuchea ruidosamente. La pequeña Audrey, de dos años, hace lo mismo. Les digo a los dos que se callen. Miro a Larisa Latýnina igual que los jueces, tal como debe de estar mirándola Keleti. Veo que es posible que levante la pierna más arriba que Keleti, veo la ligereza de sus piruetas, cómo se deja caer al suelo con las piernas totalmente separadas. Marianne suspira con admiración. Béla vuelve a abuchearla.

—Es realmente buena, papá —dice Marianne.

—Es de un país de opresores y abusones —dice Béla.

—Ella no eligió nacer ahí —digo. Béla se encoge de hombros.

—Intenta girar así cuando tu país está asediado —dice—. En esta casa vamos con Hungría.

Al final, Keleti y Latýnina comparten el oro. El hombro de Latýnina roza el de Keleti cuando están una junto a la otra en la ceremonia de entrega de premios. Keleti hace una mueca de disgusto en el podio.

—Mamá, ¿por qué lloras? —me pregunta Marianne.

—No estoy llorando —digo.

Negar. Negar. Negar. ¿A quién estoy protegiendo? ¿A mi hija? ¿O a mí?

Marianne se muestra cada día más curiosa y es una lectora voraz. Cuando ya leyó todos los libros de la sección infantil de la biblioteca pública de El Paso, empieza a rebuscar entre las estanterías de casa y se lee mis libros de filosofía y literatura y los de historia de Béla. En 1957, con diez años, nos sienta a Béla y a mí en el sofá beige de la sala de estar. Se coloca delante de nosotros como una pequeña profesora. Abre un libro que nos dice que encontró escondido detrás de otros en una de nuestras estanterías. Señala una foto de cuerpos desnudos y esqueléticos apilados.

—¿Qué es esto? —pregunta.

Estoy sudando, la habitación da vueltas. Podría haber previsto que llegaría este momento, pero me resulta tan sorprendente, tan inesperado y aterrador, como si hubiera llegado a casa y hubiera descubierto que el foso de los lagartos del San Jacinto Plaza se había instalado en nuestro salón. Enfrentarme a la verdad, enfrentarme a mi hija enfrentándose a la verdad, es enfrentarse a una bestia. Salgo corriendo de la habitación. Vomito en el lavabo. Oigo a Béla hablarle a nuestra hija de Hitler, de Auschwitz. Le oigo pronunciar las horribles palabras: «Tu madre estuvo allí». Podría destrozar el espejo. «¡No! ¡No! ¡No! —quiero gritar—. ¡Yo no estuve allí!» Pero lo que quiero decir es: «¡Tú no tienes por qué pasar por esto!».

—Tu madre es muy fuerte —oigo que le dice Béla a Marianne—, pero tienes que entender que eres la hija de una superviviente; tienes que protegerla siempre, siempre.

Aquella podría haber sido una oportunidad. De tranquilizar a Marianne. De librarla de la necesidad de preocuparse o sentir pena por mí. De decirle lo mucho que sus abuelos la habrían querido. De decirle «No pasa nada, ahora estamos a salvo». Pero soy incapaz de salir del baño. No confío en mí misma. Si digo una palabra sobre el pasado, avivaré la rabia y la sensación de pérdida, me sumiré en la oscuridad y la arrastraré conmigo.

Me centro en los niños, en las cosas que puedo hacer para que todos nos sintamos seguros, aceptados y felices en nuestro nuevo hogar.

Están los rituales diarios, los acontecimientos característicos de cada semana y cada temporada, las cosas que hacemos por placer, las cosas con que contamos: la costumbre poco habitual de Béla de afeitarse su cabeza calva por la mañana mientras lleva a Audrey al colegio en coche. Béla yendo a comprar al supermercado Safeway situado en el vasto desierto que se extiende detrás de nuestra casa. Inevitablemente, olvido apuntar algo en la lista y le llamo a la tienda. Los dependientes del supermercado conocen mi voz. «Señor Eger, su mujer está al teléfono», dicen por megafonía. Cuido el jardín. Corto el pasto. Trabajo a tiempo parcial en el despacho de Béla. Se convierte en el apreciado contable de confianza de todos los inmigrantes triunfadores de El Paso: sirios, mexicanos, italianos y judíos europeos. Los sábados se lleva a los niños a sus reuniones con los clientes y, si yo no supiera ya cómo lo adoran, notaría lo mucho que lo quieren al ver el afecto que muestran hacia nuestros hijos. Los domingos, Béla conduce hasta Ciudad Juárez para comprar fruta fresca a Chuy, el tendero, y luego hacemos un gran *brunch* familiar en casa, escuchamos discos de musicales de Broadway y cantamos encima (Béla canta sin tartamudear), y después vamos toda la familia a darnos un baño. Vamos al San Jacinto Plaza, en el centro de El Paso, el día de Navidad. No celebramos la Navidad con regalos, pero, aun así, los niños le escriben cartas a Papá Noel. Nos intercambiamos regalos prácticos, calcetines y ropa, en Janucá y damos la bienvenida al nuevo año con un montón de comida y el desfile de Sun City: la reina de Sun, las bandas de los colegios, los hombres del Rotary Club en motocicletas. En primavera, están las excursiones para hacer pícnics en White Sands y Santa Fe. En otoño, la compra de ropa para la vuelta al colegio en Amen Wardy. Deslizando mis manos por las perchas puedo notar cuáles son las telas de más calidad, tengo el don de encontrar la mejor ropa al precio más bajo. (Tanto Béla como yo seguimos ese ritual táctil; él para elegir los productos y yo para elegir la ropa.) Vamos a granjas de México cuando llega la cosecha de otoño y nos atiborramos de tamales caseros. La comida es amor. Cuando nuestros hijos sacan buenas calificaciones, los llevamos a tomar un *banana split* a la cafetería que hay detrás de casa.

Cuando Audrey tiene nueve años, se apunta a un equipo de natación y se convierte en nadadora de competencia. Cuando empieza la escuela ya entrena seis horas al día, como hacía yo con la gimnasia y el *ballet*. Cuando Marianne tiene trece años, construimos un anexo en la casa y añadimos un dormitorio principal para que Marianne, Audrey y Johnny puedan tener cada uno su habitación. Compramos un piano. Marianne y Audrey reciben clases, celebramos conciertos de música de cámara como hacían mis padres cuando yo era pequeña, organizamos partidas de *bridge*. Béla y yo nos apuntamos a un club de lectura dirigido por Molly Shapiro, conocida en El Paso por sus reuniones, en las que congrega a artistas e intelectuales. Asisto a clases de inglés en la universidad de Texas. Por fin mi inglés mejora lo suficiente para que, en 1959, me considere capacitada para matricularme como estudiante universitaria. Hace mucho que sueño con proseguir con mi formación; otro sueño aplazado pero que ahora parece posible. Asisto a mi primera clase de Psicología, me siento en una fila de jugadores de basquetbol, tomo apuntes en húngaro, le pido ayuda a Béla para redactar todos los trabajos. Tengo treinta y dos años. Somos felices por fuera y, a menudo, también por dentro.

Sin embargo, está la forma en que Béla mira a nuestro hijo. Él quería un hijo, pero no esperaba uno así. Johnny sufre parálisis cerebral atetoide, que afecta a su control motor, causada, probablemente, por una encefalitis antes de nacer. Tiene que esforzarse mucho para hacer cosas que Marianne y Audrey han aprendido a hacer sin mayores problemas: vestirse, hablar, utilizar un tenedor o una cuchara para comer. También su aspecto es diferente al de ellas. Tiene los ojos medio cerrados. Babea. Béla se muestra crítico con Johnny, impaciente con sus esfuerzos. Yo recuerdo las burlas a las que tenía que enfrentarme por ser bizca y sufro por mi hijo. Béla grita presa de la frustración ante las dificultades de Johnny. Grita en checo, para que los niños, que han aprendido un poco de húngaro en casa a pesar de mi deseo de que hablaran únicamente un inglés americano impecable, no le entiendan (aunque, obviamente, entienden su tono). Yo me retiro a mi habitación. Soy una experta en esconderme. En 1960, cuando Johnny tenía cuatro años, lo llevé al doctor Clark, un especialista de la Johns Hopkins, el cual me dijo: «Su hijo será lo que usted haga de él. John hará lo mismo que hace todo el mundo, pero le llevará más tiempo. Puede que presionarlo demasiado sea contraproducente, pero también sería un error no presionarlo lo suficiente. Tiene que presionarlo hasta el límite de su potencial». Dejé las clases para poder llevar a Johnny a sesiones de logopedia, a sesiones de terapia ocupacional, a todos los tratamientos que se me ocurrían, a todos los especialistas que pudieran ser de ayuda. (Audrey dice ahora que los recuerdos más intensos de su niñez no son de la piscina, sino de salas de espera.) Decidí no aceptar que nuestro hijo estuviera marcado de por vida. Estaba segura de que podría crecer sano si así lo creíamos. Sin embargo, cuando era pequeño y comía con las manos, masticando con la boca abierta porque no podía hacer otra cosa, Béla lo miraba con tanta desilusión, con tanta tristeza, que yo sentía que tenía que proteger a mi hijo de su padre.

El miedo creaba tensión en nuestras cómodas vidas. En una ocasión, cuando Audrey tenía diez años, trajo a casa a una amiga y yo pasé por delante de la puerta abierta de su habitación justo en el momento en que una ambulancia pasaba a toda velocidad por delante de nuestra casa, con la sirena gimiendo. Me cubrí la cabeza, un hábito recurrente adquirido durante la guerra, algo que sigo haciendo. Antes de ser consciente de la sirena o de mi reacción ante ella, oí a Audrey gritándole a su amiga: «¡Rápido, debajo de la cama!». Se tiró al suelo rodando por debajo del faldón de la cama. Su amiga se echó a reír y la siguió, creyendo probablemente que se trataba de un juego curioso. Pero yo sabía que Audrey no bromeaba. Creía realmente que las sirenas indicaban peligro. Que tenías que ponerte a salvo. Sin pretenderlo, sin ser consciente de ello, era lo que yo le había enseñado.

¿Qué más les estábamos enseñando inconscientemente a nuestros hijos acerca de la seguridad, los valores y el amor?

La noche de su baile de graduación, Marianne está en el porche de entrada con su vestido de seda y un bonito ramillete de orquídeas en la muñeca. Cuando sale del porche con su pareja, Béla le dice: «Pásatelo muy bien, cariño. A tu edad tu madre estaba en Auschwitz y sus padres habían muerto».

Le grito a Béla cuando Marianne se va. Lo llamo resentido e insensible, le digo que no tenía derecho a arruinarle su noche especial, a arruinar la alegría que me proporcionaba indirectamente su felicidad. Si no es capaz de autocensurarse, yo tampoco lo haré. Si no puede darle su bendición a su hija con pensamientos alegres, más le valdría estar muerto.

—El hecho de que tú estuvieras en Auschwitz y ella no lo esté es un pensamiento alegre —se defiende Béla—. Quiero que Marianne se alegre de tener la vida que tiene.

—¡Entonces no la envenenes! —grito. Peor que el comentario de Béla es el hecho de que posteriormente no le hablo nunca de ello a Marianne. Finjo no darme cuenta de que ella también está viviendo dos vidas, la que vive por sí misma y la que vive por mí, porque yo no pude vivirla.

En el otoño de 1966, cuando Audrey tiene doce años, Marianne estudia el segundo año en el Whittier College y Johnny tiene diez años y está cumpliendo las predicciones del doctor Clark, según las cuales, con el apoyo adecuado, podría ser física y académicamente estable; vuelvo a disponer de tiempo para dedicarlo a mi propia formación. Vuelvo a la universidad. Mi inglés es ahora lo bastante bueno para redactar mis trabajos sin la ayuda de Béla (cuando me ayudaba, la mejor nota que obtuve fue un aprobado, pero ahora saco sobresalientes). Siento que por fin estoy avanzando, que por fin estoy superando las limitaciones de mi pasado. Pero, una vez más, los dos mundos que he tratado de mantener separados chocan entre sí. Estoy sentada en una sala de conferencias, esperando a que empiece mi clase de ciencia política, cuando un hombre de cabello rubio se sienta detrás de mí.

—¿Estuviste allí, no? —dice.

—¿Allí? —Siento que me empieza a invadir el pánico.

—Auschwitz. Eres una superviviente, ¿no?

Estoy tan conmocionada por la pregunta que no se me ocurre preguntarle nada. ¿Qué le hace pensar que soy una superviviente? ¿Cómo lo sabe? ¿Cómo lo supone? Nunca he dicho ni una palabra sobre mi experiencia a nadie en mi vida actual, ni siquiera a mis hijos. No llevo un número tatuado en el brazo.

—¿No eres una superviviente del Holocausto? —vuelve a preguntar.

Es joven, debe de tener unos veinte años, aproximadamente la mitad de mi edad. Algo en su juventud, en su gesto serio, en la amable intensidad de su voz, me recuerda a Eric, a cómo nos sentamos juntos en un cine después del toque de queda, a cómo me tomó una foto en la orilla del río haciendo posturas de *ballet*, a cómo me besó en los labios por primera vez, con las manos apoyadas en mi estrecho cinturón. Veintiún años después de la liberación, me siento golpeada por la pérdida. La pérdida de Eric. La pérdida de nuestro amor juvenil. La pérdida de nuestro futuro; la visión que compartíamos acerca del matrimonio, la familia y el activismo. Durante todo el año que duró mi cautiverio, durante el año que, de algún modo, eludí una muerte que parecía obligatoria e inevitable, me aferré al recuerdo de las palabras de Eric: «Nunca olvidaré tus ojos, nunca olvidaré tus manos». El recuerdo fue mi salvavidas. ¿Y ahora? Ahora he alejado de mí el pasado. Recordar es ceder de nuevo ante el horror una y otra vez. Pero el pasado también es la voz de Eric. En el pasado está el amor que sentí y canté en mi mente durante todos aquellos meses en los que me moría de hambre.

—Soy una superviviente —digo temblando.

—¿Leíste esto? —Me muestra un pequeño libro de bolsillo: *El hombre en busca de sentido* de Viktor Frankl. Suena a libro de filosofía. El nombre del autor no me dice nada. Niego con la cabeza—. Frankl estuvo en Auschwitz —explica el estudiante—. Escribió este libro sobre ello, justo después de la guerra. Creo que te puede interesar —dice ofreciéndomelo.

Tomo el libro en mis manos. Es fino. Me llena de terror. ¿Por qué habría de querer regresar voluntariamente al infierno, aunque fuera a través del filtro de la experiencia de otro? Pero no tengo valor para rechazar el gesto de ese joven. Susurro un «gracias» y meto el libro en mi bolsa, donde permanece toda la tarde como una bomba de relojería. Empiezo a hacer la cena. Me siento distraída y fuera de mi cuerpo. Envío a Béla a Safeway a buscar ajos y después lo vuelvo a enviar a por pimientos. Apenas pruebo la comida. Después de la cena practico ortografía con Johnny. Lavo los platos. Les doy a mis hijos un beso de buenas noches. Béla se va al salón a escuchar a Rajmáninov y a leer *The Nation*. Mi bolsa está en el recibidor, junto a la puerta principal, con el libro todavía en su interior. Su mera presencia en mi casa me provoca incomodidad. No lo leeré. No lo necesito. Yo estuve allí. Me ahorraré el dolor.

Poco después de medianoche, la curiosidad vence al miedo. Entro sigilosamente en la sala de estar, donde permanezco sentada durante mucho rato bajo el haz de luz de una lámpara, sosteniendo el libro. Empiezo a leer. El libro no pretende ser una descripción de hechos y acontecimientos, sino de experiencias personales, experiencias que millones de prisioneros vivieron una y otra vez. Es la historia de un campo de concentración contada desde dentro, explicada por uno de sus supervivientes. Siento un cosquilleo en la nuca. Me está hablando a mí. Está hablando para mí. ¿Cómo era la vida cotidiana de un campo de concentración a través de la mente de un prisionero cualquiera? Escribe sobre las tres fases de la vida de un prisionero, empezando por lo que se siente al llegar a un campo de exterminio y sentir la «ilusión del indulto». Sí, recuerdo muy bien cómo mi padre oyó sonar la música en el andén del tren y dijo que aquel sitio no podía ser tan terrible, recuerdo la forma en que Mengele movió su dedo que determinaba la vida o la muerte y dijo, de la manera más tranquila que puedas imaginar: «Verás a tu madre enseguida». Luego viene la segunda fase: aprender a adaptarte a lo imposible y lo inconcebible. Soportar las palizas de los kapos, levantarte por mucho frío que haga y por muy hambriento, cansado o enfermo que estés, comerte la sopa y guardar el pan, ver cómo desaparece la propia carne, oír por todas partes que la única escapatoria es la muerte. Ni siquiera la tercera fase: después de la liberación, puso fin al cautiverio, escribe Frankl. Continúa provocando amargura y desilusión, es una lucha por encontrar el sentido y la felicidad.

Estoy mirando directamente a lo que he tratado de ocultar. A medida que voy leyendo, no me siento paralizada o atrapada, ni encerrada de nuevo en aquel lugar. Para mi sorpresa, no estoy asustada. Por cada página que leo quiero escribir diez. ¿Y si escribir mi historia me liberara en lugar de atraparme más? ¿Y si hablar del pasado pudiera curarlo en lugar de calcificarlo? ¿Y si el silencio y la negación no son las únicas opciones tras una pérdida catastrófica?

Leo cómo Frankl camina hasta su puesto de trabajo en la helada oscuridad. El frío es intenso, los guardas son brutales, los prisioneros tropiezan. En medio del dolor físico y de la injusticia deshumanizadora, Frankl ve la imagen del rostro de su mujer. Ve sus ojos y su corazón se llena de amor en lo más profundo del invierno. «Comprende cómo un hombre, desposeído de todo en este mundo, puede todavía conocer la felicidad, aunque sea solo momentáneamente, si contempla al ser querido.» Mi corazón se abre. Lloro. Es mi madre la que me habla desde aquellas páginas, desde la agobiante oscuridad del tren: «Recuerda, nadie puede quitarte lo que pongas en tu mente». No podemos decidir hacer desaparecer la oscuridad, pero podemos decidir encender la luz.

En aquellas horas previas al amanecer de otoño de 1966, leo esto, en el núcleo principal de las enseñanzas de Frankl: «Al hombre se le puede arrebatar todo salvo una cosa: la última de las libertades humanas —la elección de la actitud personal ante un conjunto de circunstancias— para decidir su propio camino». Cada momento es una elección. Por muy frustrante, aburrida, limitadora, dolorosa u opresora que sea nuestra experiencia, siempre podemos decidir cómo reaccionar. Y por fin empiezo a entender que yo también puedo decidir. Darme cuenta de eso cambiará mi vida.

CAPÍTULO 14
—

DE SUPERVIVIENTE A SUPERVIVIENTE

Nadie se cura en línea recta.

Una tarde de enero de 1969, cuando Audrey vuelve a casa después de hacer de niñera, Béla y yo le pedimos a ella y a John que se sienten en el sofá danés marrón de la sala de estar. No puedo mirar a Béla, no puedo mirar a mis hijos, miro fijamente las nítidas y modernas formas del sofá, sus estrechas y pequeñas patas. Béla se echa a llorar.

—¿Se murió alguien? —pregunta Audrey—. Díganos.

Johnny golpea sus pies nerviosamente contra el sofá.

—No pasa nada —dice Béla—. Los queremos mucho a los dos. Vuestra madre y yo hemos decidido que necesitamos vivir en casas separadas durante un tiempo.

Tartamudea al hablar, las frases duran una eternidad.

—¿Qué están diciendo? —pregunta Audrey—. ¿Qué está pasando?

—Tenemos que averiguar cómo tener más paz en nuestra familia —digo.

—No es culpa suya.

—¿Ya no se quieren?

—Claro que nos queremos —dice Béla—. Yo sí. —Eso es una pedrada, el cuchillo que me apunta.

—¿De repente ya no son felices? Pensaba que eran felices. ¿O nos han estado mintiendo toda la vida? —Audrey ha estado agarrando fuertemente el dinero ganado haciendo de niñera. Cuando cumplió doce años, Béla le abrió una cuenta en el banco y le dijo que le doblaría cada dólar que consiguiera, pero ahora arroja el dinero al sofá, como si hubiéramos contaminado todas las cosas buenas y valiosas.

*   *   *

Fue una acumulación de experiencias, no algo de lo que me diera cuenta de repente, lo que me llevó a divorciarme de Béla. Mi decisión tuvo algo que ver con mi madre: lo que había elegido y lo que no le habían permitido elegir. Antes de casarse con mi padre, trabajaba para un consulado en Budapest, ganaba su propio dinero, formaba parte de un círculo social y profesional cosmopolita. Era una mujer bastante liberada para su época. Pero, entonces, su hermana menor se casó y le cayó encima la presión de hacer lo que la sociedad y su familia esperaban de ella, casarse antes de quedar en ridículo. Había un hombre al que amaba, al cual había conocido trabajando en el consulado, el hombre que le había regalado el ejemplar dedicado de *Lo que el viento se llevó*. Sin embargo, su padre le prohibió casarse con él, porque no era judío. Mi padre, el célebre sastre, le probó un día un vestido, admiró su figura, y ella decidió abandonar la vida que había elegido en favor de la que los demás esperaban que viviera. Al casarme con Béla, me daba miedo haber hecho lo mismo: evitar responsabilizarme de mis propios sueños a cambio de la seguridad que él me proporcionaba. Ahora, las cualidades que me habían

242

atraído de él, su capacidad de mantener y cuidar, me resultaban agobiantes; nuestro matrimonio me parecía una renuncia a mí misma.

No quería un matrimonio como el de mis padres, solitario, sin intimidad, y no quería sus sueños rotos (el de mi padre de ser médico y el de mi madre de tener una carrera profesional y casarse por amor). Pero ¿qué quería para mí? No lo sabía. De modo que convertí a Béla en una fuerza contra la que enfrentarme. En lugar de descubrir mi verdadero objetivo y mi camino, encontré sentido en luchar contra él, contra las formas en que me imaginaba que me limitaba. Realmente, Béla me apoyaba en mis estudios, pagaba la colegiatura. Le encantaba hablar conmigo de los libros de filosofía y literatura que estaba leyendo, mis listas de lecturas y mis reseñas le parecían un complemento interesante a su materia favorita: la historia. Puede que, debido a que de vez en cuando expresaba cierto resentimiento por el tiempo que dedicaba a mis estudios o porque, en interés de mi propia salud, a veces me aconsejaba bajar el ritmo, arraigó en mí la idea de que, si quería progresar en mi vida, tendría que hacerlo sola. Estaba hambrienta, muy cansada de rebajarme.

Recuerdo un viaje con Audrey a una competencia de natación en San Angelo en 1967, cuando ella tenía trece años. Los otros padres se reunían en el hotel por la noche, bebían y se divertían. Me di cuenta de que, si Béla hubiera estado allí, habríamos sido el centro de atención, no porque a ninguno de los dos nos gustara demasiado beber, sino porque Béla tenía un gran encanto natural; veía una habitación llena de gente y no podía mantenerse alejado. Cualquier lugar en el que entraba se convertía en un ámbito social, las personas se sentían atraídas a relacionarse gracias a la atmósfera que él creaba. Admiraba eso de él, y también me daba rabia, me daba rabia cómo yo permanecía en silencio para que se oyera su voz. Igual que en mi familia, solo había sitio para una estrella. En nuestras barbacoas semanales y bailes con amigos en El Paso, compartía con él el protagonismo cuando todo el mundo nos hacía lugar en la pista de baile. Nuestros amigos decían que juntos éramos sensacionales; era difícil dejar de mirarnos. Nos admiraban como pareja, pero no había espacio solo para mí. Aquella noche, en San Angelo, el ruido y la embriaguez de los otros padres me resultaron desagradables y estuve a punto de retirarme a mi habitación. Estaba sola, sintiendo un poco de lástima por mí misma. Entonces recordé fugazmente el libro de Frankl. Mi libertad para elegir cómo reaccionar ante cualquier situación.

Hice algo que nunca había hecho antes. Llamé a la puerta de la habitación de Audrey. Estaba sorprendida de verme, pero me invitó a entrar. Ella y sus amigas estaban jugando a las cartas y mirando la televisión.

—Cuando tenía su edad —dije— yo también era deportista. —Los ojos de Audrey se abrieron como platos—. Chicas, son muy afortunadas y bonitas. Saben lo que es tener un cuerpo fuerte. Trabajar duro. Ser un equipo.

Les dije lo que me dijo mi profesora de *ballet* hacía una eternidad: «Todo el éxtasis de su vida vendrá del interior». Les di las buenas noches y empecé a salir por la puerta, pero, antes de abandonar la habitación, hice un *grand battement*. A Audrey le brillaron los ojos de orgullo. Sus amigas aplaudieron y vitorearon. Ya no era la madre silenciosa con acento raro. Era la artista, la atleta, la madre a la que su hija admiraba. En mi interior, identificaba aquella sensación de valía y euforia con la ausencia de Béla. Si quería sentir aquel resplandor más a menudo, tal vez necesitara estar menos con él.

Esas ansias de cultivar mi personalidad me animaron también en mis estudios universitarios. Era voraz, siempre en busca de nuevos conocimientos y también del respeto y la aprobación que indicaran que yo valía la pena. Me quedaba despierta toda la noche repasando trabajos que ya estaban bien, por miedo a que no lo estuvieran, o a que solo estuvieran más o menos bien. Cuando un profesor de Psicología anunció a nuestra clase al principio del semestre que solo ponía aprobados, me presenté en su despacho, le dije que yo solo sacaba sobresalientes y le pregunté qué podía hacer para mantener mis excepcionales resultados académicos. Me invitó a trabajar con él como su ayudante, incrementando mi formación en clase con la experiencia práctica a la que normalmente solo tenían acceso los estudiantes diplomados.

Una tarde, algunos de mis compañeros de clase me invitaron a que fuera con ellos a tomar una cerveza después de clase. Me senté en el oscuro bar cerca del campus, con mi vaso helado sobre la mesa, cautivada por su energía juvenil y su pasión política. Los admiraba; eran defensores de la justicia social, pacifistas. Me sentía feliz de que me acogieran. Y también triste. Esa fase de mi vida había sido interrumpida. La individualización y la independencia de mi familia. Los ligues y el enamoramiento. La participación en movimientos sociales que provocaran auténticos cambios. Había perdido mi infancia en la guerra, mi adolescencia en los campos de exterminio y mi primera juventud en la obsesión por no mirar nunca atrás. Me había convertido en madre antes de haber pasado el duelo por la muerte de la mía. Había intentado recuperarme demasiado rápido y demasiado pronto. Béla no tenía la culpa de que yo hubiera optado por la negación, de que a menudo mantuviera ocultos mis recuerdos, mis verdaderas opiniones y experiencias, incluso a él. Sin embargo, ahora lo consideraba responsable de prolongar mi estancamiento.

Aquel día, tomando cervezas, una de mis compañeras me preguntó cómo nos habíamos conocido Béla y yo.

—Me encantan las historias de amor —dijo—. ¿Fue amor a primera vista?

No recuerdo qué le contesté, pero sí sé que la pregunta me hizo pensar, otra vez, en la clase de amor que me gustaría haber tenido. Con Eric habían saltado chispas, sentía una descarga por todo mi cuerpo cuando él estaba cerca. Ni siquiera Auschwitz acabó con la chica romántica que había en mí, la chica que se decía cada día que lo volvería a ver. Pero, después de la guerra, aquel sueño desapareció. Cuando conocí a Béla, no estaba enamorada, estaba hambrienta. Y él me trajo queso suizo. Me trajo salami. Podía recordar que me sentía feliz durante aquellos primeros años con Béla. Cuando estaba embarazada de Marianne, iba al mercado cada mañana a comprar flores, con ella en mi vientre, y le explicaba que florecería como una flor. Y así fue, como todos mis hijos. Y ahora tenía cuarenta años, la edad de mi madre cuando murió, y yo todavía no había florecido, todavía no había tenido el amor que creía merecer. Me sentía estafada, como si se me hubiera negado un ritual humano fundamental, atrapada en un matrimonio que se había convertido en una comida consumida sin esperar que alimentara, sin esperar que quitara el hambre.

Mi sustento llegó de una fuente inesperada. Un día de 1968, al llegar a casa, encontré en el buzón una carta dirigida a mí con una caligrafía de aspecto europeo enviada desde la Universidad Metodista del Sur, en Dallas. No llevaba remitente, solo unas iniciales: V. F. Cuando abrí la carta, casi me caigo al suelo. De superviviente a superviviente, rezaba el saludo. La carta era de Viktor Frankl. Como consecuencia de mi inmersión de madrugada en *El hombre en busca de sentido* dos años atrás, había escrito un ensayo titulado «Viktor Frankl y yo». Lo había escrito para mí misma, se trataba de un ejercicio personal, no académico; mi primer intento de hablar sobre mi pasado. Tímidamente, moderadamente esperanzada ante la posibilidad de alcanzar un crecimiento personal, lo había compartido con algunos profesores y amigos y había acabado apareciendo en una publicación del campus. Alguien había enviado anónimamente una copia de mi artículo a Frankl a Dallas, donde, sin yo saberlo, él había sido profesor visitante desde 1966. Frankl tenía veintitrés años más que yo; tenía treinta y nueve años y ya era un prestigioso médico y psiquiatra cuando fue internado en Auschwitz. Ahora, era el célebre fundador de la logoterapia. Había ejercido, dado conferencias e impartido clases por todo el mundo. Y mi pequeño ensayo lo había conmovido lo suficiente como para ponerse en contacto conmigo, para referirse a mí como una compañera superviviente, como una colega. Yo había escrito que me había imaginado a mí misma sobre el escenario del teatro de la Ópera de Budapest la noche que fui obligada a bailar para Mengele. Frankl escribió que él había hecho algo parecido en Auschwitz: en sus peores momentos, se había imaginado que era un hombre libre y pronunciaba conferencias en Viena sobre la psicología del cautiverio. También había encontrado refugio en un mundo interior que lo había protegido del miedo y el dolor del momento y, al mismo tiempo, había inspirado su esperanza y su determinación, que le proporcionaron el medio y una razón para sobrevivir. El libro de Frankl y su carta me ayudaron a encontrar las palabras para explicar nuestra experiencia común.

Así se iniciaron una correspondencia y una amistad que se prolongarían durante muchos años, en las que juntos intentaríamos responder las preguntas que nos planteaban nuestras vidas: ¿por qué sobreviví? ¿Cuál es mi objetivo en la vida? ¿Qué sentido puedo encontrar en mi sufrimiento? ¿Cómo puedo ayudarme a mí y a otros a soportar los avatares más duros de la vida y experimentar más pasión y alegría? Después de intercambiar cartas durante varios años, nos conocimos en persona en una conferencia que dio en San Diego en la década de 1970. Me invitó a conocer a su mujer e incluso me pidió que criticara su charla; aquel fue un momento enormemente importante para mí: que mi mentor me tratara como una igual. Su primera carta alimentó en mí la semilla de una vocación: tratar de encontrar sentido a mi vida ayudando a que otros encontraran sentido a la suya, curar a otros para poder curarme yo. También reforzó mi convicción, aunque utilizada erróneamente cuando me divorcié de Béla, de que tenía el poder y la oportunidad, así como la responsabilidad, de elegir mi propio sentido, mi propia vida.

Había dado mi primer paso consciente para encontrar mi propio camino a finales de la década de 1950, cuando me di cuenta de los problemas de desarrollo de Johnny y de que necesitaba ayuda para hacerles frente. Un amigo me recomendó un psicólogo junguiano que había estudiado en Suiza. Yo no sabía prácticamente nada de la psicología clínica en general ni del análisis junguiano en particular, pero tras estudiar un poco el tema, algunas de las ideas junguianas me resultaron atractivas. Me gustó el énfasis en los mitos y los arquetipos, lo cual me recordaba la literatura que me gustaba cuando era una niña. Y me intrigó la idea de unir las partes conscientes e inconscientes de la psique en un todo equilibrado. Recordé las imágenes disonantes entre la experiencia interna y la externa de Vicky Page en *Las zapatillas rojas* y, desde luego, yo también sufría el azote de mis propios conflictos internos. No acudía a terapia conscientemente para aliviar aquella tensión, realmente solo quería saber qué hacer por mi hijo y cómo subsanar la confrontación entre Béla y yo acerca de qué había que hacer. Pero también me sentía atraída por la visión de Carl Jung sobre el análisis terapéutico: «Es cuestión de afirmarse, de considerarse la tarea más importante, de ser consciente de todo lo que uno hace y tenerlo constantemente ante los ojos en todos sus aspectos ambiguos; realmente una tarea que representa una exigencia máxima para nosotros». «Afirmarme.» Eso era lo que quería hacer. Quería florecer y mejorar.

Mi terapeuta me puso como tarea trabajar con mis sueños y yo tomé nota de ellos meticulosamente. Casi siempre aparecía volando. Podía elegir a qué distancia del suelo volar, rápido o lento. Podía elegir sobre qué paisajes volar: catedrales europeas, montañas boscosas, playas oceánicas. Esperaba ansiosamente la hora de dormir para poder tener esos sueños en los que era feliz y fuerte, volando libremente, con control. En esos sueños encontraba el poder de ir más allá de las ideas limitadoras que otros imponían frecuentemente sobre mi hijo. Y descubrí mi deseo de ir más allá de lo que consideraba limitaciones impuestas sobre mí. Todavía no sabía que las limitaciones que tenía que superar no eran externas, sino internas. De modo que, cuando años después, bajo el influjo de Viktor Frankl, empecé a preguntarme qué quería de la vida, me resultó fácil pensar que decirle no a Béla sería una forma de decirme sí a mí misma.

En los meses posteriores al divorcio, me sentí mejor. Durante varios años, había sufrido migrañas (mi madre también había batallado con dolores de cabeza incapacitantes y di por sentado que se trataba de algo hereditario), pero, inmediatamente después de que Béla y yo nos separáramos, las migrañas desaparecieron como si se tratara de una fase. Pensé que se debía a que ahora vivía liberada del carácter de Béla, de sus gritos y su cinismo, de su irritación y su desilusión. Mis dolores de cabeza desparecieron, y con ellos mi necesidad de esconderme y replegarme. Invité a compañeros de estudios y profesores a mi casa, celebré fiestas desenfrenadas, sentía que estaba en el centro de una comunidad, abierta al mundo.

Estaba viviendo como quería vivir, pensaba. Sin embargo, pronto aparecieron nubarrones. Mi entorno parecía gris. Tenía que recordarme a mí misma que debía comer.

Una mañana de sábado, en mayo de 1969, estoy sentada sola en el salón de casa. Es el día de mi graduación. Tengo cuarenta y dos años. Me licencio en Psicología en la Universidad de Texas-El Paso, me licencio con honores. No obstante, no soy capaz de asistir a la ceremonia. Estoy demasiado avergonzada. «Debería haber hecho esto hace años», me digo. Lo que en realidad quiero decir, el subtexto de tantas de mis decisiones y creencias es: «No merezco haber sobrevivido». Estoy tan obsesionada por demostrar mi valía, por alcanzar mi lugar en el mundo, que ya no necesito a Hitler. Me he convertido en mi propia carcelera, me digo: «No importa lo que hagas, nunca serás lo bastante buena».

Lo que más echo de menos de Béla es su forma de bailar. Especialmente los valses vieneses. Con todo lo cínico y malhumorado que es, se deja invadir por la alegría, permite que su cuerpo la muestre, la exprese. Puede dejarse llevar por el ritmo y, aun así, llevar a su pareja y mantenerse erguido. Algunas noches sueño con él. Con su infancia, con las historias que me explicaba por carta cuando me cortejaba. Veo a su padre desplomarse bajo un alud, sin respiración, cubierto de blanco. Veo a su madre presa del pánico en un mercado de Budapest confesar su identidad a las SS. Pienso en la triste tensión en la familia de Béla, derivada del papel desempeñado por su madre en sus muertes. Pienso en la tartamudez de Béla, en cómo su antiguo trauma lo marcó. Un día de verano, Béla viene a recoger a John. Conduce un coche nuevo. En Estados Unidos hemos tenido siempre coches modestos; coches rechonchos, dicen nuestros hijos. Hoy conduce un Oldsmobile con asientos de cuero. Lo compró de segunda mano, dice, a la defensiva, orgulloso. Pero mi mirada de incredulidad no va dirigida al coche. Se dirige a la elegante mujer sentada en el asiento del copiloto. Conoció a otra.

Me alegro de tener que trabajar para mantenerme a mí y a mis hijos. El trabajo es una escapatoria. Y me proporciona un objetivo claro. Me convierto en profesora de séptimo y octavo grado de Estudios Sociales en El Paso Barrio. Recibo ofertas de trabajo de escuelas más cotizadas en zonas más adineradas de la ciudad, pero prefiero trabajar con estudiantes bilingües, que se enfrentan a obstáculos parecidos a los que nos enfrentamos Béla y yo cuando llegamos a Estados Unidos: pobreza, prejuicios. Quiero conectar a mis alumnos con sus opciones, mostrarles que cuantas más opciones tengan, menos víctimas se sentirán. La parte más complicada de mi trabajo consiste en rebatir las voces negativas de las vidas de mis alumnos, en ocasiones las de sus propios padres, que les dicen que nunca tendrán éxito en los estudios, que la educación no es un proyecto viable para ellos. «Eres enclenque, eres fea, nunca encontrarás marido.» Les hablo de mi estrabismo, de los cánticos tontos de mis hermanas, de cómo el problema no era que me cantaran eso, sino que yo les creía. Pero no permito que mis alumnos sepan lo mucho que me identifico con ellos, cómo el odio destruyó mi infancia, cómo conozco la oscuridad que te devora cuando te han enseñado a creer que no importas. Recuerdo la voz que llegó a mis oídos a través de los montes Tatras: «Si vas a vivir, tienes que luchar por algo». Mis alumnos me proporcionan algo por lo que luchar. Pero sigo insensible y nerviosa, muy frágil y triste.

Los *flashbacks* persisten, a veces se producen cuando estoy conduciendo. Veo a un policía de uniforme al lado de la carretera y ya no veo nada más. Siento que me voy a desmayar. No sé cómo llamar a esas experiencias, todavía no entiendo que son una manifestación psicológica de una pena que aún no he superado. Una pista que mi cuerpo envía como recordatorio de los sentimientos que he bloqueado en la vida consciente. Una tormenta que me asalta cuando no me permito sentir.

¿Cuáles son mis sentimientos no reconocidos? Son como desconocidos que están viviendo en mi casa, invisibles de no ser por la comida que roban, los muebles que mueven de sitio y el rastro de barro que dejan en el recibidor. El divorcio no me libera de su inquietante presencia. El divorcio vacía la habitación de otras distracciones, de los objetivos habituales de mi culpa y mi rencor, y me obliga a sentarme a solas con mis sentimientos.

A veces llamo a Magda. Ella y Nat también se divorciaron y ella se volvió a casar con Ted Gilbert, un hombre de edad más cercana a la suya, que sabe escuchar y es un padrastro bondadoso. Ella y Nat han mantenido una estrecha amistad. Él va a cenar a su casa dos o tres veces por semana. «Ten cuidado con lo que haces cuando estás inquieta», me advierte mi hermana. «Puedes empezar a pensar lo que no debes. Cosas sin importancia. Él es demasiado tal. Él es demasiado cual…, ya he sufrido bastante. Acabas extrañando las mismas cosas que te ponían nerviosa.»

Es como si me hubiera leído la mente, el ápice de duda, el hecho de admitir que tal vez el divorcio no esté arreglando lo que yo pensaba que estaba roto.

Una noche, una mujer llama a casa. Está buscando a Béla. Me pregunta si sé dónde está. Me doy cuenta de que es su novia. Está llamando a casa como si yo vigilara a mi exmarido, como si tuviera que darle información, como si fuera su secretaria. «¡No vuelva a llamar aquí nunca!», grito. Después de colgar, estoy nerviosa, no puedo dormir. Intento soñar con volar, un sueño lúcido, pero no puedo echar a volar, me caigo, me despierto. Es una noche terrible. Y útil. Audrey está durmiendo en casa de una amiga, Johnny ya está en la cama. No tengo ningún sitio al que huir de mi malestar, no tengo más remedio que sentirlo. Lloro. Me compadezco de mí misma, estoy furiosa. Siento una oleada de celos, amargura, soledad, indignación, autocompasión una y otra vez. Por la mañana, a pesar de no haber dormido, me encuentro mejor. Más calmada. Nada ha cambiado. Sigo sintiéndome abandonada, por ilógico que parezca, por el marido al que decidí abandonar. Pero mi turbación y mi agitación llegan a su fin. No son características permanentes. Se mueven, cambian. Me siento más en paz.

Viviré muchas más noches y días así. Momentos en los que estoy sola y empiezo a practicar la tarea de no expulsar mis sentimientos, por muy dolorosos que sean. Eso es lo positivo de mi divorcio: el reconocimiento de que tengo que afrontar lo que hay en mi interior. Si realmente voy a hacer que mi vida mejore, no es Béla o nuestra relación lo que tiene que cambiar. Soy yo.

Veo la necesidad de cambio, pero no sé qué clase de cambio me ayudará a sentirme más libre y más alegre. Pruebo una nueva terapeuta para tener una nueva perspectiva de mi matrimonio, pero su enfoque no resulta útil; agita el dedo ante mí diciéndome que obligar a Béla a hacer las compras era castrador, que yo nunca debería haber cortado el pasto ni haber asumido sus responsabilidades. Toma cosas que funcionaban en nuestro matrimonio y las convierte en problemas y errores. Pruebo un nuevo trabajo, esta vez en un colegio, donde enseño Introducción a la

Psicología y ejerzo de consejera escolar. Sin embargo, la realización que sentía al inicio de mi profesión empieza a erosionarse por culpa de la burocracia escolar, el enorme tamaño de las clases, el número de casos y la imposibilidad de trabajar individualmente de manera eficaz con los estudiantes. Tengo más que ofrecer; lo sé, aunque todavía no sé qué.

Es un tema recurrente: que mi trabajo más intenso e importante desde el punto de vista profesional y personal todavía está por llegar y es impreciso, sin definir. Mis amigos Lili y Arpad son las primeras personas que me dicen lo que conllevará mi trabajo, aunque todavía no estoy lista para identificarlo y mucho menos para desempeñarlo. Un fin de semana, me invitan a visitarlos en México. Durante años, Béla y yo hemos veraneado con ellos; en esta ocasión voy sola. El domingo, tengo que volver a casa; desayunamos sin prisa: café, fruta, huevos que cociné con pimientos húngaros y cebollas.

—Estamos preocupados por ti —dice Lili. Su voz es suave y amable.

Sé que a ella y a Arpad les sorprendió nuestro divorcio, sé que creen que cometimos un error. Es difícil no interpretar su preocupación como un juicio. Les explico lo de la novia de Béla; es escritora o música, no recuerdo qué, para mí no es una persona, es una idea: Béla avanzó y me dejó atrás. Mis amigos escuchan, son comprensivos. Entonces se miran y Arpad se aclara la garganta.

—Edie —dice—, perdóname si me meto mucho en tu vida; puedes decirme que me meta en mis asuntos. Pero, me pregunto, ¿te has planteado alguna vez que te podría beneficiar trabajar con tu pasado?

¿Trabajar con tu pasado? Lo viví, ¿qué más hay que hacer? Rompí la conspiración de silencio. Y hablar no ha hecho desaparecer el miedo ni los *flashbacks*. De hecho, hablar parece haber empeorado mis síntomas. No he roto mi silencio con mis hijos o mis amigos de manera formal, pero ya no vivo con miedo a que me pregunten por el pasado. Y he intentado aprovechar las oportunidades de divulgar mi historia. Recientemente, cuando una amiga de mi época de estudiante universitaria que realizaba una maestría en Historia me preguntó si podía entrevistarme para un artículo que estaba escribiendo acerca del Holocausto, acepté. Pensé que sería un alivio contar mi historia completa. Pero, cuando salí de su casa, estaba temblando. Llegué a casa y vomité, como había hecho una década antes cuando Marianne nos enseñó el libro con las fotos de los prisioneros de los campos de concentración.

—El pasado es el pasado —les digo a Lili y a Arpad. No estoy preparada para plantearme y ni siquiera entender el consejo de Arpad de «trabajar» con el pasado. Sin embargo, como la carta de Viktor Frankl, planta una semilla en mi interior, algo que brotará y echará raíces con el tiempo.

Un sábado, estoy sentada a la mesa de la cocina, corrigiendo los exámenes de Psicología de mis alumnos, cuando Béla llama. Es el día que le toca estar con Audrey y John. Me da miedo.

—¿Qué pasa? —digo.

—No pasa nada. Están viendo la televisión. —Guarda silencio, esperando recuperar la voz—. Ven a cenar —dice al fin.

—¿Contigo?

—Conmigo.

—Estoy ocupada —digo. Es verdad. Tengo una cita con un profesor de Sociología. Ya le llamé a Marianne para pedirle consejo. ¿Qué debería ponerme? ¿Qué debería decir? ¿Qué debería hacer si me invita a ir a su casa? «No te acuestes con él —me advirtió—. Especialmente en la primera cita.»

—Edith Eva Eger —suplica mi exmarido—, por favor, por favor, deja que los niños pasen la noche con amigos y ven a cenar conmigo.

—Sea lo que sea, podemos discutirlo por teléfono, o cuando traigas a los niños.

—No —dice—. No. Esta no es una conversación que pueda mantenerse por teléfono o en la puerta de entrada.

Supongo que tiene que ver con los niños, y accedo a quedar con él en nuestro restaurante de costillas favorito, nuestro antiguo lugar de citas.

—Te paso a recoger —dice.

Llega exactamente a la hora convenida, vestido para una cita, con traje oscuro y corbata de seda. Se inclina para darme un beso en la mejilla y no quiero apartarme, quiero estar cerca de su colonia, de su barbilla afeitada.

En el restaurante, en nuestra antigua mesa, me toma las manos.

—¿Es posible —pregunta— que tengamos más cosas que construir?

Su pregunta hace que la cabeza me dé vueltas, como si ya estuviéramos en la pista de baile. ¿Intentarlo otra vez? ¿Volver a estar juntos?

—¿Y ella? —pregunto.

—Es una persona encantadora. Es divertida. Una gran compañera.

—¿Entonces?

—Déjame acabar. —Las lágrimas empiezan a acudir a sus ojos y a caer por su cara—. No es la madre de mis hijos. No me sacó de la cárcel en Prešov. Nunca ha oído hablar de los montes Tatras. No sabe decir pollo *paprikash*, y no digamos ya cocinarlo. Edie, ella no es la mujer que amo. No es tú.

Los piropos son agradables, así como el recuerdo de nuestro pasado común, pero lo que me impacta más profundamente es la disposición de Béla a asumir el riesgo. Eso, por lo que yo sé, siempre ha sido propio de él. Decidió combatir a los nazis en el bosque. Se arriesgó a morir a causa de la enfermedad o de las balas para frenar lo que era inadmisible. Yo me vi obligada a correr riesgos. Béla eligió el riesgo conscientemente y vuelve a elegirlo en esta mesa, asumiendo la posibilidad de que lo rechace. Me he acostumbrado tanto a valorar todo aquello en lo que se queda corto, que he dejado de tener en cuenta quién es y qué ofrece. Tengo que dejar este matrimonio o voy a morir, había pensado. Y tal vez los meses y años que he pasado separada de él me han ayudado a alcanzar la mayoría de edad, me han ayudado a descubrir que no hay un «nosotros» hasta que haya un «yo». Ahora que me he enfrentado a mí misma un poco más plenamente, puedo ver que el vacío que sentía en nuestro matrimonio no era un signo de que algo no funcionaba en nuestra relación, era el vacío que llevo conmigo, incluso ahora, el vacío que ningún hombre ni ningún logro llenará jamás. Nada compensará nunca la pérdida de mis padres y mi infancia. Y nadie más es responsable de mi libertad. Solo yo.

En 1971, dos años después de nuestro divorcio, cuando tengo cuarenta y cuatro años, Béla se arrodilla y me ofrece un anillo de compromiso. Celebramos una ceremonia judía en lugar del enlace en el ayuntamiento por el que optamos veinte años atrás. Nuestros amigos Gloria y John Lavis son nuestros testigos. «Esta es su auténtica boda», dice el rabino. Se refiere a que esta vez es una boda judía, pero creo que también se refiere a que esta vez nos estamos eligiendo realmente el uno al otro, no estamos en fuga, no estamos huyendo. Compramos una casa nueva en Coronado Heights, la decoramos con colores brillantes, rojo y naranja, ponemos paneles solares y una alberca. En nuestra luna de miel viajamos a Suiza, a los Alpes, y nos alojamos en un hotel con fuentes termales. El aire es frío. El agua está templada. Me siento en el regazo de Béla. Montañas escarpadas se alzan contra el cielo, los colores cambian sobre ellas y sobre el agua. Nuestro amor parece tan sólido como la cordillera montañosa, tan envolvente y fluido como un mar que cambia para adoptar la forma que le demos. No es que haya cambiado la esencia de nuestro matrimonio. Cambiamos nosotros.

CAPÍTULO 15

—

LO QUE LA VIDA ESPERABA

«En realidad no importaba lo que esperábamos de la vida, sino lo que la vida esperaba de nosotros», escribe Viktor Frankl en *El hombre en busca de sentido*. En 1972, un año después de que Béla y yo volviéramos a casarnos, fui nombrada Profesora del Año en El Paso y, a pesar de sentirme muy honrada por el galardón y privilegiada por servir a mis alumnos, no podía apartar de mí la convicción de que todavía no había descubierto lo que la vida esperaba de mí. «Alcanzaste el máximo reconocimiento al principio de tu carrera, no al final —dijo el director de mi escuela—. Esperamos grandes cosas de ti. ¿Qué será lo próximo?»

Era la misma pregunta que yo seguía haciéndome. Había vuelto a trabajar con mi terapeuta junguiano y, a pesar de su advertencia de que los títulos no sustituyen el trabajo y el crecimiento internos, yo había estado fantaseando con la idea de la escuela de posgrado. Quería entender por qué la gente decide una cosa y no otra, cómo afrontamos los desafíos cotidianos y sobrevivimos a experiencias devastadoras, cómo vivimos con nuestro pasado y nuestros errores, cómo se curan las personas. ¿Y si mi madre hubiera tenido a alguien con quien hablar? ¿Podría haber tenido un matrimonio más feliz con mi padre o haber elegido una vida diferente? ¿Y qué pasa con mis alumnos, o mi propio hijo, a quienes les dicen que no pueden en lugar de decirles que sí pueden? ¿Cómo podría ayudar a la gente a superar las creencias autolimitadoras y a convertirse en lo que el mundo esperaba de ellos? Le dije a mi director que me estaba planteando obtener el doctorado en Psicología. Pero no pude expresar mi sueño sin una reserva.

—No sé —dije—, cuando acabe el doctorado tendré cincuenta años.

Me sonrió.

—Tendrás cincuenta años de todas formas —dijo.

Durante los seis años siguientes, descubrí que tanto mi director como mi terapeuta junguiano tenían razón. No había motivo para que me impusiera límites, para dejar que mi edad restringiera mis decisiones. Escuché lo que la vida me pedía y, en 1974, obtuve una maestría en Psicología Educacional en la Universidad de Texas-El Paso y, en 1978, un doctorado en Psicología Clínica por la Universidad de Saybrook.

Mi periplo académico me llevó a conocer la obra de Martin Seligman y Albert Ellis, y a conocer a profesores y mentores inspiradores como Carl Rogers y Richard Farson, los cuales me ayudaron a comprender partes de mí misma y de mi propia experiencia. Martin Seligman, que más adelante fundaría una nueva rama en nuestro campo llamada *psicología positiva*, realizó algunas investigaciones, a finales de la década de 1960, que respondieron a una pregunta que me había estado incordiando desde el día de la liberación en Gunskirchen en mayo de 1945: ¿por qué tantos prisioneros merodeaban cerca de la reja del campo solo para poder volver a colarse en los enfangados e infectos barracones? Frankl había apreciado el mismo fenómeno en Auschwitz. ¿Qué proceso psicológico llevaba a un prisionero liberado a rechazar la libertad?

Los experimentos de Seligman, realizados, desgraciadamente, con perros antes de las actuales medidas contra la crueldad con los animales, le llevaron a definir el concepto de «indefensión aprendida». Cuando los perros a los que se les aplicaban dolorosas descargas eléctricas podían detenerlas presionando una palanca, aprendían rápidamente a hacerlo. Y eran capaces, en experimentos posteriores, de averiguar cómo evitar las dolorosas descargas que se les administraban en una perrera saltando una pequeña barrera. Sin embargo, los perros a los que no se les había proporcionado un medio de evitar el dolor, habían aprendido que estaban indefensos. Cuando se les metía en una perrera y se les administraban descargas eléctricas, ignoraban la vía de escape y se limitaban a echarse en la perrera y quejarse. A partir de este hecho, Seligman llegó a la conclusión de que, cuando sentimos que no tenemos control sobre nuestras circunstancias, cuando creemos que nada de lo que hagamos puede aliviar nuestro sufrimiento o mejorar nuestras vidas, dejamos de tomar iniciativas porque consideramos que no tiene sentido. Eso es lo que sucedía en los campos de concentración cuando los prisioneros salían por la reja y volvían a entrar y se sentaban, ausentes, sin saber qué hacer con su libertad ahora que por fin la habían logrado.

Sufrir es algo inevitable y universal. Sin embargo, lo que cambia es la forma de reaccionar ante el sufrimiento. En mis estudios, me he acercado a psicólogos cuya obra revelaba nuestra capacidad para provocar cambios en nosotros mismos. Albert Ellis, fundador de la terapia racional emotiva conductual, precursora de la terapia conductual cognitiva, me enseñó hasta qué punto creamos sentimientos negativos hacia nosotros mismos (y las conductas autodestructivas que derivan de dichos sentimientos). Demostró que bajo nuestras conductas menos eficientes y más perjudiciales subyace un trasfondo filosófico o ideológico que es irracional, pero tan esencial en la opinión que tenemos de nosotros mismos y del mundo que, a menudo, no somos conscientes de que se trata únicamente de una creencia, ni de lo insistentemente que nos repetimos esa creencia en nuestra vida cotidiana. La creencia determina nuestros sentimientos (tristeza, ira, ansiedad, etc.) y nuestros sentimientos, a su vez, influyen en nuestra conducta (comportarnos mal, ser cuadrados, automedicarnos para aliviar el malestar). Para modificar nuestra conducta, nos dice Ellis, debemos modificar nuestros sentimientos, y para modificar nuestros sentimientos, debemos cambiar nuestros pensamientos.

Un día, asistí en directo a una sesión terapéutica de Ellis en la cual trabajaba con una joven segura y elocuente que se sentía frustrada con sus citas románticas. Le parecía que no era capaz de atraer al tipo de hombres con los que aspiraba a mantener una relación a largo plazo, y quería que la aconsejaran sobre cómo conocer a los hombres adecuados. Decía que cuando conocía a un hombre que creía que podía ser un buen candidato, tendía a sentir timidez y tensión, y se comportaba de una forma retraída y a la defensiva, que enmascaraba su verdadero yo y su interés en conocer a la otra persona. En tan solo unos minutos, el doctor Ellis la guio hasta la convicción fundamental que subyacía bajo su comportamiento en las citas: la creencia irracional que, sin darse cuenta, se repetía a sí misma una y otra vez, hasta que se convencía de que era cierta: nunca seré feliz. Tras una cita desastrosa, no solo se decía «vaya, lo volví a hacer, estuve tiesa y distante», sino que también insistía en su profunda convicción de que no podría alcanzar nunca la felicidad, por lo que no tenía sentido intentarlo. El miedo que le causaba esta creencia fundamental era lo que la hacía tan reticente a arriesgarse a mostrar su verdadero yo, lo cual, a su vez, hacía que fuera más probable que su creencia autodestructiva se hiciera realidad.

Fue impactante ver cómo cambiaba la idea que tenía de sí misma allí, sobre el escenario. Pareció despojarse de la creencia negativa como si se estuviera quitando una capucha vieja. De repente, sus ojos estaban más brillantes, se sentaba más derecha, su pecho y sus hombros estaban más abiertos y extendidos, como si estuviera creando una mayor superficie para que pudiera aterrizar en ella la felicidad. El doctor Ellis le advirtió que era improbable que tuviera una cita extraordinaria nada más salir por la puerta. También le dijo que aceptar y asumir el malestar de las citas decepcionantes era parte del trabajo que tenía que hacer para librarse de la creencia negativa.

Lo cierto es que, a lo largo de nuestra vida, tendremos experiencias desagradables, cometeremos errores y no siempre conseguiremos lo que queremos. Eso forma parte del hecho de ser humano. El problema, y la base de nuestro sufrimiento constante, es la creencia de que el malestar, los errores y la decepción indican algo sobre nuestra valía. La creencia de que las cosas desagradables de nuestra vida son lo que nos merecemos. Aunque mi manera de establecer vínculos es diferente a la del doctor Ellis, su habilidad a la hora de guiar a los pacientes para que reformulen y modifiquen sus pensamientos nocivos ha influido profundamente en mi práctica profesional.

Carl Rogers, uno de mis mentores más influyentes, era un maestro ayudando a los pacientes a aceptarse plenamente. Rogers postulaba que, cuando nuestra necesidad de autorrealización entra en conflicto con nuestra necesidad de valoración positiva, o viceversa, podemos optar por reprimir, esconder o ignorar nuestra verdadera personalidad y deseos. Cuando llegamos a creer que no hay manera de ser amado ni de ser auténtico, corremos el riesgo de negar nuestra verdadera naturaleza.

La autoaceptación fue para mí la parte más dura de la curación, algo con lo que todavía batallo. El perfeccionismo surgió en mi infancia como una conducta para satisfacer mi necesidad de aprobación, y se convirtió en un mecanismo de adaptación aún más integrado para hacer frente a mi sentimiento de culpa por haber sobrevivido. El perfeccionismo es la creencia de que algo está roto: tú. De modo que disfrazas tu rotura con títulos, logros, premios, pedazos de papel, ninguno de los cuales puede arreglar lo que crees que estás arreglando. Al tratar de combatir mi baja autoestima, estaba en realidad reforzando mi sentimiento de indignidad. Al aprender a ofrecer a mis pacientes amor y aceptación total, afortunadamente, aprendí la importancia de ofrecérmelos también a mí misma.

Rogers era brillante en su capacidad para identificar los sentimientos de los pacientes, para ayudarles a reformular su concepto de sí mismos sin negar su realidad. Ofrecía una valoración positiva incondicional y, en la seguridad de esa total aceptación, sus pacientes eran capaces de despojarse de sus máscaras e inhibiciones y vivir sus vidas de manera más auténtica. Del doctor Rogers aprendí dos de mis frases más importantes en cualquier sesión terapéutica: «Dijiste que…» y «Cuéntame más». También aprendí a interpretar el lenguaje corporal de mis pacientes y a utilizar mi propio cuerpo para comunicar mi amor y aceptación incondicionales. No cruzo los brazos ni las piernas, me abro. Busco el contacto visual, me inclino hacia delante. Creo un puente entre mis pacientes y yo, de manera que sepan que estoy con ellos al cien por cien. Imito los estados de mis pacientes (si quieren sentarse tranquilamente, yo también me siento tranquilamente; si quieren enfurecerse y gritar, grito con ellos; adapto mi lenguaje al de mis pacientes), como signo de total aceptación. Y modelo una forma de ser (de respirar, de abrirme, de moverme, de escuchar) que favorezca el crecimiento y la curación.

Estudiar a Seligman y a Ellis, y trabajar con Rogers, entre otros, me ayudó a convertirme en una buena oyente y sintetizadora, así como a encontrar mi percepción ecléctica e intuitiva y mi enfoque terapéutico cognitivo. Si tuviera que ponerle un nombre a mi terapia, probablemente la denominaría *terapia electiva*, ya que la libertad tiene que ver con la elección; con elegir la compasión, el humor, el optimismo, la intuición, la curiosidad y la expresión personal. Esas son las herramientas que utilizan mis pacientes para liberarse de las expectativas asociadas a los roles, para ser padres atentos y cariñosos consigo mismos, para dejar de transmitir creencias y conductas esclavizadoras, para descubrir que, al final, la respuesta es el amor. Oriento a mis pacientes para que entiendan qué provoca y qué mantiene sus comportamientos autodestructivos. Los comportamientos autodestructivos surgieron en primer lugar como comportamientos útiles, como cosas que hacían para satisfacer una necesidad, habitualmente la necesidad de una de las «aes»: aprobación, afecto, atención. Una vez que los pacientes descubren por qué han desarrollado un determinado comportamiento (despreciar a los demás, unirse a personas iracundas, comer demasiado, comer demasiado poco, etc.), pueden asumir la responsabilidad de mantener o no dicho comportamiento. Pueden aprender a cuidarse mejor y a aceptarse: solo yo puedo hacer lo que puedo hacer de la manera que lo puedo hacer.

Para mí, aprender que solo yo puedo hacer lo que yo puedo hacer de la manera que lo puedo hacer significó derrocar a la triunfadora compulsiva que había en mí, la que siempre buscaba conseguir más y más papeles con la esperanza de afirmar su valía. Y significó aprender a redefinir mi trauma, a ver en mi doloroso pasado una prueba de mi fortaleza, mi talento y mis oportunidades para crecer, en lugar de una confirmación de mi debilidad o mis heridas.

En 1975, viajé a Israel para realizar entrevistas a supervivientes del Holocausto para mi tesis. Béla me acompañó; pensé que su facilidad para los idiomas, incluido el yidis que había aprendido de sus clientes en El Paso, haría de él un traductor inestimable. Quería analizar la teoría del crecimiento en el desastre de mi profesor Richard Farson, según la cual, «con mucha frecuencia, son las situaciones de crisis […] las que nos hacen mejorar como seres humanos. Paradójicamente, aunque esos incidentes pueden en ocasiones destruir a la gente, habitualmente son experiencias enriquecedoras. Como resultado de esos desastres, la persona realiza una importante reevaluación de su situación vital y la modifica de maneras que reflejan un conocimiento más profundo de sus propias capacidades, valores y objetivos». Tenía pensado entrevistar a mis compañeros supervivientes de los campos de concentración para descubrir cómo una persona sobrevive e incluso prospera tras el trauma. ¿Cómo construyen las personas vidas con felicidad, objetivos y pasión, independientemente de las penas que hayan experimentado? ¿Y de qué formas el propio trauma ofrece a las personas una oportunidad para el crecimiento positivo y el cambio? Todavía no estaba haciendo lo que mi amigo Arpad me había aconsejado que hiciera (trabajar a fondo con mi propio pasado), pero me estaba acercando un paso más al entrevistar a personas con las que compartía un pasado traumático, sentando las bases de mi próxima curación.

¿Cómo contribuyó la experiencia de acontecimientos desgraciados al funcionamiento cotidiano de mis sujetos? Conocí a supervivientes que habían vuelto a estudiar, que habían abierto negocios (como Béla y yo habíamos planeado), que habían entablado amistades extraordinariamente estrechas, que afrontaban la vida con una sensación de descubrimiento. Israel no era un lugar fácil para los supervivientes; no es fácil vivir en medio de prejuicios sin convertirte tú mismo en agresor. Conocí a personas que se enfrentaron a conflictos políticos y culturales con valor y calma, que hicieron guardia por turnos en un colegio toda la noche para que las bombas no recibieran a sus hijos por la mañana. Los admiraba por lo que hacía que no se rindieran ni cedieran, fuera lo que fuera. Admiraba su fortaleza para pasar por otra guerra y no permitir que experiencias horribles del pasado destruyeran lo que vino después. Haber sido víctimas de encarcelamiento, deshumanización, tortura, hambre y pérdidas devastadoras no determinaba la vida que podían vivir.

Por supuesto, no todos a quienes entrevisté estaban prosperando. Vi a muchos padres silenciosos, a muchos niños que no sabían qué opinar del silencio y la insensibilidad de sus padres, que se sentían culpables. Y conocí a muchos supervivientes que permanecían en el pasado. «Nunca, jamás, se lo perdonaré», me dijeron muchos. Para ellos, perdonar significaba olvidar o excusar. Muchas de las personas a las que entrevisté albergaban fantasías de venganza. Yo nunca había fantaseado con la venganza, pero especialmente durante los primeros años difíciles en Baltimore, sí había fantaseado con enfrentarme a mis opresores; quería encontrar a Mengele en Paraguay, a donde había huido para no ser procesado en el juicio de Núremberg. Me imaginaba haciéndome pasar por una periodista estadounidense para conseguir entrar en su casa. Entonces le revelaría mi identidad: «Soy la niña que bailó para ti —le diría—. Tú asesinaste a mis padres. Tú asesinaste a los padres de muchos niños. ¿Cómo pudiste ser tan cruel? Eras doctor en Medicina. Hiciste el juramento hipocrático de no causar daño. Eres un asesino a sangre fría. ¿No tienes conciencia?». Dirigiría mi cólera una y otra vez a su marchito y decadente cuerpo. Le haría enfrentarse a su vergüenza. Es importante atribuir la culpa a los culpables. No se consigue nada si cerramos los ojos ante el mal, si lo dejamos pasar, si no exigimos responsabilidad. Pero, tal como me enseñaron mis compañeros supervivientes, puedes vivir para vengarte del pasado o puedes vivir para enriquecer el presente. Puedes vivir en la prisión del pasado o puedes dejar que el pasado sea el trampolín que te ayude a alcanzar la vida que deseas.

Todos los supervivientes a los que conocí tenían una cosa en común conmigo y entre sí. No teníamos control sobre los hechos más apabullantes de nuestras vidas, pero teníamos el poder para determinar cómo experimentar la vida después del trauma. Los supervivientes podían continuar siendo víctimas mucho después de que la opresión hubiera desaparecido, o podían aprender a salir adelante y prosperar. En la investigación para mi tesis, descubrí y expuse mi convicción personal y mi piedra angular clínica: podemos decidir ser nuestros propios carceleros o podemos decidir ser libres.

Antes de irnos de Israel, Béla y yo visitamos a Bandi y Marta Vadasz, los amigos a los que Béla había dejado esperándonos en la estación de tren de Viena. Viven en Ramat Gan, cerca de Tel Aviv. Es un encuentro conmovedor, una reunión con nuestra vida no vivida, la vida que casi tuvimos. Bandi sigue muy metido en la política, sigue siendo sionista, ansioso por discutir sobre el esperado acuerdo de paz entre Israel y Egipto acerca de la ocupación por parte de Israel de la península del Sinaí. Puede recitar con precisión detalles de bombardeos árabes en Jerusalén y Tel Aviv. Él y Béla hacen que permanezcamos a la mesa mucho rato después de comer, debatiendo con entusiasmo sobre la estrategia militar de Israel. Los hombres hablan de la guerra. Marta me mira, toma mi mano. Su cara es más regordeta que cuando era joven, su cabello rojizo es ahora más apagado y está encaneciendo.

—Editke, los años te han tratado muy bien —dice con un suspiro.

—Son los genes de mi madre —digo. Y, en ese momento, la fila de selección me viene fugazmente a la mente, veo la tersura de la cara de mi madre. Ese momento es como un fantasma que me persigue a lo largo de los años.

Marta debe de notar que mi mente se traslada a otro sitio, que la oscuridad se adueña de mí.

—Lo siento —dice—. No pretendía decir que la hubieras tenido fácil.

—Me hiciste un cumplido —la tranquilizo—. Eres como siempre te he recordado. Siempre tan amable.

Cuando su bebé nació muerto, no permitió que mi bebé sana amargara nuestra amistad, nunca se mostró celosa o resentida. Iba a visitarla con Marianne cada tarde, cada tarde del año de su pérdida.

Parece que me lee la mente.

—¿Sabes? —dice—. Nada en toda mi vida fue más duro que perder a mi bebé después de la guerra. La pena fue terrible. —Se detiene. Permanecemos sentadas en silencio, con nuestro dolor compartido y separado—. Creo que nunca te he dado las gracias —dice por fin—. Cuando enterramos a mi hijo, me dijiste dos cosas que no he olvidado nunca. Me dijiste: «La vida volverá a ser buena» y «Si puedes sobrevivir a esto, puedes sobrevivir a cualquier cosa». Me he repetido esas frases una y otra vez.

Busca en su bolso fotografías de sus dos hijas nacidas en Israel a principios de la década de 1950.

—Estaba demasiado asustada para volver a intentarlo inmediatamente. Pero la vida tiene una forma de que las cosas salgan bien, supongo. Lloré y lloré. Y, entonces, tomé todo el amor que sentía por mi bebé y decidí que no iba a plantar ese amor en mi pérdida. Iba a plantarlo en mi matrimonio y luego en los hijos vivos.

Tomé sus dedos en mi mano. Pensé en la bonita imagen de la semilla. La semilla de mi vida y mi amor fue plantada en una tierra dura, pero ha arraigado y ha crecido. Miro a Béla al otro lado de la mesa, pienso en nuestros hijos, en la noticia que me dio recientemente Marianne: que ella y su marido Rob van a intentar formar una familia. La siguiente generación. Ahí es donde vivirá el amor a mis padres.

«El año que viene en El Paso», prometemos al despedirnos.

En casa, escribo mi tesis y finalizo mis prácticas clínicas en el Centro Médico del Ejército William Beaumont en Fort Bliss, Texas. Había tenido la fortuna de realizar tanto las prácticas de la maestría como las de doctorado en el William Beaumont. Era un destino cotizado y deseable, un puesto prestigioso por el que circulaban los mejores conferenciantes y profesores. No me daba cuenta de que el auténtico beneficio del puesto sería que me obligaría a mirar más profundamente en mi interior.

Un día llego al trabajo y me introduzco en mi bata blanca con la tarjeta de identificación con mi nombre: Dra. Eger, Departamento de Psiquiatría. Durante mi ejercicio profesional en el William Beaumont, me he granjeado una reputación de persona dispuesta a ir más allá de los requisitos técnicos de mi cargo: a mantenerme despierta toda la noche en la unidad de prevención de suicidios, a hacerme cargo de los casos más desalentadores, aquellos a los que los demás renuncian.

Hoy me asignaron dos nuevos pacientes, ambos veteranos de Vietnam, ambos parapléjicos. Los dos tienen el mismo diagnóstico (lesión en la columna torácica), el mismo pronóstico (fertilidad y capacidad sexual afectadas, pocas probabilidades de volver a caminar, buen control de manos y tronco). Cuando me dirijo a visitarlos, ignoro que uno de ellos provocará en mí un efecto que me cambiará la vida. Primero conozco a Tom. Está acostado en la cama, acurrucado en posición fetal, maldiciendo a Dios y a su país. Parece apresado por su cuerpo lesionado, por su desgracia y por su rabia.

Cuando entro en la habitación del otro veterano, me encuentro a Chuck fuera de la cama, sentado en su silla de ruedas. «Es interesante —dice—, se me concedió una segunda oportunidad en la vida. ¿No es increíble?» Está exultante, con una sensación de descubrimiento y oportunidades. «Me siento en esta silla de ruedas y salgo ahí fuera, al jardín, y las flores están mucho más cerca. Puedo ver los ojos de mis hijos.»

Cuando explico esta historia, al hablar con mis pacientes actuales o cuando me dirijo al público desde un escenario, digo que cada persona es en parte Chuck y en parte Tom. Estamos abrumados por la pérdida y creemos que nunca recuperaremos el sentido de identidad y de realización, que nunca mejoraremos. Pero, a pesar de las dificultades y las tragedias de nuestras vidas y, en realidad, gracias a ellas, todos tenemos la posibilidad de adoptar una perspectiva que nos transforme de víctimas en triunfadores. Podemos elegir asumir la responsabilidad de nuestras dificultades y nuestra curación. Podemos elegir ser libres. Lo que todavía me cuesta admitir, sin embargo, es que cuando conocí a Tom, su rabia me emocionó.

«¡A la mierda América!», grita Tom cuando entro en su habitación ese día. «¡A la mierda Dios!», pienso yo. Está soltando toda su rabia. Y ser testigo de su furia saca la enorme ira que hay en mi interior, la necesidad de expresarla, de soltarla. ¡A la mierda Hitler! ¡A la mierda Mengele! Sería un gran alivio. Pero yo soy la doctora. Tengo que asumir mi papel, presentarme como la persona que controla y aporta soluciones, aunque por dentro esté deseando dar

golpes a la pared, romper una puerta, gritar, llorar y tirarme al suelo. Miro mi tarjeta de identificación, Dra. Eger,
Departamento de Psiquiatría y, por un momento, me parece leer *Dra. Eger, Impostora*. ¿Cuál es mi verdadero yo? ¿Sé
quién soy? Me da tanto miedo la sensación de que se me
caiga la máscara, de ver lo destruida que estoy, de toda la
rabia que me invade: «¿Por qué a mí? ¿Cómo pudo suceder esto?». Mi vida cambió de manera irrevocable y estoy
furiosa.

Era muy emocionante ver a Tom expresar tan abiertamente lo que yo había estado ocultando. Yo había tenido
demasiado miedo a la desaprobación o a la ira, miedo a la
ira misma como fuerza destructora. No había permitido
que mis sentimientos afloraran, temerosa de que, si empezaba a dejarlos salir, nunca pararía. Me había convertido
en un monstruo. En cierto modo, Tom era más libre que
yo, porque se permitía sentir la rabia, decir las palabras, las
que yo apenas me atrevía a pensar, y no digamos expresar.
Quería tirarme al suelo y enfurecerme junto a él.

Durante mi terapia, digo tímidamente que quiero pro-
barlo. Quiero expresar mi rabia, pero con un profesional
presente que me ayude a abrirme si me quedo atascada.
Me tiro al suelo. Intento gritar, pero estoy demasiado asustada. Me encojo formando una bola cada vez más pequeña.
Necesito sentir un límite a mi alrededor, una frontera. Necesito algo contra lo que hacer fuerza. Le digo a mi terapeuta que se siente encima de mí. Pesa mucho, su peso casi
me asfixia. Creo que me voy a desmayar. Estoy a punto de
dar golpes en el suelo, de suplicarle que me deje levantarme, de abandonar ese experimento estúpido. Pero enton-

ces, sale de mí un grito, tan largo, fuerte y angustioso que me asusta. ¿Qué clase de animal herido es capaz de emitir un ruido como ese? Pero no puedo parar. Me hace bien. Más de treinta años de fantasmas silenciados salen ahora de mí rugiendo. Un desbordamiento de dolor a voz en grito. Me hace bien. Grito y grito. Hago fuerza contra el peso que me aplasta. Mi terapeuta no me lo pone fácil, el esfuerzo me hace llorar y sudar.

¿Qué pasa? ¿Qué pasa cuando dejo salir una parte de mí negada durante mucho tiempo?

No pasa nada.

Siento la fuerza de mi ira y, después de todo, no me mata.

Estoy bien. Estoy bien. Estoy viva.

Todavía no me resulta fácil hablar del pasado. Es profundamente doloroso enfrentarme al miedo y a la pérdida una y otra vez cuando lo recuerdo o lo explico. Pero, a partir de este momento, me doy cuenta de que los sentimientos, por muy intensos que sean, no son fatales. Y son temporales. Reprimir los sentimientos solo hace que sea más difícil liberarse de ellos. Expresión es lo contrario de depresión.

En 1978, mi hijo John se graduó en la Universidad de Texas como uno de los diez mejores estudiantes y yo obtuve mi doctorado en Psicología Clínica. Fue un año triunfal para nuestra familia. Decidí obtener mi licencia en California porque era el estado más exigente (¡ahí estaba yo, poniéndome otra vez las zapatillas rojas!) y, aparte de las necesidades de mi ego de demostrar mi valía (como si un trozo de papel pudiera lograr eso), la licencia de California tenía la ventaja práctica de que me permitía ejercer en cualquier parte del país. Recordé los grandes esfuerzos de Béla para obtener su título oficial de contable y me preparé para un viaje complicado.

Necesitaba tres mil horas de práctica clínica para poder presentarme al examen, pero tenía el doble de las exigidas. Ni siquiera me matriculé para hacer el examen antes de llevar seis mil horas, casi todas en el William Beaumont, donde me había granjeado tan buena reputación que me pidieron realizar sesiones tras un cristal de espejo para que mis compañeros pudieran observar mi manera de establecer vínculos con los pacientes, ganarme su confianza y guiarlos hacia nuevas opciones. A continuación, llegó el momento de enfrentarme al examen escrito. A mí se me dan fatal los exámenes tipo test (tuve que estudiar durante meses incluso para aprobar el examen de conducir). De algún modo, ya fuera gracias a mi animosa insistencia o a la suerte, aprobé el examen. Pero no a la primera.

Por último, me presenté al examen oral, el cual pensaba que sería la parte más fácil del proceso. Dos hombres dirigían la entrevista, uno llevaba *jeans* y el pelo largo recogido en una cola de caballo y el otro un traje y un corte de pelo estilo militar. Me acribillaron a preguntas durante horas. El hombre del pelo largo hablaba clara y suavemente y me hacía todas las preguntas sobre estadísticas, ética y cuestiones legales. El hombre del corte de pelo militar hacía todas las preguntas filosóficas, las que hacían trabajar mi mente de manera más creativa y que mi corazón se sintiera más implicado. No obstante, en general, fue una experiencia desagradable. Me sentía tensa y vulnerable. Los examinadores no me lo pusieron fácil, sus caras inexpresivas, sus voces frías y su distancia emocional eran alienantes.

Me resultaba difícil poner mi energía en la siguiente pregunta cuando la anterior me dejaba rebosante de autocrítica, de deseos de volver atrás y corregir lo que había dicho, decir algo, lo que fuera, que mereciera un gesto de asentimiento o de ánimo. Cuando el examen concluyó por fin, me sentía aturdida, me temblaban las manos, estaba hambrienta y tenía náuseas al mismo tiempo, me dolía el corazón. Estaba convencida de que lo había arruinado.

Justo cuando llegaba a la puerta principal, oí unos pasos detrás de mí. Alguien corría para alcanzarme. ¿Se me había olvidado la bolsa como consecuencia de mi aturdimiento? ¿Me estaban informando ya de que había reprobado? «Doctora Eger», dijo el hombre del corte de pelo militar. Me puse en guardia, como si estuviera esperando un castigo. Me alcanzó y se detuvo para recobrar el aliento. Finalmente, el hombre me tendió la mano. «Doctora Eger, fue un honor. Tiene usted grandes conocimientos. Sus futuros pacientes tienen mucha suerte.»

Cuando llegué a mi hotel, salté sobre la cama como una niña pequeña.

CAPÍTULO 16

—

LA DECISIÓN

Mi alegre optimismo, mi sensación de éxito profesional, la impresión de que mi verdadero yo se estaba materializando y expresando plenamente se desvanecieron cuando abrí mi propia consulta y conocí a mi primer paciente. Lo visité en el hospital, donde llevaba viviendo un mes, esperando el diagnóstico y sometiéndose a tratamiento para lo que resultó ser cáncer de estómago. Estaba aterrorizado. Se sentía traicionado por su cuerpo, amenazado por su mortalidad, superado por la incertidumbre y la soledad de la enfermedad. Y yo no podía llegar a él. Toda mi habilidad a la hora de crear un clima de afecto y confianza, de construir un puente entre mi paciente y yo, había desaparecido. Me sentía como una niña disfrazada con una bata blanca de médico. Una estafadora. Mis expectativas eran tan altas y mi miedo al fracaso tan extraordinario, que no era capaz de ver más allá de mi propio ensimismamiento para llegar al hombre que me pedía ayuda y amor. «¿Volveré a estar sano algún día?», preguntaba, y mi mente daba vueltas como un trompo en busca de todas las teorías y técnicas, con los ojos clavados en la pared, tratando de disimular lo nerviosa y asustada que estaba. No podía ayudarlo. No volvió a invitarme. Me di cuenta, como me había

278

sucedido cuando conocí a Tom, el veterano de guerra parapléjico, de que mi éxito profesional tenía que venir de un lugar más profundo en mi interior, no de la niña pequeña que trataba de complacer a los demás y de conseguir su aprobación, sino de mi propio y verdadero yo, el yo vulnerable y curioso que se aceptaba y estaba listo para crecer.

En otras palabras, empecé a plantearme una nueva relación con mi propio trauma. No era algo que silenciar, eliminar, evitar o negar. Era un pozo al que acudir, una fuente profunda de conocimientos e intuición sobre mis pacientes, su dolor y el camino a la curación. Mis primeros años de consulta privada me ayudaron a replantearme mi herida como algo necesario y útil, y a modelar y desarrollar mis principios terapéuticos más imperecederos. Con frecuencia, los pacientes con los que trabajaba reflejaban mis propios descubrimientos sobre el viaje hacia la curación y, con la misma frecuencia, me enseñaban que mi búsqueda de libertad no era completa y me señalaban la dirección que debía seguir.

Aunque la paciente era Emma, antes conocí a sus padres. Nunca habían hablado con nadie, y mucho menos con una desconocida, acerca del secreto de su familia: Emma, su hija mayor, había dejado de comer. Eran personas discretas y reservadas, una familia estadounidense de origen alemán, con las caras marcadas por la preocupación y los ojos llenos de miedo.

—Buscamos soluciones prácticas —me dijo el padre de Emma durante aquella primera visita—. Tenemos que conseguir que vuelva a comer.

—Tenemos entendido que es usted una superviviente —añadió la madre—. Pensamos que Emma podría aprender algo de usted, que tal vez podría servirle de inspiración.

Resultaba desgarrador ver el pánico que sentían por la vida de Emma, observar su conmoción. Nada en la vida los había preparado para una hija con un trastorno de la conducta alimentaria; nunca se habían planteado que algo así pudiera sucederle a su hija y a su familia, y ninguna de las herramientas que disponían como padres estaba teniendo un efecto positivo en la salud de Emma. Yo quería tranquilizarlos, calmar su angustia. Pero, además, quería que empezaran a ser conscientes de una realidad que podría resultarles más dolorosa de admitir que la enfermedad de Emma: que ellos tenían algo que ver. Cuando una chica está batallando con la anorexia, el paciente diagnosticado es ella, pero el verdadero paciente es la familia.

Querían darme hasta el último detalle de lo que les preocupaba de la conducta de Emma: la comida que se negaba a comer, la comida que fingía comer, la comida que encontraban envuelta en servilletas después de comidas familiares, la comida que encontraban escondida en los cajones de su cómoda, cómo se alejaba de ellos y se recluía cerrando puertas, los aterradores cambios en su cuerpo. Pero yo, en cambio, les pedí que me hablaran de ellos, cosa que, obviamente, les incomodaba.

El padre de Emma era bajo y fornido; según me enteré, había sido jugador de fútbol. Se parecía un poco a Hitler, constaté con desagrado; tenía un bigote fino, el pelo oscuro y apelmazado y una manera de hablar como a ladridos, como si tras cada comunicación insistiera en no ser ignorado. Más adelante, realizaría sesiones individuales con cada uno de los progenitores de Emma y le preguntaría a su padre cómo había decidido convertirse en oficial de policía. Me dijo que, de pequeño, cojeaba, y que su padre le llamaba *enanito cojito*. Decidió ser oficial de policía porque requería correr riesgos y fuerza física; quería demostrarle a su padre que no era cojo ni tullido. Cuando tienes que demostrar algo, no eres libre. Aunque durante esa primera visita aún no sabía nada de su infancia, ya percibí que el padre de Emma estaba viviendo en una prisión que él mismo se había construido; vivía atrapado en una imagen limitada de lo que debería ser. Se comportaba más como un sargento de instrucción que como un marido comprensivo y un padre preocupado. No hacía preguntas, realizaba interrogatorios. No reconocía sus temores o debilidades; afirmaba su ego.

Su mujer, que llevaba un vestido a medida de algodón con botones en la parte delantera y un cinturón estrecho, un modelo que era al mismo tiempo intemporal y circunspecto, parecía extraordinariamente en sintonía con el tono de su marido y su manera de hablar. Él habló durante unos minutos de sus frustraciones en el trabajo cuando no lo tomaron en cuenta para un ascenso y vi que ella intentaba mantener un cuidadoso equilibrio entre confirmar la indignación y avivar la rabia de él. Estaba claro que había aprendido que su marido necesitaba tener razón, que no podía aceptar que le discutieran o le llevaran la contraria. En nuestra sesión individual, me quedé impresionada por el dinamismo de ella —cortaba el pasto, hacía muchas de las reparaciones del hogar y confeccionaba su propia ropa— y por la aparente contradicción entre sus habilidades y el poder que le cedía a su marido, el precio que pagaba por mantener la paz. Su costumbre de evitar a toda costa entrar en conflicto con su marido era tan perjudicial para la salud de su hija y la dinámica familiar como el comportamiento dominante del padre. Ambos colaboraban en hacer que el idioma de la familia fuera el control, y no una relación empática ni un amor incondicional.

—Esto es una pérdida de tiempo —dijo por fin el padre de Emma durante la primera visita, después de responder a mis preguntas sobre su trabajo, su rutina familiar y cómo celebraban las festividades—. Díganos simplemente qué tenemos que hacer.

—Sí, díganos cómo podemos hacer que Emma se siente a la mesa a la hora de comer —suplicó la madre—. Díganos cómo podemos hacer que coma.

—Veo lo preocupados que están por Emma. Veo lo desesperados que están por obtener respuestas y soluciones. Lo que puedo decirles es que, si quieren que Emma se recupere, su primera tarea consiste en entender que, en el caso de la anorexia, el problema no es únicamente lo que Emma come; se trata también de averiguar qué se la está comiendo a ella.

No podía arreglarla y devolverles una versión sana de su hija, les dije. Los invité a que me ayudaran, a que fueran mis coterapeutas, a que observaran a su hija, pero no con el objetivo de que hiciera o fuera algo diferente, sino limitándose a prestar atención a sus estados y comportamientos emocionales. Juntos, podríamos formarnos una imagen más clara de su paisaje emocional y familiarizarnos más con los aspectos psicológicos de su trastorno. Al solicitar su ayuda y cooperación, esperaba hacerles ver su papel en la enfermedad de su hija. Los estaba empujando a asumir la responsabilidad por la forma en que estaban contribuyendo a lo que consumía a Emma.

A la semana siguiente, conocí a Emma. Tenía catorce años. Fue como reunirme con mi propio fantasma. Tenía el aspecto que yo tenía en Auschwitz: esquelética y pálida. Se estaba consumiendo. Su pelo rubio, ralo y largo hacía que su cara pareciera aún más delgada. Estaba de pie en la puerta de mi consulta, con las mangas demasiado largas por encima de sus manos. Parecía una persona con un secreto.

Con cualquier paciente nuevo, es importante ser consciente de sus límites psicológicos desde los primeros momentos del encuentro inicial. Debo intuir inmediatamente si se trata de una persona que quiere que le tome la mano o que mantenga una distancia física, si se trata de una persona que necesita que le dé una orden o que le haga una sugerencia amable. En el caso de una paciente con anorexia, una enfermedad que tiene que ver con el control, con implacables reglas acerca de qué y cuándo comes o no comes, con lo que muestras y lo que ocultas, esos primeros momentos son críticos. Entre otras cosas, la anorexia tiene una ineludible dimensión psicológica. Debido a la falta de nutrientes en el cuerpo y a que hay una parte de las escasas calorías consumidas que se destinan a las funciones involuntarias (respiración, excreción), el cerebro se ve privado de flujo sanguíneo, lo cual provoca distorsión cognitiva y, en casos graves, paranoia. Como psicóloga que está iniciando una relación terapéutica con una persona con anorexia, tengo que recordar que me estoy comunicando con una persona que probablemente padezca una distorsión cognitiva. Resulta fácil que un gesto habitual, ponerle la mano sobre el hombro mientras la acompaño a un sillón cómodo, por ejemplo, sea malinterpretado como una amenaza o una invasión. Al saludar a Emma por primera vez, traté de que mi lenguaje corporal fuera, al mismo tiempo, afectuoso y neutro. Dado que alguien que padece anorexia es experto en control, es importante eliminar su necesidad de controlar ofreciéndole libertad. Al mismo tiempo, es indispensable crear un entorno estructurado en el que normas y rituales claros proporcionen seguridad.

Como había conocido a sus padres, sabía que el lenguaje familiar estaba lleno de críticas y culpa, así que empecé nuestra sesión con un cumplido: «Gracias por venir —le dije—. Me alegro mucho de conocerte por fin. Y gracias por tu puntualidad».

Una vez sentada en el sofá, le dije que todo lo que me dijera sería confidencial; a menos que su vida corriera peligro. Y, a continuación, le hice una invitación tranquila y abierta: «Ya sabes que tus padres están muy preocupados por ti. Me interesaría conocer la verdadera historia. ¿Hay algo que te gustaría contarme?».

Emma no respondió. Miraba fijamente la alfombra, estirando las mangas todavía más por encima de sus manos.

—Puedes estar callada, está bien —dije. El silencio se extendía entre nosotras. Esperé. Esperé un poco más—. ¿Sabes? —dije al cabo de un rato—, tómate el tiempo que necesites. Tengo un poco de papeleo del que ocuparme. Voy a trabajar a la otra habitación. Cuando estés lista, dímelo.

Me miró con desconfianza. En una casa con una disciplina férrea, los niños están acostumbrados a escuchar amenazas, y esas amenazas pueden ir rápidamente en aumento o, por el contrario, resultar huecas. Aunque yo le estaba hablando con amabilidad, ella estaba intentando ver si mis palabras y mi tono iban a desembocar en una crítica airada o en una amonestación o si, en realidad, no iba a salir de la habitación, si yo no era más que una persona pusilánime.

Creo que le sorprendió que me levantara, cruzara la habitación y abriera la puerta. Solo entonces, cuando ya tenía la mano en la perilla de la puerta, habló.

—Estoy lista —dijo.

—Gracias —dije volviendo a mi silla—. Me alegra oír eso. Solo nos quedan cuarenta minutos. Aprovechémoslos. ¿Te parece bien que te haga un par de preguntas?

Se encogió de hombros.

—Háblame de un día cualquiera. ¿A qué hora te levantas?

Puso los ojos en blanco, pero respondió a mi pregunta. Continué en esa línea. ¿Tenía una radio reloj, un despertador, o la despertaban su madre o su padre? ¿Le gustaba permanecer un rato en la cama bajo las sábanas o saltaba enseguida de la cama? Le hice preguntas mundanas para hacerme una idea de su vida cotidiana, pero ninguna de mis preguntas tenía nada que ver con la comida. Para una persona con anorexia es muy difícil ver algo en la vida aparte de la comida. Yo ya sabía por sus padres que su fijación por la comida estaba obsesionando a la familia, que toda su atención se centraba en su enfermedad. Me daba la impresión de que ella esperaba que yo también me mostrara interesada únicamente en su enfermedad. Mediante mis preguntas, intentaba trasladar su atención a otras partes de su vida y desarmar o, como mínimo, suavizar sus estructuras defensivas.

Cuando ya había averiguado como era un día normal en su vida, le hice una pregunta que no supo cómo contestar.

—¿Qué te gusta hacer? —pregunté.

—No lo sé —dijo.

—¿Cuáles son tus aficiones? ¿Qué te gusta hacer en tu tiempo libre?

—No lo sé.

Me dirigí al pizarrón blanco que tengo en mi consulta. Escribí «No lo sé». A medida que le hacía más preguntas sobre sus intereses, sus pasiones, sus deseos, ponía una marca cada vez que decía «No lo sé».

—¿Cuáles son tus sueños en la vida?

—No lo sé.

—Si no lo sabes, prueba imaginar.

—No lo sé. Lo pensaré.

—Muchas chicas de tu edad escriben poemas. ¿Tú escribes poemas?

Emma se encogió de hombros.

—A veces.

—¿Dónde te gustaría estar dentro de cinco años? ¿Qué tipo de vida y qué profesión te gusta?

—No lo sé.

—Veo que dices mucho esas palabras: no lo sé. Pero cuando lo único que se te ocurre es «no lo sé» me da pena. Eso significa que no eres consciente de tus opciones. Y sin opciones o decisiones no estás viviendo de verdad. ¿Puedes hacerme un favor? ¿Puedes tomar este plumón y hacerme un dibujo?

—Supongo.

Se dirigió al pizarrón y sacó su mano de la manga para agarrar el rotulador.

—Dibújate a ti ahora mismo. ¿Cómo te ves?

Le quitó el tapón al plumón y se puso a dibujar rápidamente, con los labios fruncidos. Se apartó para que pudiera ver su dibujo: una chica baja y gorda con una cara vacía.

Era un contraste demoledor: la esquelética Emma junto a un dibujo de una chica gorda sin rostro.

—¿Puedes recordar una época en la que te sintieras distinta? ¿Una época en la que te sintieras feliz, guapa y te gustara divertirte?

Se quedó pensando y pensando. Pero no contestó «No lo sé». Finalmente, asintió con la cabeza.

—Cuando tenía cinco años.

—¿Podrías hacerme un dibujo de esa niña feliz?

Cuando se apartó del pizarrón, vi un dibujo de una niña que bailaba vestida con un tutú. Se me hizo un nudo en la garganta, sentí un estremecimiento de identificación con ella.

—¿Hacías *ballet*?

—Sí.

—Me encantaría oír más sobre eso. ¿Cómo te sentías al bailar?

Cerró los ojos. Vi que ponía los talones en la primera posición. Era un movimiento inconsciente; su cuerpo estaba recordando.

—¿Cómo te sientes ahora que lo recuerdas? ¿Puedes definirlo con una palabra?

Asintió, con los ojos todavía cerrados.

—Libre.

—¿Te gustaría volver a sentirte así? ¿Libre? ¿Llena de vida? —Asintió. Dejó el plumón en la repisa y volvió a estirarse las mangas por encima de las manos—. ¿Y matarte de hambre cómo te acerca a ese objetivo de sentirte libre?

Lo dije tan afectuosa y amablemente como pude. No era una recriminación. Era un intento de que fuera plenamente consciente de su autosabotaje y de lo lejos que lo había llevado. Y era un intento de ayudarla a responder a las preguntas más importantes al inicio de cualquier viaje hacia la libertad. «¿Qué estoy haciendo ahora? ¿Funciona? ¿Me está acercando a mis objetivos o me está alejando de ellos?» Emma no respondió a mi pregunta con palabras. Sin embargo, en su llanto silencioso, pude notar que admitía que necesitaba y quería cambiar.

Cuando me reuní con Emma y sus padres por primera vez, los saludé entusiasmada. «Tengo muy buenas noticias», dije. Compartí con ellos mi esperanza, mi confianza en su capacidad para trabajar en equipo, y condicioné mi propia participación en el equipo al hecho de que accedieran a que Emma fuera también tratada por el personal médico de una clínica especializada en trastornos alimentarios, porque la anorexia es una enfermedad grave, potencialmente mortal. Si Emma se situaba alguna vez por debajo de cierto peso, el cual sería determinado tras consultar con el personal de la clínica, habría que hospitalizarla. «No puedo arriesgarme a que pierdas la vida por algo que puede evitarse», le dije a Emma.

Uno o dos meses después de empezar a trabajar con Emma, sus padres me invitaron a su casa a comer. Conocí a los hermanos de Emma. Me di cuenta de que la madre presentaba a cada uno de sus hijos con un adjetivo: esta es Gretchen, la tímida; este Peter, el gracioso, y Derek, el responsable (a Emma ya me la había presentado: la enferma). A los niños les pones un calificativo y ellos interpretan el papel. Por eso me resulta útil preguntarles a mis pacientes: «¿Cuál es tu acreditación en tu familia?». (En mi infancia, Klara era la niña prodigio, Magda era la rebelde y yo era la confidente. Cuando más valiosa les resultaba a mis padres era cuando actuaba como oyente, como receptora de sus sentimientos, cuando era invisible.) Así, en la mesa, Gretchen fue tímida; Peter, gracioso, y Derek, responsable.

Quería ver qué sucedía si rompía el código, si invitaba a uno de los niños a interpretar otro papel.

—¿Sabes? —le dije a Gretchen—. Tienes un perfil precioso.

La madre me dio una patada por debajo de la mesa.

—No diga eso —me reprendió entre dientes—. Acabará creyéndoselo.

Después de comer, mientras la madre de Emma recogía la cocina, Peter, que todavía era muy pequeño, le jalaba la falda reclamando su atención. Ella lo apartaba y los intentos por parte del niño de que dejara de hacer lo que estaba haciendo y lo cargara se volvieron cada vez más frenéticos. Al final, salió tambaleándose de la cocina y se dirigió directamente a la mesa del café en la que había algunos adornos de porcelana. Su madre corrió tras él. Le dio un golpe y dijo: «¿No te he dicho que no toques eso?».

La idea de que un golpe a tiempo evita males futuros había creado un clima en el que los niños parecían recibir únicamente atención negativa (al fin y al cabo, una atención negativa es mejor que nada de atención). El entorno estricto, la naturaleza blanca o negra de las normas, los papeles impuestos a los niños y la palpable tensión entre los padres contribuían a que en aquel hogar hubiera hambruna emocional.

También fui testigo de la atención absolutamente inadecuada que el padre de Emma le prestaba a esta. «Hola, guapa», le dijo cuando se unió a nosotros en la sala de estar después de comer. Vi cómo se encogía en el sofá, tratando de esconderse. Control, disciplina férrea, incesto emocional..., no era de extrañar que Emma se estuviera muriendo entre tanta abundancia.

La familia de Emma, como todas, necesitaba unas reglas, pero muy diferentes de las que la regían. De modo que ayudé a Emma y a sus padres a elaborar una constitución familiar que se ayudarían mutuamente a poner en práctica, una lista de normas familiares que mejoraría el clima que se respiraba en la casa. En primer lugar, hablaron sobre los comportamientos que no funcionaban. Emma les dijo a sus padres lo mucho que le asustaba oírlos gritar y echarse la culpa, y lo resentida que se sentía cuando cambiaban las normas o las expectativas en el último minuto: la hora de volver a casa, las tareas que tenía que finalizar antes de poder ver la televisión. Su padre habló de lo aislado que se sentía en la familia; le daba la impresión de que era el único que educaba a los niños. Curiosamente, la madre de Emma dijo algo parecido, que le daba la impresión de estar criando sola a sus hijos. A partir de la lista de costumbres y comportamientos dolorosos, las cosas que querían que se dejaran de hacer, hicimos una lista más pequeña de las cosas que acordaron empezar a hacer:

1. En lugar de culpar a los demás, asumir la responsabilidad de los propios actos y palabras. Antes de decir o hacer algo, preguntarse: «¿Es amable?» «¿Es importante?» «¿Ayuda?»

2. Utilizar el trabajo en grupo para alcanzar metas comunes. Si se tiene que limpiar la casa, cada miembro de la familia realizará un trabajo adecuado a su edad. Si la familia va al cine, se elegirá la película en común o se establecerá un turno. Pensar en la familia como en un coche en el que las ruedas están integradas y funcionan a la vez para desplazarlo a donde

hay que ir; nadie toma el control, ninguna rueda soporta todo el peso.

3. Ser coherente. Si se ha establecido un toque de queda, la norma no puede cambiarse en el último minuto.

En general, la constitución de la familia de Emma hacía referencia a la necesidad de dejar de tener que controlar a los demás.

Traté a Emma durante dos años. Durante ese tiempo, finalizó el programa de tratamiento ambulatorio en la clínica de trastornos alimentarios. Dejó de jugar fútbol, algo a lo que su padre la había obligado cuando empezó la secundaria, y volvió a recibir clases de *ballet* (y posteriormente otras clases de baile: danza del vientre, salsa...). La expresión creativa y el placer que sentía al moverse al ritmo de la música le hacían gozar de su cuerpo y esto le proporcionaba una imagen más sana de sí misma. Cuando faltaba poco para que mi presencia llegara a su fin, cuando ella tenía dieciséis años, conoció a un chico en el colegio y se enamoró, y esta relación le proporcionó otra motivación para vivir y estar sana. Cuando dejó de trabajar conmigo, su cuerpo se había rellenado y su pelo estaba grueso y brillante. Se había convertido en la versión actual de la niña bailarina del dibujo.

El verano después de su primer año en la preparatoria, su familia me invitó a una barbacoa en su casa. Prepararon un maravilloso banquete: costillas, alubias, ensalada de papa alemana, panecillos caseros. Emma estaba con su novio, llenando su plato de comida, riendo y coqueteando. Sus padres, hermanos y amigos estaban sentados en el pasto o en sillas plegables. La comida ya no era el lenguaje negativo de la familia. Los padres de Emma, a pesar de no haber transformado totalmente el tono de la educación de sus hijos o el de su matrimonio, habían aprendido a darle a Emma lo que ella había aprendido a darse a sí misma: el espacio y la confianza necesarios para encontrar su camino a la felicidad en la vida. Y sin tener que vivir consumidos por el miedo a lo que le ocurriría a Emma, habían logrado ser libres para vivir sus vidas. Jugaban al *bridge* con amigos una noche a la semana y habían abandonado gran parte de la preocupación, la rabia y la necesidad de control que habían envenenado la vida familiar durante tanto tiempo.

Me sentí aliviada y emocionada al ver que Emma había vuelto a ser Emma. Y su viaje también me llevó a reflexionar sobre mí. Edie. ¿Estaba yo en armonía con mi propia niña bailarina interior? ¿Vivía con su curiosidad y su éxtasis? Alrededor de la misma época en que Emma finalizó su tratamiento conmigo, mi primera nieta, Lindsey, la hija de Marianne, empezó a recibir clases de *ballet* infantil. Marianne me envió una foto de Lindsey vestida con un pequeño tutú rosa, con sus encantadores pies regordetes embutidos en un par de diminutas zapatillas rosas. Lloré al ver la foto. Lágrimas de alegría, sí. Pero también sentí un dolor en el pecho que tenía más que ver con la pérdida. Podía imaginarme la vida de Lindsey desplegándose a partir de ese momento, sus actuaciones y recitales (sin duda, continuaría estudiando *ballet* y actuaría en *El cascanueces* durante todos los inviernos de su infancia y adolescencia), y la felicidad que sentía previendo todo lo que le faltaba por vivir no podía disociarla del pesar que sentía por mi propia vida interrumpida. Cuando nos apenamos por una pérdida, no es solo por lo que pasó. Yo albergaba un año de horror en mi interior. Y albergaba un espacio vacío, hueco, la inmensa oscuridad de una vida que no viviría nunca. Encerraba el trauma y la ausencia que no podía alejar de ninguna forma de mi realidad, pero tampoco sostener fácilmente.

Encontré otro espejo y otra maestra en Agnes, una mujer a la que conocí en un balneario de Utah donde fui a dar una conferencia acerca de la importancia del cuidado personal para favorecer la curación a mujeres que habían sobrevivido a un cáncer de mama. Agnes era joven, de unos cuarenta y pocos años, con el pelo negro recogido en un moño bajo. Llevaba un vestido amplio de color neutro abotonado hasta el cuello. De no haber sido la primera de la fila para concertar una cita particular en mi hotel después de mi charla, posiblemente ni me habría fijado en ella. Se mantenía en segundo plano. Incluso cuando se colocó ante mí, su cuerpo apenas era visible bajo su ropa.

—Lo siento —dijo cuando abrí la puerta y la invité a pasar—. Estoy segura de que hay otras personas más merecedoras de su tiempo.

Le señalé la silla que había al lado de la ventana y le serví un vaso de agua. Parecía incómoda ante mis pequeños gestos de atención. Se sentó en el extremo mismo de la silla sosteniendo el vaso de agua rígidamente frente a ella, como si beber un sorbo fuese una imposición de mi hospitalidad.

—En realidad no necesito toda una hora. Solo tengo una pregunta rápida.

—Sí, querida. Dime en qué te puedo ayudar.

Dijo que estaba interesada en algo que yo había dicho durante mi charla. Había mencionado un antiguo dicho húngaro que había aprendido de pequeña: «No aspires la ira hacia tu pecho». Había puesto un ejemplo de las convicciones y sensaciones esclavizadoras a las que me había aferrado a lo largo de mi vida: mi ira y mi convicción de que tenía que ganarme la aprobación de los demás, que nada de lo que hiciera sería lo bastante bueno para hacerme merecedora de amor. Había invitado a las mujeres del público a preguntarse: «¿A qué sensación o creencia me estoy aferrando? ¿Estoy dispuesta a librarme de ellas?». Ahora, Agnes me preguntaba: «¿Cómo sabes si hay algo a lo que te estás aferrando?».

—Es una buena pregunta. Cuando hablamos de libertad, no hay una talla única. ¿No puedes suponerlo? ¿No te dicen las tripas que hay algo en tu interior que trata de llamar tu atención?

—Es un sueño.

Me dijo que desde que le habían diagnosticado el cáncer algunos años atrás, e incluso ahora que su enfermedad había remitido, tenía un sueño recurrente. Se prepara para llevar a cabo una operación quirúrgica. Se pone una bata azul y una mascarilla. Se recoge el pelo largo dentro de un gorro desechable. Se pone frente al lavabo y se lava las manos una y otra vez.

—¿Quién es el paciente?

—No estoy segura. Son diferentes personas. A veces es mi hijo. Otras veces es mi marido o mi hija, o alguien del pasado.

—¿Por qué los operas? ¿Cuál es el diagnóstico del paciente?

—No lo sé, creo que va cambiando.

—¿Cómo te sientes cuando estás operando?

—Es como si me ardieran las manos.

—¿Y cómo te sientes cuando te despiertas? ¿Llena de energía o cansada?

—Depende. A veces quiero volver a dormirme para seguir trabajando; la cirugía todavía no ha acabado. A veces me siento triste y cansada, como si el procedimiento fuera inútil.

—¿Qué crees que significa ese sueño?

—Yo quería estudiar Medicina. Pensé en inscribirme después de ir a la universidad. Pero tuvimos que pagar la carrera de Empresariales de mi marido, y luego tuvimos hijos, y después el cáncer. Nunca llegó el momento adecuado. Por eso quería hablar con usted. ¿Cree que tengo ese sueño porque debería estudiar Medicina ahora, a estas alturas de mi vida? ¿O cree que tengo ese sueño porque ya es hora de dejar de lado esa fantasía de convertirme en médico?

—¿Qué es lo que te gusta de la medicina?

Pensó antes de contestar.

—Ayudar a la gente. Pero también descubrir lo que está pasando realmente. Descubrir la verdad. Descubrir qué hay bajo la superficie y arreglar el problema.

—No hay nada absoluto en la vida, ni en la medicina. Como bien sabes, las enfermedades pueden ser difíciles de tratar. Dolor, cirugía, tratamientos, alteraciones físicas, cambios de humor. Y no hay garantía de recuperación. ¿Qué te ha ayudado a vivir con cáncer? ¿Qué verdades o creencias estás utilizando para que te guíen a través de tu enfermedad?

—No ser una carga. No quiero ser una molestia para nadie.

—¿Cómo te gustaría ser recordada?

Las lágrimas asomaron a sus ojos gris claro.

—Como una buena persona.

—¿Qué significa «buena» para ti?

—Altruista. Generosa. Amable. Abnegada. Que hace lo correcto.

—¿Una buena persona se queja alguna vez? ¿O se enoja?

—Esos no son mis valores.

Me recordaba a mí misma, antes de que el veterano de guerra parapléjico me llevara al encuentro de mi propia ira.

—La ira no es un valor —le dije a Agnes—. Es un sentimiento. No significa que seas mala. Simplemente significa que estás viva. —Parecía escéptica—. Me gustaría que intentaras algo. Un ejercicio. Te vas a voltear. Todo lo que reprimes habitualmente lo vas a dejar salir, y todo lo que habitualmente sueltas lo vuelves a meter en tu interior. —Agarré el bloc de notas con el membrete del hotel del escritorio y se lo entregué junto con un bolígrafo—. Tienes que escribir una frase de cada persona de tu familia directa. Quiero que escribas algo que no le hayas dicho a esa persona. Puede tratarse de un deseo, un secreto o algo de lo que te arrepientas; puede ser algo sin importancia, como «Me gustaría que pusieras los calcetines sucios en la lavadora». La única regla es que tiene que ser algo que nunca hayas dicho en voz alta.

Sonrió levemente, nerviosa.

—¿De verdad me va a hacer decir eso?

—Lo que hagas después depende por completo de ti. Puedes romper el papel como si fuera confeti y tirarlo al escusado o prenderle fuego. Solo quiero que lo saques de tu cuerpo escribiéndolo.

Se sentó en silencio durante algunos minutos y empezó a escribir. En varias ocasiones tachó alguna cosa. Finalmente levantó la vista.

—¿Cómo te sientes?

—Un poco mareada.

—¿Patas arriba?

—Sí.

—Entonces es hora de que vuelvas a llenarte otra vez. Pero con las cosas que habitualmente das a otras personas. Vas a poner de nuevo todo ese amor, protección y cuidado dentro de ti.

Le pedí que se imaginara a sí misma haciéndose muy pequeña, tan diminuta que pudiera introducirse dentro de su propia oreja. Le dije que se arrastrara por el canal pasando por la garganta y el esófago, hasta llegar al estómago. Mientras viajaba por su interior, le pedí que pusiera sus minúsculas manos amorosas en cada parte de su cuerpo por la que pasaba. Los pulmones, el corazón, la columna vertebral, por el interior de piernas y brazos. La enseñé a poner sus compasivas manos en cada órgano, cada músculo, cada hueso y cada vena.

—Lleva tu amor a todas partes. Tienes que ser tu propia, exclusiva y única cuidadora —dije.

Tardó un poco en concentrarse, en permitir que su atención se desviara de la experiencia superficial. Se movía constantemente en la silla, apartándose un pelo rebelde de la frente, aclarándose la garganta. Pero, entonces, su respiración se hizo más profunda y lenta, su cuerpo se puso rígido. Se fue relajando profundamente a medida que avanzaba por su interior; su cara parecía libre de preocupaciones. Antes de que la guiara de vuelta a través de su canal auditivo, le pregunté si había algo que quisiera decirme acerca de lo que había sentido o descubierto allí dentro.

—Pensaba que estaría muy oscuro —dijo—, pero hay mucha luz.

Algunos meses más tarde me llamó para darme una noticia devastadora. Su cáncer de pecho había dejado de remitir. Se había reproducido y se estaba extendiendo rápidamente. Me dijo: «No sé cuánto tiempo me queda». Me contó que planeaba hacer el ejercicio de voltearse cada día para poder vaciarse del inevitable miedo y la inevitable rabia que sentía, y llenarse de amor y de luz. Me dijo que, paradójicamente, cuanto más honesta se mostraba con su familia acerca de sus sentimientos negativos, más agradecida se sentía. Le dijo a su marido lo resentida que estaba por el hecho de haber dado prioridad a su carrera profesional. Decírselo abiertamente le hizo ver fácilmente que aferrarse al resentimiento no conduce a nada, y descubrió que podía ver con más nitidez todas las formas en que él la había apoyado a lo largo de su matrimonio. Descubrió que podía perdonarle. En cuanto a su hijo adolescente, no le ocultó su miedo a la muerte, no le dijo palabras tranquilizadoras que no dejaban lugar a dudas. Hablaba abiertamente sobre sus incertidumbres. Le dijo que a veces hay cosas que simplemente no sabemos. A su hija, que era más joven e iba a la secundaria, le expresó lo enojada que estaba por los momentos que se iba a perder: que le contara sus primeras citas, verla abrir las cartas de las universidades, ayudarla a ponerse su vestido de novia. No reprimía su rabia como si se tratara de una emoción inaceptable. Encontró su camino hacia lo que había debajo: la profundidad y la urgencia de su amor.

Cuando su marido me llamó para decirme que Agnes había muerto, me dijo que nunca se recuperaría de la pena, pero que había fallecido en paz. El amor en las relaciones de su familia se había hecho más profundo en los últimos meses de su vida. Les había enseñado una forma más auténtica de relacionarse unos con otros. Cuando colgué el teléfono, me eché a llorar. Aunque nadie tenía la culpa, una bella persona se había ido demasiado pronto. Era injusto. Era cruel. Y me hizo preguntarme por mi propia mortalidad. Si muriera mañana, ¿moriría en paz? ¿Realmente había aprendido por mí misma lo que Agnes había descubierto? Dentro de mi propia oscuridad, ¿había encontrado la luz?

Emma me ayudó a cuestionarme cómo me relacionaba con mi pasado. Agnes me ayudó a plantearme cómo me estaba relacionando con mi presente. Y Jason Fuller, el capitán del ejército catatónico que acudió a mi consulta por primera vez una calurosa tarde de 1980, que permaneció callado e inmóvil en el sofá blanco durante minutos interminables, que obedeció la orden que finalmente le di de acompañarme al parque a pasear a mi perro, me enseñó cómo enfrentarme a una decisión que determinaría mi futuro. Lo que aprendí de él aquel día influiría en la calidad de mi vida durante todos los años que me quedaban, así como en la calidad de la herencia que he decidido dejarles a mis hijos, nietos y bisnietos.

Mientras caminábamos por el parque, la manera de andar de Jason se volvió menos tensa. Lo mismo sucedió con la expresión de su cara, la cual adquiría más color y suavidad a cada paso. De repente, parecía más joven, menos hueco. Sin embargo, seguía sin hablar. Yo no había planeado qué sucedería cuando volviéramos a la consulta. Me limité a seguir paseando, respirando, interpretando cada minuto que Jason seguía conmigo como una indicación de que, si se sentía lo bastante seguro, podría acceder a él.

Después de dar una vuelta al parque lentamente, lo llevé de nuevo a mi consulta. Nos serví un poco de agua. Fuera lo que fuera lo que nos esperaba, sabía que no podía precipitarme. Tenía que proporcionarle un lugar en el que sintiera una confianza absoluta, donde Jason pudiera contármelo todo, cualquier sentimiento, donde supiera que estaba seguro, donde supiera que no se le juzgaría. Se sentó de nuevo en el sofá, frente a mí, y yo me incliné hacia delante. ¿Cómo podía mantenerlo aquí conmigo? No solo físicamente en mi consulta, sino dispuesto a abrirse y a descubrir. Juntos, teníamos que encontrar la manera de avanzar hacia el conocimiento, la revelación y la curación, encontrar la manera de que Jason dejara fluir las emociones y situaciones que le superaban y le provocaban un estado catatónico, fuesen las que fuesen. Y yo tenía que guiarlo hacia el bienestar, no podía obligarlo a hablar. Tenía que dejarme llevar por su actual estado mental y sus actuales decisiones y condiciones y mantenerme abierta a cualquier oportunidad de revelación y cambio.

—Me pregunto si podrías ayudarme —dije por fin. Esa es una manera de empezar que a veces utilizo con los pacientes reacios y difíciles. Desvío la atención del problema del paciente. Me convierto en la persona que tiene el problema. Apelo a la comprensión del paciente. Quería que Jason sintiera que él era quien tenía fuerza y soluciones y que yo era simplemente una persona curiosa y un tanto desesperada, que pedía ayuda—. Me gustaría saber cómo quieres emplear el tiempo que vas a pasar aquí conmigo. Eres joven, un soldado. Yo solo soy una abuela. ¿Podrías ayudarme?

Empezó a hablar, pero se le hizo un nudo en la garganta a causa de la emoción y sacudió la cabeza. ¿Cómo podía ayudarle a permanecer allí, con su agitación interna o externa, fuera cual fuera, sin huir o encerrarse en sí mismo?

—Me pregunto si podrías ayudarme a entender un poco mejor cómo puedo serte útil. Me gustaría ser tu caja de resonancia. ¿Podrías ayudarme un poco, por favor?

Sus ojos se entrecerraron como si estuviera reaccionando ante una luz brillante. O reprimiendo las lágrimas.

—Mi mujer —dijo por fin, con la garganta cerrándosele otra vez tras sus palabras.

No le pregunté qué le preocupaba de su mujer. No le pregunté por los hechos. Fui directamente a los sentimientos que subyacían bajo sus palabras. Quería que me condujera directa y profundamente a la verdad que había en su corazón. Quería que fuera la persona que yo confiaba que era capaz de ser; una persona que podía desbloquearse y sentir. No puedes curar lo que no puedes sentir. Eso lo había aprendido a la fuerza, tras décadas de decidir estar bloqueada y permanecer insensible. Como Jason, yo había embotellado mis sentimientos; me había puesto una máscara.

¿Qué había bajo la máscara de Jason? ¿Bajo su bloqueo? ¿Pérdida? ¿Miedo?

—Parece que estás triste por algo —dije. Estaba suponiendo, sugiriendo. O tenía razón o él me corregiría.

—No estoy triste —murmuró—. Estoy furioso. Loco de rabia. ¡Podría matarla!

—A tu mujer.

—¡Esa puta me engaña! —Ahí estaba. La verdad había salido a la luz. Era un comienzo.

—Cuéntame más —dije.

Su mujer tenía una aventura, me dijo. Su mejor amigo le había avisado. No podía creer que no se hubiera dado cuenta.

—Oh, Dios —dijo—. Oh, Dios. Dios.

Se levantó. Se puso a caminar arriba y abajo por la consulta. Le dio una patada al sofá. Había logrado superar su rigidez y se estaba convirtiendo en un maníaco agresivo. Golpeó la pared hasta que se le crispó el rostro del dolor. Era como si se hubiera encendido un interruptor y toda la fuerza de sus emociones lo inundara todo como si fuera la luz de un reflector. Ya no estaba encerrado y reprimido. Era explosivo. Volcánico. Y ahora que estaba golpeándolo todo, desprotegido ante el dolor, mi papel había cambiado. Lo había guiado hasta sus sentimientos. Ahora, tenía que ayudarle a experimentarlos sin que se ahogara en ellos, sin que se hundiera en su intensidad. Antes de que pudiera decir una palabra, se puso tenso en medio de la habitación y gritó.

—¡No puedo soportarlo! ¡La voy a matar! ¡Los mataré a los dos!

—Estás tan furioso que podrías matarla.

—¡Sí! Voy a matar a esa puta. Voy a hacerlo ahora mismo. Mira lo que tengo. —No exageraba. Lo decía literalmente. Sacó una pistola del cinturón—. La voy a matar ahora mismo.

Debería haber llamado a la policía. Las sirenas de alarma que sentí en mis tripas cuando Jason entró por la puerta no eran falsas. Puede que ahora fuera demasiado tarde. No sabía si Jason y su mujer tenían hijos, pero lo que me imaginaba mientras Jason blandía la pistola era a unos niños llorando en el funeral de su madre. A Jason entre rejas y a los niños perdiendo a sus padres por un arrebato de venganza.

Pero no llamé a la policía. Ni siquiera llamé a mi ayudante para decirle que podía necesitar ayuda. No había tiempo.

No lo iba a callar. Iba a cabalgar la ola de sus intenciones y las consecuencias de estas.

—¿Y si la matas ahora mismo? —dije.

—¡Lo voy a hacer!

—¿Qué pasará?

—Se lo merece. Se lo ha buscado. Se va a arrepentir de todas las mentiras que me ha contado.

—¿Qué te pasará si matas a tu mujer?

—¡Me da igual! —Me apuntaba con la pistola, directa al pecho, agarrándola con las dos manos, con el dedo inmóvil cerca del gatillo. ¿Era yo un blanco? ¿Podía descargar su rabia sobre mí? ¿Apretar el gatillo por error y dispararme una bala? No había tiempo para tener miedo.

—¿A tus hijos les importará? —Actuaba por instinto.

—No mencione a mis hijos —susurró Jason. Bajó la pistola un instante. Si apretaba el gatillo, me dispararía en el brazo o en la silla, no en el corazón.

—¿Quieres a tus hijos? —pregunté. La ira, por muy absorbente que sea, nunca es la emoción más importante. Es solo el borde externo, la fina capa superior expuesta de un sentimiento mucho más profundo. Y el verdadero sentimiento disfrazado por la máscara de la ira es habitualmente el miedo. Y no se pueden sentir amor y miedo al mismo tiempo. Si pudiera apelar al corazón de Jason, si pudiera lograr que sintiera amor, aunque solo fuera por un segundo, puede que bastara para interrumpir la señal de miedo que estaba a punto de convertirse en violencia. Su ira ya se había detenido.

—¿Quieres a tus hijos? —pregunté de nuevo.

Jason no contestó. Era como si estuviera atrapado en la encrucijada de sus propios sentimientos contradictorios.

—Yo tengo tres hijos —dije—. Dos hijas y un hijo. ¿Y tú?

—Una pareja —dijo.

—¿Una hija y un hijo?

Asintió.

—Háblame de tu hijo —le dije.

Algo se desató en Jason. Un nuevo sentimiento. Vi cómo pasaba por su rostro.

—Se parece a mí —dijo Jason.

—De tal palo, tal astilla.

Sus ojos ya no me enfocaban a mí ni a la pistola, su vista estaba en otra parte. Todavía no sabía cuál era el nuevo sentimiento, pero notaba que algo había cambiado.

Seguí el hilo.

—¿Quieres que tu hijo sea como tú? —pregunté.

—¡No! —respondió—. ¡Por Dios, no!

—¿Por qué no? —Sacudió la cabeza. No estaba dispuesto a ir a donde yo le estaba llevando—. ¿Qué quieres?

Lo dije tranquilamente. Era una pregunta que puede ser aterradora, una pregunta que puede cambiarte la vida.

—¡No puedo soportarlo! ¡No quiero sentirme así!

—Quieres no tener dolor.

—¡Quiero que esa puta pague por lo que me ha hecho! ¡No voy a permitir que se burle de mí!

Levantó la pistola.

—Recuperarás el control de tu vida.

—¡Maldita sea! ¡Claro que lo haré!

Yo estaba sudando. Dependía de mí ayudarle a dejar la pistola. No había un guion que seguir.

—Te ha hecho daño.

—¡Ya no! Ahora se acabó.

—Te protegerás.

—Eso es.

—Le enseñarás a tu hijo a manejar las cosas. A ser un hombre.

—¡Le enseñaré que no deje que le hagan daño!

—Matando a su madre.

Jason se quedó paralizado.

—¿Si matas a su madre no estarás haciendo daño a tu hijo?

Jason miró fijamente la pistola que tenía en la mano. En visitas posteriores, me contaría lo que llenaba su mente en aquel momento. Me hablaría de su padre, un hombre violento que le inculcó, a veces con palabras y a veces con los puños, que eso es lo que hace un hombre: un hombre es invulnerable; un hombre no llora; un hombre está al mando; un hombre tiene la última palabra. Me explicaría que siempre había intentado ser mejor padre de lo que su padre lo había sido con él. Pero no sabía cómo. No sabía cómo enseñar y guiar a sus hijos sin intimidarlos. Cuando le pedí que se planteara cómo afectaría a su hijo su decisión de vengarse, de repente se vio obligado a plantearse una posibilidad que, hasta entonces, no había sido capaz de plantearse. Una forma de vivir que no perpetuara la violencia y la inseguridad que le llevaría a él, y a su hijo, no a la cautivadora seducción de la venganza, sino al amplio cielo abierto de sus expectativas y su potencial.

Si comprendí algo de aquella tarde y de mi vida en general es que, a veces, los peores momentos de nuestra vida, los momentos en los que nos asedian deseos negativos que amenazan con desquiciarnos con la insostenibilidad del dolor que debemos soportar, son en realidad los momentos que nos llevan a entender nuestra valía. Es como si adquiriéramos consciencia de nosotros mismos, como un puente entre todo lo que ha sucedido y todo lo que sucederá. Adquirimos consciencia de todo lo que hemos recibido y lo que podemos decidir perpetuar o no perpetuar. Es una especie de vértigo, emocionante y aterrador, con el pasado y el futuro rodeándonos como un inmenso pero franqueable cañón. Por muy pequeños que seamos en el gran plan del universo y el tiempo, cada uno de nosotros es un pequeño mecanismo que hace que la rueda gire. ¿Y qué propulsaremos con la rueda de nuestra propia vida? ¿Seguiremos presionando el mismo pistón de pérdida o pesar? ¿Repetiremos y recrearemos las penas del pasado? ¿Abandonaremos a las personas que amamos como consecuencia de nuestro propio abandono? ¿Haremos que nuestros hijos paguen por nuestras pérdidas? ¿O sacaremos el máximo provecho de lo que sabemos y dejaremos que nazca una nueva cosecha en el campo de nuestra vida?

Ansioso de venganza, sosteniendo una pistola, viéndose reflejado en la cara de su hijo, de repente Jason fue capaz de ver las opciones de que disponía. Podía elegir matar o elegir amar. Derrotar o perdonar. Afrontar la pena o transmitir el dolor una y otra vez. Dejó caer la pistola. Ahora estaba llorando, con enormes y temblorosos sollozos, con olas de pesar rompiendo contra su cuerpo. No podía mantenerse en pie ante la intensidad de la sensación. Cayó al suelo, de rodillas, y agachó la cabeza. Casi podía ver los diferentes sentimientos rompiendo sobre él en oleadas: el dolor, la vergüenza, el orgullo herido, la confianza traicionada y la soledad, la imagen del hombre que no podría ser y no sería nunca. No podría ser un hombre que no hubiera perdido nunca. Siempre sería un hombre cuyo padre le pegaba y lo humillaba cuando era pequeño, cuya mujer lo engañaba. Del mismo modo que yo siempre seré una mujer cuya madre y cuyo padre fueron gaseados y convertidos en humo. Jason y yo siempre seríamos lo que es todo el mundo: alguien que soporta el sufrimiento. No podemos borrar el dolor. Pero somos libres de aceptar lo que somos y lo que nos han hecho y avanzar. Jason se arrodilló llorando. Yo me uní a él en el suelo. Las personas que amábamos o en las que confiábamos habían desaparecido o nos habían decepcionado. Necesitaba que lo abrazaran. Lo abracé. Le estreché contra mi pecho y hundió la cabeza en mi regazo; lo abracé y lloramos hasta que nuestras lágrimas empaparon mi blusa de seda.

Antes de que Jason abandonara mi consulta, le exigí que me entregara la pistola. (La conservé durante muchos años; tantos que me olvidé de que todavía estaba en mi armario. Cuando estaba empacando las cosas de mi consulta para mudarme a San Diego, la encontré, todavía cargada, en el cajón de un archivador; un recordatorio de la volatilidad y el dolor que a menudo decidimos ocultar; el daño potencial que perdura hasta que lo afrontamos conscientemente y lo desmantelamos.)

—¿Estás bien para irte ahora? —le pregunté—. ¿Estás bien para irte a casa?

—No estoy seguro.

—Te resultará incómodo sin una pistola. ¿Tienes algún lugar al que ir si vuelve la ira? ¿Si sientes que quieres herir o matar a alguien?

Dijo que podía ir a casa de su amigo, el que le había contado lo de la aventura y le había aconsejado que viniera a verme.

—Tenemos que practicar lo que le dirás a tu mujer.

Hicimos un guion. Él lo escribió. Le diría: «Estoy muy triste y disgustado. Espero que esta noche encontremos tiempo para hablar de ello». No se le permitía decir nada más hasta que estuvieran solos, y entonces, solo si era capaz de comunicarse mediante palabras en lugar de mediante la violencia. Tenía que llamarme inmediatamente si se sentía incapaz de ir a casa. Si reaparecían los pensamientos homicidas, tenía que encontrar un lugar seguro en el que sentarse o donde dar una vuelta

—Cierra la puerta. Sal. Sé tú mismo. Respira, respira, respira. El sentimiento remitirá. Prométeme que me llamarás si empiezas a sentir que pierdes el control. Abandona la situación, ponte a salvo y llámame.

Empezó a llorar otra vez.

—Nadie se ha preocupado nunca por mí como usted.

—Haremos un buen equipo —le dije—. Sé que no me vas a decepcionar.

Jason volvió a mi consulta dos días más tarde y así comenzó una relación terapéutica que duraría cinco años. Pero, antes de saber cómo acabaría su historia, tuve que enfrentarme a un hecho crucial.

Una vez que Jason se marchó y yo guardé la pistola y me senté en mi silla, respirando profundamente, despacio, recobrando la calma, revisé el correo que mi ayudante me había entregado justo antes de la inesperada llegada de Jason. Y allí, entre la correspondencia, descubrí otra carta que cambió el rumbo de mi vida. Era del capitán del ejército de Estados Unidos David Woehr, un antiguo colega del

William Beaumont, que por aquel entonces dirigía el Centro de Recursos Religiosos de Múnich, donde era el responsable de impartir formación clínica a todos los capellanes y asistentes de capellanes del ejército estadounidense que estaban sirviendo en Europa. La carta era una invitación a dar una conferencia a seiscientos capellanes durante un taller que Dave iba a impartir al cabo de un mes. En cualquier otra circunstancia, habría aceptado, me habría sentido honrada y agradecida por ser de utilidad. Dada mi experiencia clínica en el William Beaumont y el éxito de mis tratamientos a personal militar en activo y a veteranos de combate, me habían pedido en numerosas ocasiones que diera charlas ante un público militar más amplio, y siempre había considerado que no solo era un honor, sino también una obligación moral (como antigua prisionera de guerra liberada por los soldados de Estados Unidos) hacerlo. Sin embargo, el taller de Dave estaba previsto que se celebrase en Alemania. Y no en un lugar cualquiera de Alemania. Se iba a celebrar en Berchtesgaden. El antiguo lugar de retiro de Hitler en las montañas de Baviera.

CAPÍTULO 17

—

ENTONCES HITLER GANÓ

No es el aire frío que sale del ventilador de mi consulta lo que me hace temblar. Dentro de poco cumpliré cincuenta y tres años. Ya no soy la joven madre huérfana que huye de una Europa asolada por la guerra. Ya no soy la inmigrante que se esconde de su pasado. Ahora soy la doctora Edith Eva Eger. Sobreviví. Trabajé para curarme. Utilizo lo que aprendí de mi traumático pasado para ayudar a que otros se curen. A menudo, me reclaman organizaciones sociales y empresas médicas y del ejército para que trate a pacientes con TEPT. He recorrido una gran distancia desde que hui a América. Pero no he vuelto a Alemania desde la guerra.

Esa noche, para distraerme de mi preocupación acerca de cómo estaría manejando Jason el enfrentamiento con su mujer, llamo a Marianne a San Diego y le pregunto qué cree que debería hacer respecto a Berchtesgaden. Ella es ahora madre y psicóloga. Con frecuencia nos consultamos mutuamente sobre nuestros pacientes más complicados. Igual que Jason cuando sostenía la pistola, la decisión a la que me enfrento está muy relacionada con mis hijos; con las heridas que acarrearán cuando yo ya no esté: heridas cicatrizadas o abiertas.

—No sé, mamá —dice Marianne—. Quiero decirte que vayas. Sobreviviste, y ahora vuelves y cuentas tu historia. Es un triunfo increíble. Pero… ¿te acuerdas de aquella familia danesa? ¿Los miembros de mi familia de acogida en la universidad? Volvieron a Auschwitz pensando que eso les proporcionaría paz. Sin embargo, aquello no hizo más que hurgar en la herida. Fue muy estresante. Los dos sufrieron ataques al corazón cuando volvieron a casa. Murieron, mamá.

Berchtesgaden no es Auschwitz, le recuerdo. Estaría geográficamente más cerca del pasado de Hitler que del mío. Sin embargo, incluso mis rutinas cotidianas en El Paso pueden provocarme *flashbacks*. Oigo sirenas y me quedo petrificada, veo una alambrada alrededor de una obra y dejo de estar en el presente para ver cadáveres azulados colgando de ella, y me quedo atenazada por el miedo, luchando por mi vida. Si cualquier desencadenante cotidiano puede hacer aflorar mi trauma, ¿cómo sería estar rodeada de personas que hablan alemán, preguntarme si estoy caminando entre antiguos miembros de las Juventudes Hitlerianas, estar en las mismas habitaciones en las que vivieron en su día Hitler y sus asesores?

—Si crees que hay algo que ganar, ve, yo te apoyo —dice Marianne—. Pero tienes que hacerlo por ti. No tienes que demostrarle nada a nadie. Nadie te exige que vayas.

Cuando lo dice, el alivio es inmediato.

—Gracias, Marchuka —digo—. Ahora estoy a salvo, estoy feliz. He hecho mi trabajo. He crecido. Ahora puedo dejarlo estar. Puedo decir que me siento honrada por la invitación, pero que me resulta demasiado doloroso aceptarla. Dave lo entenderá.

Sin embargo, cuando le digo a Béla que decidí declinar la invitación, me toma del hombro.

—Si no vas a Alemania —dice—, Hitler ganó la guerra.

Eso no es lo que quiero oír. Me siento como si me hubieran dado un golpe bajo. No obstante, tengo que admitir que tiene razón en una cosa: es más fácil hacer a alguien o a algo responsable de tu dolor que asumir la responsabilidad de poner fin a tu propio victimismo. Nuestro matrimonio me lo ha enseñado; todas las veces que mi rabia o frustración hacia Béla han desviado mi atención de mi trabajo y crecimiento; las veces que echarle la culpa de mi infelicidad era más fácil que asumir mi responsabilidad.

La mayoría de nosotros queremos a un dictador, aunque es cierto que uno benévolo, para poder pasarle la pelota y decir: «Tú me obligaste a hacer esto. No es culpa mía». Pero no podemos pasarnos la vida bajo un paraguas ajeno y luego quejarnos porque nos estamos mojando. Una buena definición de víctima es alguien que pone el foco fuera de sí, que busca en el exterior a otra persona a quien culpar de sus circunstancias actuales o que determine sus objetivos, su destino o su valía.

Y por eso Béla me dice que, si no voy a Berchtesgaden, Hitler ganó la guerra. Se refiere a que estoy sentada en un subibaja frente a mi pasado. Mientras pueda poner a Hitler, a Mengele o al enorme vacío de mi pérdida en el asiento del otro extremo, de alguna manera, tendré una justificación; siempre tendré una excusa. Por eso estoy nerviosa. Por eso estoy triste. Por eso no puedo arriesgarme a ir a Alemania. No es que sea malo sentirse nerviosa, triste y asustada. No es que no exista un verdadero trauma en el fondo de mi vida. Y no es que Hitler o Mengele y todo el resto de autores de actos violentos o crueles no deban ser considerados responsables del daño que causan. Pero yo permanezco en el subibaja, y responsabilizo al pasado del lugar que ocupo ahora.

Hace mucho tiempo, el dedo de Mengele señaló mi destino. Decidió que mi madre muriera, decidió que Magda y yo viviéramos. En cada fila de selección, lo que estaba en juego era la vida y la muerte. La decisión nunca la tomaba yo. Pero, incluso entonces, en mi cárcel, en el infierno, podía decidir cómo reaccionar; podía decidir lo que guardaba en mi mente. Podía decidir caminar hacia la alambrada electrificada, negarme a salir de la cama, o luchar y vivir, pensar en la voz de Eric y el *strudel* de mi madre; pensar en Magda, a mi lado, reconocer todo aquello por lo que tenía que vivir, incluso en medio del horror y la pérdida. Han pasado casi treinta y cinco años desde que salí del infierno. Los ataques de pánico aparecen a cualquier hora del día o de la noche; pueden atraparme con la misma facilidad en mi sala de estar que en el antiguo búnker de Hitler, porque mi pánico no es el resultado de detonantes puramente externos. Es una expresión de los recuerdos y miedos que viven dentro de mí. Si me mantengo exiliada de una parte concreta del mundo, en realidad estoy diciendo que quiero exiliar la parte de mí que tiene miedo. Tal vez pueda aprender algo acercándome a esa parte.

¿Y qué pasa con mi legado? Hace solo unas horas, Jason se enfrentó a un momento decisivo en su vida: el momento en que sostenía una pistola en la mano pero no apretó el gatillo; cuando se planteó el legado que quería transmitir a sus hijos, cuando decidió algo distinto a la violencia. ¿Qué legado quiero transmitir yo? ¿Qué dejaré en el mundo cuando me marche? Ya decidí renunciar a los secretos, la negación y la vergüenza. Pero ¿ya hice realmente las paces con el pasado? ¿Hay algo más que resolver para que el dolor no se perpetúe?

Pienso en la madre de mi madre, que murió repentinamente mientras dormía. En mi madre, cuya pena por el trauma de esa repentina pérdida infantil la marcó con ansiedad y miedo desde una edad muy temprana, y que transmitió a sus hijas un indefinido e incipiente sentimiento de pérdida. ¿Y yo qué transmitiré, aparte de su piel tersa, su espeso cabello, sus ojos profundos? ¿Aparte del dolor, la pena y la rabia de haberla perdido demasiado joven? ¿Y si tengo que regresar al lugar del trauma para detener el ciclo y crear un legado diferente?

Acepto la invitación a Berchtesgaden.

CAPÍTULO 18
—
LA CAMA DE GOEBBELS

Por teléfono, el reverendo doctor David Woehr me informa acerca de mi visita. Me dirigiría a seiscientos capellanes del ejército congregados en un retiro pastoral en un centro de recreo de las fuerzas armadas en el Hotel General Walker, situado en lo alto de las montañas de Baviera, el cual había servido como parador y lugar de reuniones de los oficiales de las SS de Hitler. A Béla y a mí nos proporcionarían alojamiento en el cercano Hotel zum Türken, el cual, en su día, había sido reservado al gabinete de Hitler y visitantes diplomáticos. Ahí fue donde el primer ministro británico Neville Chamberlain se alojó en 1938 cuando se reunió con Hitler y regresó a casa con la noticia triunfal y trágicamente errónea de que había conseguido la «paz para nuestro tiempo» y donde el propio Adolf Eichmann probablemente había informado a Hitler sobre la solución final. El Berghof, o el Nido del Águila, la antigua residencia de Hitler, estaba a tan solo unos pasos de distancia.

Mi público estaría formado por profesionales de las artes curativas. Los capellanes del ejército actúan como asesores en cuestiones de salud mental, además de como consejeros espirituales y, por primera vez, según me contó Dave, los capellanes tenían que recibir un año de formación pastoral clínica como complemento a sus estudios en el seminario. Los capellanes tenían que recibir formación en psicología además de doctrinal, y Dave estaba organizando retiros de una semana de duración para impartir conocimientos de Psicología Clínica a los capellanes destinados en Europa. Yo pronunciaría la conferencia inaugural.

Dave me contó más sobre los capellanes y sobre los soldados a los que servían. No eran los soldados de mi juventud, ni los soldados a los que estaba acostumbrada a tratar en el William Beaumont; estos eran soldados en tiempos de paz, soldados de la guerra fría, de la guerra entre bastidores. No experimentaban una violencia cotidiana, pero, no obstante, estaban en estado de alerta, manteniendo la paz pero preparados para la guerra. La mayoría de los soldados de la guerra fría estaban destinados en los emplazamientos de misiles. Esos misiles estaban montados en lanzaderas móviles, ocultas en posiciones estratégicas. Para ese personal militar, vivir con la permanente amenaza de la guerra y con sirenas en medio de la noche que podían indicar un simulacro de alerta o un ataque real, era algo habitual. (Como las duchas en Auschwitz. ¿Agua o gas? Nunca se sabía.) Los capellanes a los que yo me iba a dirigir tenían la responsabilidad de proporcionar apoyo psicológico a los soldados, hacer todo lo posible por impedir una guerra total y hacer todo lo posible para estar listos para lo que pudiera suceder.

—¿Qué necesitan oír? —pregunté—. ¿De qué sería útil que les hablara?

—De esperanza —dijo David—. De perdón. Si los capellanes no podemos hablar de eso, si no lo entendemos, no podemos hacer nuestro trabajo.

—¿Por qué yo?

—Una cosa es oír hablar de esperanza y perdón desde el púlpito a una autoridad religiosa —explicó Dave—. Pero tú eres una de las pocas personas que pueden hablar de aferrarse a la esperanza cuando te han despojado de todo, cuando te estás muriendo de hambre y te han dado por muerta. No conozco a nadie con tanta credibilidad.

Un mes después, cuando Béla y yo estamos en un tren entre Berlín y Berchtesgaden, me siento como si fuera la persona con menos credibilidad, la persona menos cualificada de la Tierra para hablar de esperanza y perdón. Cuando cierro los ojos, oigo el sonido de mis pesadillas, el giro constante de las ruedas sobre la vía. Veo a mis padres: a mi padre que se niega a afeitarse; la mirada introspectiva de mi madre. Béla me toma la mano. Toca con un dedo la pulsera de oro que me regaló cuando nació Marianne; la que metí en su pañal cuando hui de Prešov; la pulsera que llevo cada día. Es un signo de triunfo. Lo logramos. Sobrevivimos. Luchamos por la vida. Pero ni siquiera el cariño de Béla, ni el beso del suave metal sobre mi piel pueden mitigar el terror que siento en el estómago.

En nuestro compartimento viaja una pareja alemana de aproximadamente nuestra edad. Son agradables, nos ofrecen unas galletas y la mujer elogia mi vestido. ¿Qué dirían si supieran que, cuando tenía diecisiete años, iba sentada en el techo de un tren alemán bajo una lluvia de bombas, un escudo humano con un ligero traje a rayas, obligada a proteger las municiones de los nazis con mi vida? ¿Dónde estaban ellos mientras yo temblaba en el techo del tren? ¿Dónde estaban durante la guerra? ¿Eran los niños que nos escupieron a Magda y a mí cuando pasamos por los pue-

blos de Alemania? ¿Pertenecían a las Juventudes Hitlerianas? ¿Piensan ahora en el pasado, o lo niegan como hice yo
durante muchos años?

El terror que siento en mi interior se transforma en
otra cosa, en un sentimiento feroz y desapacible: furia.
Recuerdo la rabia de Magda: «Después de la guerra voy a
matar a una madre alemana». No podía borrar nuestra
pérdida, pero podía darle vueltas en la cabeza, podía contraatacar. A veces, compartía su deseo de confrontación,
pero no su deseo de venganza. Mi desolación se manifestaba como una tendencia suicida, no homicida. Pero ahora,
la ira me atrapa, como un vendaval de enorme fuerza, adquiriendo fuerza y velocidad. Estoy sentada a pocos centí-
metros de mis antiguos opresores. Me da miedo lo que podría hacer.

—Béla —susurro—. Creo que ya fuimos demasiado lejos. Quiero irme a casa.

—Ya has estado asustada antes —dice—. Acéptalo,
acéptalo.

Béla me está recordando lo que yo también creo: así es
el proceso de la curación. Niegas lo que duele, lo que te da
miedo. Lo evitas a toda costa. Entonces, encuentras una
manera de admitirlo y aceptas lo que más miedo te provoca. Y por fin puedes soltarlo.

Llegamos a Berchtesgaden y tomamos un camión al
Hotel zum Türken, que ahora es un museo además de un
hotel. Intento no pensar en la ominosa historia de ese lugar y levanto la vista para fijarme en la grandiosidad física,
en las cumbres de las montañas que se elevan a nuestro
alrededor. La cordillera rocosa y nevada me recuerda a la

de los montes Tatras donde Béla y yo nos conocimos, cuando me acompañó a regañadientes al hospital para tuberculosos.

Dentro del hotel, Béla y yo nos reímos de buena gana cuando el conserje se dirige a nosotros como doctor y señora Eger.

—Es doctora y señor Eger —dice Béla.

El hotel es como una máquina del tiempo, un anacronismo. Las habitaciones continúan decoradas como en las décadas de 1930 y 1940, con gruesas alfombras persas y sin teléfono. A Béla y a mí se nos asigna la habitación en la que durmió Joseph Goebbels, el ministro de Propaganda de Hitler, con la misma cama, el mismo espejo, la misma cómoda y la misma mesita de noche que usó él en su día. Permanezco en la entrada de la habitación, siento que mi paz interior se hace pedazos. ¿Qué significa estar aquí ahora? Béla desliza su mano por la parte superior de la cómoda, por la colcha, y se dirige a la ventana. ¿La historia le está invadiendo el cerebro como a mí? Me agarro a la pata de la cama para no caer de rodillas. Béla gira hacia mí. Me guiña un ojo y se pone a cantar. «¡Ha llegado la primavera para Hitler y Alemania!», canta. La canción es de *Los Productores* de Mel Brooks. «¡Alemania está alegre y feliz!»

Da unos pasos de claqué frente a la ventana y sostiene un bastón imaginario en la mano. Vimos juntos el musical cuando lo estrenaron en 1968, un año antes de nuestro divorcio. Yo permanecí sentada en un cine con cientos de personas riendo, Béla el que reía más fuerte de todos. Yo no podía ni esbozar una sonrisa. Intelectualmente, entendía el objetivo de la sátira. Sabía que la risa puede levantarnos el ánimo, que puede ayudarnos a superar momentos difíciles. Sé que la risa puede curar. Pero oír esa canción ahora, en este lugar, es demasiado. Estoy furiosa con Béla, no tanto por su falta de tacto como por su capacidad para escapar rápidamente y con éxito de la angustia. Tengo que salir de ahí.

Me voy sola a dar una vuelta. Justo en el exterior del vestíbulo del hotel hay un sendero que conduce al Berghof, al Nido del Águila, la antigua residencia de Hitler. No tomaré ese camino. No le daré a Hitler la satisfacción de reconocer su hogar y su existencia. No estoy anclada en el pasado. Tomo otro sendero, en dirección a otra cima, hacia cielo abierto.

Y entonces me detengo. Aquí estoy, otorgándole siempre a un muerto el poder de impedir mi propio descubrimiento. ¿No es a eso a lo que fui a Alemania? ¿Para estar más cerca del malestar? ¿Para ver lo que el pasado todavía tiene que enseñarme?

Me deslizo por el sendero de gravilla que conduce a los humildes restos de la, en su día, gran finca de Hitler, encaramada al borde de un precipicio. Ahora, lo que queda de la casa es un antiguo muro de contención cubierto de musgo, escombros y tuberías que salen del suelo. Miro hacia el valle como debía de hacer Hitler. Su casa ha desaparecido; los soldados estadounidenses le prendieron fuego los últimos días de la guerra, no sin antes arrasar con las reservas de vino y coñac. Se sentaron en la terraza y alzaron sus vasos, con la casa oscurecida por el humo y las llamas tras ellos. La casa desapareció, pero ¿qué pasa con Hitler? ¿Puedo sentir todavía su presencia? Compruebo mi estómago en busca de náuseas y mi columna vertebral en busca de escalofríos. Escucho para ver si oigo su voz. Escucho para ver si oigo el eco de su odio, el implacable llamamiento al mal. Pero hoy está todo bastante tranquilo. Miro a la montaña. Veo flores silvestres alimentadas por las primeras gotas frías de la nieve derretida de los picos colindantes. Estoy dando los mismos pasos que dio Hitler en su día, pero él ahora no está aquí, yo sí. Es primavera, aunque no para Hitler. Para mí. La espesa capa de nieve silenciosa se ha fundido; el silencio mortal del invierno dejó paso a nuevas hojas y al repentino ímpetu de las corrientes de agua. A través de las capas del terrible pesar que llevo siempre en mi interior, surge otro sentimiento. Es el primer hilillo de nieve congelada desde hace mucho que empieza a fundirse. Palpitando montaña abajo, el agua habla, las cavidades de mi corazón hablan. «Estoy viva», dice el burbujeante arroyo. «Lo conseguí.» Un cántico triunfal se apodera de mí, brotando desde mi corazón y a través de mi boca hacia el cielo sobre mi cabeza y el valle allí abajo.

—¡Te libero! —le grito a ese viejo pesar—. ¡Te libero!

«*Tempora mutantur, et nos mutamur in illis*», les digo a los capellanes durante mi conferencia inaugural a la mañana siguiente. «Es una frase latina que aprendí de niña. Los tiempos cambian y nosotros cambiamos con ellos. Siempre estamos en proceso de cambio.» Les pido que retrocedan conmigo cuarenta años, al mismo pueblo de montaña en el que estamos ahora, tal vez a esta misma sala, donde quince personas con formación académica superior se planteaban a cuántos de sus congéneres podrían incinerar en un horno a la vez. «En la historia de la humanidad existe la guerra —digo—, existen la violencia y el odio. Pero en la historia de la humanidad no ha habido nunca una aniquilación de personas más científica y sistemática. Yo sobreviví a los terroríficos campos de exterminio de Hitler. Anoche dormí en la cama de Joseph Goebbels. La gente me pregunta: ¿cómo se aprende a superar el pasado? ¿Superar? ¿Superar? Yo no he superado nada. Cada paliza, cada bombardeo y cada fila de selección, cada muerte, cada columna de humo que asciende hacia el cielo, cada momento de terror que creía que era el último, viven en mí, en mis recuerdos y mis pesadillas. El pasado no ha desaparecido. No lo he superado ni eliminado. Sigue vivo en mi interior. Pero también la perspectiva que me proporciona: llegué a ver la liberación porque mantuve viva la esperanza en mi corazón. Llegué a ver la libertad porque aprendí a perdonar.»

El perdón no es fácil, les digo. Es más fácil guardar rencor, buscar venganza. Hablo de mis compañeros supervivientes, de los valientes hombres y mujeres que conocí en Israel, que parecían dolidos cuando mencioné el perdón, que insistieron en que perdonar equivale a condonar u olvidar. ¿Por qué perdonar? ¿No haría eso que Hitler quedara impune por lo que hizo?

Hablo de mi querido amigo Laci Gladstein —Larry Gladstone— y de la única vez en las décadas transcurridas desde la guerra en que me habló explícitamente del pasado. Fue durante mi divorcio, cuando él sabía que el dinero era un problema para mí. Me llamó para decirme que conocía a un abogado que representaba a supervivientes en procesos de indemnización; me animó a presentarme como superviviente y reclamar mis derechos. Esa fue la decisión adecuada para muchos, pero no para mí. Me parecía dinero manchado de sangre. Como si se pudiera poner precio a las cabezas de mis padres. Una manera de seguir encadenada a aquellos que trataron de destruirnos.

Resulta demasiado fácil construir una prisión con nuestro dolor y nuestro pasado. En el mejor de los casos, la venganza es inútil. No puede alterar lo que nos hicieron, no puede borrar los males que hemos sufrido, no puede resucitar a los muertos. En el peor de los casos, la venganza perpetúa el ciclo del odio. Mantiene el odio dando vueltas sin cesar. Cuando buscamos la venganza, incluso la venganza no violenta, estamos dando vueltas, no evolucionando.

Incluso ayer, al llegar, pensé que mi presencia aquí era una especie de venganza sana, una forma de darle su merecido. Y entonces me quedé mirando el acantilado en el Berghof, y me vino a la mente que la venganza no te hace libre. Así que me detuve en el lugar donde se encontraba la antigua casa de Hitler y lo perdoné. No tenía nada que ver con Hitler. Fue algo que hice por mí. Estaba liberando la parte de mí que ha consumido mi energía mental y espiritual durante la mayor parte de mi vida para mantener a Hitler encadenado. Mientras me aferraba a esa rabia, yo estaba encadenada con él, encerrada en el doloroso pasado, encerrada en mi dolor. Perdonar es lamentarse por lo que sucedió y por lo que no sucedió, y renunciar a la necesidad de un pasado diferente. Aceptar la vida como era y como es. Por supuesto, no quiero decir que fuera aceptable que Hitler asesinase a seis millones de personas. Solo que sucedió, y no quiero que ese hecho destruya la vida a la que me aferré contra todo pronóstico.

Los capellanes se ponen en pie. Me ofrecen una cariñosa lluvia de aplausos. Permanezco en el escenario bajo los focos, pensando que nunca me sentiré tan eufórica ni tan libre. En ese momento, no sé que perdonar a Hitler no será la cosa más difícil que haré en mi vida. La persona a la que es más difícil perdonar es una a la que todavía tengo que enfrentarme: yo misma.

La última noche en Berchtesgaden, no puedo dormir. Permanezco despierta en la cama de Goebbels. Una grieta de luz entra por debajo de la puerta y veo las vides dibujadas en el viejo papel pintado, cómo se entrelazan y cómo se alzan. *Tempora mutantur, et nos mutamur in illis.* Si estoy cambiando, ¿en qué me estoy convirtiendo?

Reposo desvelada, llena de incertidumbre. Intento abrirme, dejar hablar a mi intuición. Por alguna razón, pienso en una historia que oí de un muchacho judío de mucho talento, un artista. Le dijeron que fuera a Viena a la escuela de arte, pero no tenía dinero para el viaje. Caminó de Checoslovaquia a Viena, solo para que le negaran la posibilidad de presentarse a los exámenes, porque era judío. Suplicó. Había llegado muy lejos, había recorrido a pie todo el camino, ¿podría al menos hacer la prueba? ¿Era mucho pedir? Le permitieron hacer el examen y aprobó. Tenía tanto talento que le ofrecieron un puesto en la escuela a pesar de su origen. Sentado junto a él en el examen había un chico llamado Adolf Hitler, el cual no fue admitido. Sin embargo, el muchacho judío sí lo fue. Y, toda su vida, ese hombre que abandonó Europa y se fue a vivir a Los Ángeles, se había sentido culpable, porque, si Hitler no hubiera experimentado ese fracaso, tal vez no habría sentido la necesidad de pagarlo con los judíos. Puede que el Holocausto no hubiera sucedido. Como los niños que han sufrido abusos o cuyos padres se divorcian, encontramos la manera de culparnos a nosotros mismos.

Autoinculparse también lastima a los demás, no solo a nosotros mismos. Recuerdo a unos antiguos pacientes, un hombre y su familia a los que traté brevemente hace un año. Se sentaron delante de mí como piezas sueltas de rompecabezas diferentes: el intimidante coronel con su uniforme lleno de condecoraciones; la mujer rubia y silenciosa con las clavículas sobresaliendo de su blusa blanca; su hija adolescente, con el pelo teñido de negro peinado con spray formando un nido salvaje y los ojos pintados con raya negra; y un niño silencioso de ocho años ensimismado en un cómic que tenía sobre las rodillas.

El coronel señaló a su hija.

—Mírela. Es una promiscua. Es drogadicta. No respeta nuestras normas. Le contesta a su madre. No vuelve a casa a la hora que le decimos. Se está volviendo imposible vivir con ella.

—Ya escuchamos su versión —dije—. Ahora oigamos la de Leah.

Como si se burlara de él leyendo un guion que confirmaba cada una de las afirmaciones de su padre, Leah se puso a explicar la historia de su fin de semana. Había tenido relaciones sexuales con su novio en una fiesta donde habían estado bebiendo a pesar de ser menores de edad y donde también había consumido ácido. Había pasado fuera toda la noche. Parecía disfrutar explicando los detalles.

Su madre parpadeó y se puso a juguetear con sus cuidadas uñas. La cara de su padre se puso roja de ira. Se levantó de su asiento y se abalanzó sobre ella blandiendo el puño.

—¿Ve lo que tengo que soportar? —rugió. Su hija veía su ira, pero yo veía a un hombre a punto de sufrir un ataque al corazón.

—¿Ve lo que tengo que soportar? —dijo Leah poniendo los ojos en blanco—. Ni siquiera trata de entenderme. Nunca me escucha. Solo me dice lo que tengo que hacer.

Su hermano se concentró más en su cómic, como si su fuerza de voluntad pudiera sacarlo de la zona de guerra en que se había convertido la vida familiar y llevarlo al mundo fantástico de la revista, donde la separación entre el bien y el mal estaba claramente definida, donde los buenos acababan ganando. Era el que menos había hablado de la familia y, sin embargo, tenía el presentimiento de que era el que tenía más cosas importantes que decir.

Les dije a los padres que pasaría la siguiente mitad de la sesión a solas con ellos, sin que los hijos estuvieran presentes, y me llevé a Leah y a su hermano al despacho de al lado, donde les entregué papel y plumones. Les encargué una tarea, algo que creía que podría ayudarles a liberar tensión después de los complicados minutos vividos con sus padres. Les pedí que cada uno dibujara un retrato de su familia, pero sin utilizar personas.

Volví con los padres. El coronel le estaba gritando a su mujer. Ella parecía que se estaba consumiendo, desapareciendo, y me preocupó que pudiera encontrarse en las primeras fases de un trastorno de la alimentación. Si le hacía una pregunta directa, ella la trasladaba a su marido. Cada miembro de la familia estaba tras su propia empalizada. Podía ver claramente su dolor en la manera en que se acusaban unos a otros y en cómo se ocultaban. Sin embargo, al tratar de que se acercaran al origen de su dolor, únicamente parecía invitarlos a que abrieran fuego o retrocediesen aún más.

—Ya hemos hablado de lo que cree que está pasando con sus hijos —dije interrumpiendo al coronel—. ¿Qué cree que está pasando con usted?

La madre de Leah me miró pestañeando. El padre me lanzó una mirada fría.

—¿Qué quieren conseguir como padres?

—Enseñarles a ser fuertes para enfrentarse al mundo —dijo el coronel.

—¿Y cómo les va?

—Mi hija es una puta y mi hijo es un marica. ¿Cómo lo ve?

—Veo que el comportamiento de su hija le da miedo. ¿Y su hijo? ¿Por qué cree que lo está decepcionando?

—Es débil. Siempre se echa atrás.

—¿Puede ponerme un ejemplo?

—Cuando jugamos basquetbol se porta como un perdedor. Ni siquiera intenta ganar. Simplemente se va.

—Es un niño. Es mucho más pequeño que usted, ¿y si lo deja ganar?

—¿Y eso qué le enseñaría? ¿Que el mundo se inclina ante ti si eres un blando?

—Hay maneras de enseñar a los niños a avanzar, a aumentar sus capacidades, con un suave empujón, no con una patada en el trasero —dije. El coronel gruñó—. ¿Cómo quiere que lo vean sus hijos?

—Como el que manda.

—¿Un héroe? ¿Un líder?

Asintió.

—¿Cómo cree que le ven sus hijos realmente?

—Creen que soy un maldito debilucho.

Posteriormente, volví a reunir a la familia y les pedí a los hijos que mostraran sus retratos familiares. Leah había dibujado solo un objeto: una bomba enorme estallando en medio de la hoja. Su hermano había dibujado un león feroz y tres ratones muertos de miedo.

La cara del coronel volvió a enrojecerse. Su mujer miraba fijamente a su regazo.

Tartamudeó y miró al techo.

—Explíqueme que va a pasar ahora.

—Arruiné a esta familia, ¿verdad?

Casi esperaba no volver a ver al coronel o a su familia. Sin embargo, la semana siguiente llamó para programar una visita privada. Le pedí que me contara más sobre cómo se había sentido cuando sus hijos nos enseñaron sus dibujos.

—Si mis hijos me tienen miedo, ¿cómo se supone que van a defenderse en el mundo?

—¿Qué le hace creer que no van a poder protegerse?

—Leah no puede decir que no a los chicos ni a las drogas. Robbie no puede decir no a los abusones.

—¿Y usted? ¿Puede protegerse?

Hinchó el pecho para que sus medallas brillaran con la luz del sol.

—Está viendo la prueba.

—No me refiero en el campo de batalla. Me refiero en su casa.

—No creo que entienda la presión a la que estoy sometido.

—¿Qué haría falta para que se sintiera a salvo?

—El problema no es la seguridad. Si no tengo el control, la gente muere.

—¿Es eso lo que la seguridad significa para usted? ¿No tener miedo a que las personas que están bajo su vigilancia sufran daño?

—No es solo un miedo.

—Explíqueme. ¿En qué está pensando?

—No creo que quiera oírlo.

—No se preocupe por mí.

—No lo entenderá.

—Tiene razón, nadie puede entender a otro del todo. Pero puedo decirle que en una ocasión fui prisionera de guerra. Sea lo que sea lo que me quiera contar, probablemente haya oído, y visto, cosas peores.

—En el ejército, o matas o te matan. Así que, cuando recibo la orden, no la discuto.

—¿Dónde y cuándo recibe esa orden?

—Vietnam.

—¿Está dentro? ¿Fuera?

—En mi despacho, en la base aérea.

Estudié su lenguaje corporal mientras me llevaba al pasado. Me fijé en su energía, en su nivel de agitación, para poder adaptarme a cualquier signo de angustia que indicara que estábamos llegando demasiado lejos. Había cerrado los ojos. Parecía en trance.

—¿Está sentado o de pie?

—Estoy sentado cuando recibo la llamada. Pero me levanto inmediatamente.

—¿Quién lo llama?

—Mi oficial al mando.

—¿Qué dice?

—Que mis hombres tienen que llevar a cabo una misión de rescate en la selva.

—¿Por qué se levanta al oír la orden?

—Tengo calor. Siento una opresión en el pecho.

—¿Qué piensa?

—Que no es seguro. Que nos van a atacar. Que necesitamos más apoyo aéreo si tenemos que ir a esa parte de la selva. Y no nos lo dan.

—¿Eso le pone furioso?

Abre los ojos bruscamente.

—Claro que estoy furioso. Nos envían allí, nos cuentan un montón de mentiras sobre que Estados Unidos es el ejército más poderoso del mundo, que los amarillos no tienen ninguna oportunidad.

—La guerra no era como esperaba.

—Nos mintieron.

—Se siente traicionado.

—Claro que sí, me siento traicionado.

—¿Qué pasó el día que recibió la orden de enviar a sus hombres a la misión de rescate?

—Era de noche.

—¿Qué pasó aquella noche?

—Le diré qué pasó. Hubo una emboscada.

—¿Sus hombres resultaron heridos?

—¿Se lo tengo que deletrear? Murieron. Todos murieron aquella noche. Y yo soy el que los envió allí. Confiaban en mí y los envié a la muerte.

—En una guerra la gente muere.

—¿Sabe qué creo? Que morir es fácil. Yo tengo que vivir cada día pensando en todos esos padres que enterraron a sus hijos.

—Usted estaba cumpliendo una orden.

—Pero yo sabía que era una decisión equivocada. Sabía que aquellos chicos necesitaban más apoyo aéreo. Y no tuve huevos de exigirlo.

—¿A qué renunció para convertirse en coronel?

—¿Qué quiere decir?

—Decidió convertirse en soldado y mando militar. ¿A qué tuvo que renunciar para llegar a eso?

—Tuve que estar muy apartado de mi familia.

—¿Y qué más?

—Cuando la vida de seiscientos hombres depende de ti, no puedes permitirte el lujo de tener miedo.

—Ha tenido que renunciar a sus sentimientos. Impedir que los demás los vean. —Asintió—. Antes dijo que morir es fácil. ¿Alguna vez desearía estar muerto?

—Todo el puto tiempo.

—¿Qué se lo impide?

—Mis hijos. —Su cara se contrajo de angustia—. Pero creen que soy un monstruo. Estarían mejor sin mí.

—¿Quiere saber cómo lo veo yo? Creo que sus hijos estarían mucho mejor con usted. Con usted, el hombre que estoy empezando a conocer y admirar. El hombre capaz de arriesgarse a hablar de su miedo. El hombre que tiene agallas para perdonarse y aceptarse.

Se quedó en silencio. Quizá ese era el primer momento en que veía la posibilidad de liberarse de la culpa que sentía por el pasado.

—No puedo ayudarle a volver atrás en el tiempo para salvar a sus hombres. No puedo garantizar la seguridad de sus hijos. Pero puedo ayudarle a proteger a una persona: a usted mismo.

Me miró fijamente.

—Sin embargo, para salvarse, tendrá que renunciar a la imagen de quien cree que se supone que es.

—Espero que esto funcione —dijo.

Poco después, el coronel fue enviado a otro destino y él y su familia se fueron de El Paso. No sé qué fue de ellos. Espero que les haya ido bien, ya que les tomé mucho aprecio. Pero ¿por qué estoy pensando en ellos ahora? ¿Qué tiene que ver su historia conmigo? Algo en la culpabilidad del coronel y en la prisión de su autoinculpación está llamando mi atención. ¿Es mi memoria apuntando al trabajo que ya hice, o al trabajo que todavía tengo que hacer? He llegado muy lejos desde el final de mi encarcelamiento literal, desde que el soldado estadounidense me rescató en 1945. Me quité la máscara. Aprendí a sentir y expresar, a dejar de embotellar mis miedos y mi dolor. Trabajé para expresar y liberar mi rabia. Y vuelvo aquí, a la antigua casa de mi opresor. Incluso perdoné a Hitler, lo he eliminado de mi mundo, aunque solo sea por hoy. Pero hay un nudo, una oscuridad, que se extiende desde mis tripas hasta mi corazón, una opresión en mi espina dorsal; es una implacable sensación de culpabilidad. Fui una víctima, no un verdugo. ¿A quién creo que dañé?

Otra paciente me viene a la mente. Tenía setenta y un años y era una permanente fuente de preocupación para su familia. Mostraba todos los síntomas de la depresión clínica. Dormía demasiado, comía demasiado y se aislaba de sus hijos y nietos. Y cuando interactuaba con su familia, estaba tan llena de rabia que sus nietos le tenían miedo. Su hijo se me acercó después de una conferencia que di en su ciudad para preguntarme si podía dedicar una hora a visitar a su madre. No estaba segura de qué manera podría serle útil con una única y breve visita, hasta que el hombre me explicó que, como yo, su madre había perdido a su propia madre cuando tenía solo dieciséis años. Sentí una oleada de compasión por su madre, por aquella desconocida. Me sorprendió que fuera la persona en la que podría haberme convertido fácilmente, en la que casi me convertí; tan sumida en la pérdida que me escondía de las personas que más me querían.

La mujer, Margaret, vino a verme a la habitación de mi hotel aquella tarde. Iba vestida meticulosamente, pero de ella surgía una hostilidad como si fueran púas. Soltó una retahíla de quejas sobre su salud, sobre los miembros de su familia, sobre su casera, su cartero, sus vecinos y la directora del colegio de las niñas de aquella misma calle. Parecía que todo en su vida estaba lleno de injusticias e incomodidades. La hora estaba llegando a su fin y ella estaba tan sumida en pequeñas desgracias que no habíamos tocado lo que yo sabía que era su mayor pena.

—¿Dónde está enterrada tu madre? —pregunté de repente.

Margaret se apartó como si yo fuera un dragón echándole llamas a la cara.

—En el cementerio —dijo finalmente, recompuesta.

—¿Dónde está el cementerio? ¿Cerca?

—En esta misma ciudad —dijo.

—Tu madre te necesita ahora.

No le di la oportunidad de oponerse. Tomamos un taxi. Nos sentamos y miramos las mojadas y concurridas calles a través de la ventanilla. Criticaba constantemente a los otros conductores, la velocidad de las señales de tráfico, la calidad de las tiendas y las empresas por las que pasábamos, incluso el color de un paraguas. Atravesamos las rejas de hierro del cementerio. Los árboles eran viejos e imponentes. Un estrecho camino adoquinado iba de la reja al camposanto. La lluvia caía.

—Ahí —dijo Margaret por fin, señalando un montón de lápidas sobre la embarrada colina—. Ahora, dígame, por el amor de Dios, qué estamos haciendo aquí.

—¿Sabes? —le dije—, las madres no pueden descansar en paz a menos que sepan que las personas que han dejado atrás están aprovechando su vida plenamente. Quítate los zapatos —le dije—, quítate las medias. Colócate descalza en la tumba de tu madre. Siente el contacto directo para que pueda descansar por fin en paz.

Margaret bajó del taxi. Se detuvo en la hierba empapada por la lluvia. Le dejé un poco de intimidad. Miré hacia atrás solo una vez, y vi a Margaret acurrucada en el suelo, abrazando la lápida de su madre. No sé qué le dijo a su madre, si es que dijo algo. Solo sé que estaba descalza sobre la tumba, que tocaba con su piel desnuda aquel sitio de pérdida y dolor. Que cuando regresó al taxi todavía estaba descalza. Lloró un poco y luego se quedó en silencio.

Más adelante, recibí una hermosa carta del hijo de Margaret. «No sé qué le dijo usted a mi madre —escribió—, pero es una persona distinta, más pacífica y alegre.»

Fue un arrebato, un experimento afortunado. Mi objetivo era ayudarla a redefinir su experiencia, a replantearse su problema como una oportunidad, a que se pusiera en la situación de ayudar a su madre, y que, al ayudar a su madre a ser libre, se ayudara a sí misma. Ahora que estoy de nuevo en Alemania, se me ocurre que quizá ese mismo principio podría funcionarme a mí. Tocar con la piel desnuda el lugar de mi pérdida. Contacto y liberación. Un exorcismo húngaro.

Despierta en la cama de Goebbels, me doy cuenta de que tengo que hacer lo que hizo Margaret, llevar a cabo el rito de dolor que se me ha escapado toda la vida.

Decido volver a Auschwitz.

CAPÍTULO 19

—

DEJA UNA PIEDRA

No puedo imaginarme volver al infierno sin Magda.

—Toma un avión a Cracovia esta noche —le ruego a Magda por teléfono a la mañana siguiente desde el vestíbulo del Hotel zum Türken—. Por favor, vuelve a Auschwitz conmigo.

No habría sobrevivido sin ella. No puedo sobrevivir al hecho de volver a nuestra prisión a menos que ella esté a mi lado, tomándome la mano. Sé que no es posible revivir el pasado, ser la que era, volver a abrazar a mi madre, ni siquiera una vez. No hay nada que pueda modificar el pasado, que pueda convertirme en alguien distinto de quien soy, cambiar lo que les sucedió a mis padres, lo que me hicieron. No hay vuelta atrás. Lo sé. Pero no puedo ignorar la sensación de que hay algo que me está esperando en mi antigua prisión, algo que tengo que recuperar. O descubrir. Una parte de mí perdida hace mucho tiempo.

—¿Qué clase de loca masoquista crees que soy? —dice Magda—. ¿Por qué diablos iba a querer volver allí? ¿Por qué ibas a querer volver tú?

Es una pregunta lógica. ¿Me estoy obligando? ¿Estoy reabriendo una herida? Puede que me arrepienta. Pero creo que me arrepentiré más si no regreso. Por mucho que trato

335

de convencerla, Magda se niega. Magda decide no volver nunca, y la respeto por ello. Pero yo tomaré otra decisión.

Béla y yo ya tenemos una invitación para visitar a la antigua familia de acogida de Marianne en Copenhague mientras estamos en Europa, y allí nos dirigimos desde Berchtesgaden, tal como habíamos planeado.

Viajamos a Salzburgo, donde visitamos la catedral construida sobre las ruinas de una iglesia románica. Ha sido reconstruida tres veces, según nos dicen, la más reciente después de que una bomba dañara la cúpula central durante la guerra. No hay signos de la destrucción. «Como nosotros», dice Béla, tomándome de la mano.

Desde Salzburgo, vamos a Viena, atravesando el mismo terreno que recorrimos Magda y yo antes de ser liberadas. Veo cunetas a lo largo de las carreteras y me las imagino como las vi en su día, desbordantes de cadáveres, pero también puedo verlas tal como están ahora, recubiertas de hierba estival. Veo que el pasado no contamina el presente y que el presente no hace disminuir el pasado. El tiempo es el medio. El tiempo es la vía. Viajamos en él. El tren pasa por Linz. A través de Wels. Soy una chica con la espalda rota que aprende a escribir de nuevo la G mayúscula, que aprende de nuevo a bailar.

Pasamos la noche en Viena, no muy lejos del Hospital Rothschild donde vivimos mientras esperábamos nuestros visados para viajar a Estados Unidos y donde, como me enteré posteriormente, mi mentor Viktor Frankl había sido jefe de neurología antes de la guerra. Por la mañana tomaremos otro tren hacia el norte.

Pienso que Béla asume que mi deseo de volver a Auschwitz podría disminuir, pero la segunda mañana en Copenhague les pregunto a nuestros amigos la dirección de la embajada polaca. Me advierten, como ya hizo Marianne, acerca de sus amigos supervivientes que visitaron el campo y luego murieron.

—No te traumatices de nuevo —imploran. Béla también parece preocupado.

—Hitler no ganó —le recuerdo.

Pensé que decidir regresar sería el mayor obstáculo. Sin embargo, en la embajada polaca, Béla y yo nos enteramos de que estallaron disturbios laborales en Polonia, que es posible que los soviéticos intervengan para poner fin a las manifestaciones, que se dieron instrucciones a la embajada para que deje de emitir visados turísticos a occidentales. Béla está a punto de consolarme, pero lo aparto. Siento la fuerza de voluntad que me hizo ir un día a hablar con el guarda de la prisión en Prešov con un anillo de diamantes en la mano, a la consulta de un examinador médico en Viena con mi cuñado haciéndose pasar por mi marido. He llegado muy lejos en mi vida y en mi curación. Ahora no puedo ceder ante ningún obstáculo.

—Soy una superviviente —le digo al funcionario de la embajada—. Estuve prisionera en Auschwitz. Mis padres y mis abuelos murieron allí. Yo luché muy duramente por sobrevivir. Por favor, no me haga esperar para volver.

No sé entonces que un año después las relaciones entre Polonia y Estados Unidos se habrán deteriorado y que permanecerán distanciadas durante el resto de la década, que esta es, de hecho, la última oportunidad que tenemos Béla y yo de ir juntos a Auschwitz. Solo sé que no puedo permitir que me manden de vuelta a casa.

El funcionario me mira con cara inexpresiva. Se aleja del mostrador. Vuelve.

—Pasaportes —dice. En nuestros pasaportes azules estadounidenses coloca visados válidos para una semana—. Disfruten de Polonia.

Ahí es cuando empiezo a tener miedo. En el tren a Cracovia siento que estoy en un crisol, que estoy llegando al punto en el que voy a romperme o a quemarme, que el miedo podría convertirme en ceniza. Estoy aquí, ahora. Intento razonar con la parte de mí que siente que con cada kilómetro que avanzo pierdo una capa de piel. Volveré a ser un esqueleto cuando llegue a Polonia. Quiero ser algo más que huesos.

—Bajémonos en la siguiente parada —le digo a Béla—. No es importante llegar hasta Auschwitz. Vámonos a casa.

—Edie —dice—, todo irá bien. Solo es un lugar. No puede hacerte daño.

Permanezco en el tren hasta otra parada, y otra, atravesamos Berlín, Poznán. Pienso en el doctor Hans Selye —un colega húngaro—, que dijo que el estrés es la respuesta del cuerpo a cualquier exigencia de cambio. Nuestras reacciones automáticas son luchar o huir, pero en Auschwitz, donde sufrimos algo más que estrés, donde vivimos en la angustia, donde lo que estaba en juego era la vida o la muerte, sin saber nunca lo que sucedería a continuación, las opciones de luchar o huir no existían. Me habrían pegado un tiro si hubiera luchado y me habría electrocutado si hubiera intentado escapar. Así que aprendí a dejarme llevar, aprendí a adaptarme a la situación, a desarrollar lo único que me quedaba, a buscar en mi interior la parte de mí que

338

ningún nazi podría destruir jamás. Encontrar mi verdadero yo y aferrarme a él. Tal vez no esté perdiendo piel. Tal vez solo me esté estirando. Estirándome para dar cabida a cada aspecto de lo que soy, de lo que he sido y de lo que puedo llegar a ser.

Cuando nos curamos, aceptamos nuestro yo real y posible. Tuve una paciente obesa que era cruel consigo misma cada vez que veía su reflejo o se subía a una báscula. Se llamaba a sí misma vaca, asquerosa. Creía que su marido la encontraba desagradable y que sus hijos se avergonzaban de ella, que las personas que la querían se merecían a alguien mejor. Sin embargo, para poder ser la persona que quería ser, lo primero que tenía que hacer era quererse a sí misma tal como era. Nos sentamos en mi consulta y le pedí que eligiera una parte de su cuerpo, un dedo del pie, un dedo de la mano, el estómago, el cuello, la barbilla, y hablara de ella cariñosamente. «Tiene esta forma, este tacto, es bonito porque…» Al principio le resultó incómodo, incluso doloroso. Para ella era más fácil fustigarse que pasar tiempo consciente y voluntariamente en su propia piel. Fuimos poco a poco, con tranquilidad. Empecé a notar pequeños cambios. Un día vino a verme con una bonita y llamativa bufanda nueva. Otro día había ido a hacerse una pedicura. Otro día me dijo que había llamado a su hermana, de la que se había distanciado. Otra vez, había descubierto que le encantaba pasear por el camino que rodeaba al parque donde su hija jugaba fútbol. A medida que iba practicando el ejercicio de amar partes de sí misma, descubrió más felicidad en su vida y una mayor tranquilidad. También empezó a perder peso. La liberación empieza por la aceptación.

Para lograr la curación, tenemos que aceptar la oscuridad. Caminamos a través de las sombras del valle hacia la luz. Trabajé con un veterano de Vietnam que volvió a casa desesperado por reanudar la vida que llevaba antes de la guerra. Sin embargo, volvió con heridas físicas y psicológicas: era impotente, no podía encontrar trabajo. Su mujer lo abandonó. Cuando acudió a mí en busca de ayuda, estaba perdido en medio del caos del divorcio y de lo que le parecía el fin de su sexualidad y su identidad. Le ofrecí toda mi compasión, pero estaba bloqueado, enojado, atrapado en las arenas movedizas de su pérdida. Me sentía incapaz de ayudarlo. Cuanto más intentaba ofrecerle mi cariño para sacarlo de su pozo de desesperación, más se hundía en él.

Como último recurso, decidí probar la hipnoterapia. Lo hice regresar a la guerra, cuando era piloto de combate, cuando tenía el control, antes de volver a casa y perderlo todo. Sumido en estado hipnótico me dijo: «En Vietnam podía beber tanto como quisiera. Podía coger tanto como quisiera». Se puso rojo y gritó: «¡Podía matar tanto como quisiera!». En la guerra, no mataba personas; mataba «amarillos», mataba infrahombres. Igual que los nazis no mataban personas en los campos de exterminio; estaban erradicando un cáncer. La guerra le había provocado una herida y había alterado su vida, pero, a pesar de todo, la extrañaba. Extrañaba la sensación de poder que sentía al combatir a un enemigo, al sentirse miembro de una clase invulnerable, por encima de cualquier otra nacionalidad y cualquier otra raza.

Mi amor incondicional no sirvió de nada hasta que le di permiso para que expresara aquella parte de sí mismo que le provocaba pesar, la parte que era a la vez poderosa y oscura, la parte que ya no podía expresar. No quiero decir que necesitara volver a matar para renacer. Quiero decir que, para encontrar la forma de salir de su victimismo, tenía que reconciliarse con su impotencia y su poder, con las formas en que había sido dañado y las formas en que había dañado él, con su orgullo y su vergüenza. El único antídoto contra el quebranto es todo nuestro ser.

Tal vez curar no consista en borrar la cicatriz, o ni siquiera en provocar la cicatriz. Curar es apreciar la herida.

Cuando llegamos a Cracovia es media tarde. Aquí dormiremos, o lo intentaremos, esta noche. Mañana tomaremos un taxi a Auschwitz. Béla quiere visitar la ciudad antigua y yo intento prestar atención a la arquitectura medieval, pero mi mente está demasiado cargada de expectación; de una extraña mezcla de promesas y terror. Nos detenemos ante la iglesia de Santa María para oír al trompetista tocar el *hejnal* que señala cada hora. Un grupo de chicos adolescentes pasa junto a nosotros dándose empujones, bromeando ruidosamente en polaco, pero no siento su alegría, me siento inquieta. Esos jóvenes, un poco mayores que mis nietos, me recuerdan que la próxima generación alcanzará muy pronto la mayoría de edad. ¿Ha educado mi generación lo suficientemente bien a los jóvenes como para impedir que ocurra otro Holocausto? ¿O se sumergirá la libertad que tanto nos ha costado conseguir en un nuevo océano de odio?

He tenido muchas ocasiones de influir en personas jóvenes: mis propios hijos y nietos, mis antiguos alumnos, el público al que doy conferencias por todo el mundo, pacientes individuales. En vísperas de mi regreso a Auschwitz, mi responsabilidad ante ellos me resulta especialmente intensa. No solo regreso por mí misma. Lo hago por todo lo que surge de mí.

¿Tengo lo que se necesita para marcar la diferencia? ¿Puedo transmitir mi fuerza en lugar de mi fracaso? ¿Mi amor en lugar de mi odio?

Ya he sido puesta a prueba antes. Un juez me envió a un chico de catorce años que había participado en el robo de un coche. El chico llevaba botas marrones y camisa marrón. Apoyó el codo en mi escritorio. Dijo: «Ya es hora de que América vuelva a ser blanca. Voy a matar a todos los judíos, a todos los negros, a todos los mexicanos y a todos los chinos».

Pensé que iba a enfermarme. Tuve que esforzarme por no salir corriendo de la habitación. «¿Qué significa esto?» Quería gritar. Quería zarandear al chico y decirle: «¿Con quién crees que estás hablando?». Vi a mi madre ir a la cámara de gas. Habría tenido justificación. Y tal vez era mi trabajo enderezarlo, tal vez por eso Dios lo había puesto en mi camino. Para cortar su odio de raíz. Podía sentir el empuje de la justicia. Me sentía bien estando enojada. Mejor enojada que asustada.

Pero entonces oí una voz en mi interior. «Encuentra a la intolerante que hay en ti», decía la voz. «Encuentra a la intolerante que hay en ti.»

Intenté acallar esa voz. Enumeré numerosas objeciones a la idea misma de que yo pudiera ser intolerante. Llegué a América pobre. Utilizaba el baño «para personas de color» en solidaridad con mis compañeras afroamericanas de la fábrica. Marché junto al doctor Martin Luther King Jr. para acabar con la segregación. Pero la voz insistía: «encuentra a la intolerante que hay en ti». Encuentra la parte de ti que juzga, que pone etiquetas, que reduce la humanidad de otros, que considera a otros menos de lo que son.

El chico continuaba despotricando sobre las plagas que asolaban la pureza de Estados Unidos. Todo mi ser temblaba a causa de la inquietud y tuve que esforzarme por reprimir el deseo de señalarle con el dedo, blandir el puño y considerarle responsable de su odio, sin ser yo responsable del mío. Ese chico no mató a mis padres. Negándole mi amor no iba a conquistar sus prejuicios.

Recé por tener la capacidad de llegar a él por medio del amor. Evoqué todas las imágenes de amor incondicional que tenía. Pensé en Corrie ten Boom, una de las Justas entre las Naciones. Junto a su familia, se enfrentó a Hitler escondiendo a cientos de judíos en su casa, y acabó en un campo de concentración. Su hermana pereció allí, en sus brazos. Fue liberada gracias a un error administrativo un día antes de que todos los prisioneros de Ravensbrück fueran ejecutados. Y, unos años después de la guerra, se encontró con uno de los más perversos guardas del campo, uno de los hombres responsables de la muerte de su hermana. Pudo haberle escupido, haberle deseado la muerte, maldecido su nombre. Sin embargo, rezó por tener fuerzas para perdonarlo y tomó las manos de él entre las suyas. Dice que, en ese momento, mientras la antigua prisionera estrechaba las manos del antiguo guarda, sintió el amor más puro y más profundo. Intenté encontrar esa aceptación, esa compasión en mi corazón, llenar mis ojos con ese nivel de bondad. Me pregunté si era posible que aquel chico racista me hubiera sido enviado para que yo pudiera aprender sobre el amor incondicional. ¿Qué oportunidad tenía en este momento? ¿Qué decisión podía tomar entonces para moverme en la dirección del amor? Tuve la oportunidad de amar a ese joven por él mismo, por su ser individual y por la humanidad que compartíamos. La oportunidad de permitirle decir cualquier cosa, de sentir cualquier sentimiento, sin miedo a ser juzgado. Recordé a una familia alemana que estuvo alojada un tiempo en Fort Bliss, cómo la niña se subía a mi regazo y me llamaba Oma, abuelita, y que esa pequeña bendición de niña me pareció la respuesta a la fantasía que había tenido cuando atravesaba pueblos alemanes con Magda y el resto de prisioneras, mientras los niños nos escupían, cuando soñaba que un día los niños alemanes sabrían que no tenían que odiarme. Y, en mi vida, ese día había llegado. Pensé en una estadística que había leído, según la cual, la mayoría de los miembros de grupos supremacistas de Estados Unidos habían perdido a alguno de sus padres antes de cumplir diez años. Son niños perdidos en busca de una identidad, de una forma de sentir fuerza, de sentir que importan.

De modo que me sobrepuse y miré al joven tan amorosamente como pude. Dije dos palabras: «Cuéntame más».

No dije mucho más que eso durante la primera visita. Escuché. Empaticé. Se parecía mucho a mí después de la guerra. Ambos habíamos perdido a nuestros padres (los suyos a causa de la negligencia y el abandono, los míos a causa de la muerte). Ambos nos considerábamos material defectuoso. Al renunciar a juzgarlo, al renunciar a mi deseo de que fuera o pensara de manera diferente, al ver su vulnerabilidad y sus ansias de pertenecer y de amar, al dejar de lado mi miedo y mi rabia para aceptarlo y amarlo, fui capaz de proporcionarle algo que su camisa y sus botas marrones no podían darle: una auténtica imagen de su valía. Cuando salió de mi consulta aquel día, no sabía ni una palabra de mi historia. Sin embargo, había descubierto una alternativa al odio y a los prejuicios y ya no hablaba de matar, me había mostrado su tierna sonrisa. Y yo había asumido la responsabilidad de no perpetuar la hostilidad y la culpa y no doblegarme ante el odio y decir: «Eres demasiado para mí».

Ahora, en vísperas de mi regreso a la prisión, me recuerdo a mí misma que cada uno de nosotros tiene un Adolf Hitler y una Corrie ten Boom en su interior. Tenemos la capacidad de odiar y la capacidad de amar. Lo que escojamos, nuestro Hitler o nuestra ten Boom, depende de nosotros.

Por la mañana, llamamos a un taxi para realizar el recorrido de una hora hasta Auschwitz. Béla se pone a charlar con el taxista sobre su familia y sus hijos. Yo contemplo la vista que no pude ver cuando tenía dieciséis años, cuando me acercaba a Auschwitz, desde la oscuridad del interior del vagón de ganado. Granjas, pueblos, verde. La vida sigue, como seguía transcurriendo a nuestro alrededor cuando estábamos encerradas allí.

El taxista nos deja y Béla y yo estamos solos otra vez, ante mi antigua prisión. El letrero de hierro forjado se alza amenazador: ARBEIT MACHT FREI, 'el trabajo los hará libres'. Me tiemblan las piernas al verlo, ante el recuerdo de cómo esas palabras le hicieron albergar esperanzas a mi padre. Trabajaremos hasta que acabe la guerra, pensó. Será solo por un tiempo y luego seremos libres. *Arbeit macht frei*. Esas palabras nos mantuvieron tranquilas hasta que las puertas de la cámara de gas se cerraron tras nuestros seres queridos, hasta que el pánico fue inútil. Y entonces, esas palabras se convirtieron en una ironía que se repetía cada día, cada hora, porque aquí nada te podía liberar. La muerte era la única escapatoria. De modo que la misma idea de libertad se convertía en otra forma de desesperación.

La hierba es frondosa. Los árboles ocupan más espacio. Pero las nubes son de color hueso y, bajo ellas, las estructuras creadas por el hombre, incluso las que se hallan en ruinas, dominan el paisaje. Kilómetros y kilómetros de valla. Una vasta extensión de barracones de ladrillo derruidos y espacios rectangulares vacíos que señalan donde se alzaban los edificios. Las sombrías líneas horizontales de los barracones, la cerca y la torre son regulares y rectas, pero no hay vida en esa geometría. Es la geografía de la tortura y la muerte sistemáticas. Aniquilación matemática. Y entonces, lo noto de nuevo, lo que me obsesionó durante los meses infernales en que este fue mi hogar: no se ve ni se oye un solo pájaro. Ningún pájaro vive aquí. Ni siquiera ahora. El cielo está vacío de sus alas y el silencio es más profundo en ausencia de su canto.

Los turistas forman un grupo. Empieza la visita. Somos un pequeño grupo de ocho o diez personas. La inmensidad aplasta. Lo noto en nuestra inmovilidad, en la manera en que casi dejamos de respirar. No es posible hacerse una idea de la magnitud de las atrocidades que se cometieron en este lugar. Yo estuve aquí mientras el fuego ardía; me levantaba, trabajaba y dormía envuelta en el hedor de cadáveres ardiendo, y ni siquiera yo puedo hacerme una idea. El cerebro trata de contener los números, trata de captar la confusa acumulación de objetos reunidos y expuestos a los visitantes: las maletas arrebatadas a los que morirían al poco tiempo, los cuencos, platos y vasos, los miles y miles de pares de lentes amontonados en un amasijo formando un matojo surrealista. La ropa de bebé tejida por manos amorosas para unos recién nacidos que nunca llegaron a ser niños, hombres o mujeres. La urna de cristal de 20,5 metros llena hasta arriba de cabello humano. Contamos: 4.700 cadáveres incinerados en cada fuego, 75.000 polacos muertos, 21.000 gitanos, 15.000 soviéticos. Las cifras aumentan y aumentan. Podemos hacer la ecuación; podemos hacer el cálculo que indica que en Auschwitz hubo más de un millón de muertos. Podemos sumar ese número a las listas de muertos en los otros miles de campos de exterminio en la Europa de mi juventud, a los cadáveres arrojados en cunetas o ríos antes de ser enviados a campos de exterminio. Pero ninguna operación matemática puede resumir adecuadamente el efecto de tan absoluta destrucción. Ningún lenguaje es capaz de explicar la inhumanidad sistemática de esta fábrica de muerte creada por el hombre. Más de un millón de personas fueron asesinadas aquí mismo, donde me encuentro ahora. Es el mayor cementerio del mundo. Y, entre las decenas, los centenares, los miles, los millones de muertos, en las posesiones empacadas y luego arrebatadas a la fuerza, en todos los kilómetros de cercado y ladrillo, se cierne otro número. El número cero. Aquí, en el cementerio más grande del mundo, no hay ni una sola tumba. Únicamente los espacios vacíos donde se encontraban los hornos crematorios y las cámaras de gas, destruidos apresuradamente por los nazis antes de la liberación. Las parcelas de tierra desnudas donde murieron mis padres.

Finalizamos la visita al sector masculino del campo. Todavía tengo que ir a la parte donde estábamos las mujeres, a Birkenau. Para eso vine aquí. Béla me pregunta si quiero que me acompañe, pero le digo que no con la cabeza. Esta última parte del viaje tengo que hacerla sola.

Dejo a Béla en la reja de entrada y regreso al pasado. Suena música en los altavoces, sonidos festivos que no concuerdan con el entorno sombrío. «¿Lo ven? —dice mi padre—, no puede ser un sitio tan terrible. Solo trabajaremos

347

un poco hasta que acabe la guerra.» Es temporal. Podemos sobrevivir a esto. Se pone en su fila y me dice adiós con la mano. ¿Le saludo yo a él? ¡Oh, memoria! Dime que le dije adiós a mi padre antes de morir.

Mi madre entrelaza su brazo con el mío. Caminamos juntas. «Abotónate el abrigo —dice—. Ponte derecha.» Estoy de nuevo en la imagen que ha ocupado mi mirada interior durante la mayor parte de mi vida: tres mujeres hambrientas con abrigos de lana, tomadas del brazo, en un patio desolado. Mi madre. Mi hermana. Yo.

Llevo puesto el abrigo que me puse aquella madrugada de abril. Soy delgada y no tengo pecho y llevo el pelo metido bajo una bufanda. Mi madre me regaña otra vez para que me ponga derecha. «Eres una mujer, no una niña», dice. Hay una razón para tanta insistencia. Quiere que aparente los dieciséis años que tengo o más. Mi supervivencia depende de ello.

Y, a pesar de todo, no soltaría la mano de mi madre aunque mi vida dependiera de ello. Los guardas señalan y empujan. Avanzamos muy lentamente en la fila. Veo los ojos medio cerrados de Mengele más adelante, sus dientes separados cuando sonríe. Dirige. Es un anfitrión ansioso. «¿Hay alguien enfermo?», pregunta solícito. «¿Más de cuarenta? ¿Menos de catorce años? A la izquierda, a la izquierda.» Es nuestra última oportunidad. De compartir palabras, de compartir silencio. De aceptar. Esta vez sé que es el final. Y todavía me quedo corta. Solo quiero que mi madre me mire. Para tranquilizarme. Que me mire y nunca aparte la mirada. ¿Qué es esta necesidad que le transmito una y otra vez? ¿Esa cosa imposible que deseo?

Ahora es nuestro turno. El doctor Mengele levanta el dedo. «¿Es tu madre o tu hermana?», pregunta.

Me aferro a la mano de mi madre. Magda la abraza por el otro lado. Aunque ninguna de nosotras sabe qué significa que te manden a la izquierda o a la derecha, mi madre intuye la necesidad de que yo aparente mi edad o más, de que parezca lo suficientemente adulta para salir con vida de la primera fila de selección. Su pelo es gris, pero su piel es tan tersa como la mía. Podría pasar por mi hermana. Pero no pienso qué palabra la protegerá: *madre* o *hermana*. No pienso nada en absoluto. Únicamente siento que cada célula de mi cuerpo la quiere y la necesita. Es mi madre, mi mamá, mi única mamá. Así que digo la palabra que me he pasado el resto de mi vida intentando borrar de mi conciencia, la palabra que no me he permitido recordar, hasta hoy.

«Madre», digo.

En cuanto la palabra sale de mi boca, quiero meterla de nuevo en mi garganta. Me doy cuenta demasiado tarde de la importancia de la pregunta. «¿Es tu madre o tu hermana?» ¡Hermana, hermana, hermana!, quiero gritar. Mengele le señala a mi madre la izquierda. Se pone detrás de los niños y los viejos, las madres embarazadas o las que llevan a bebés en brazos. Yo la seguiré. No voy a permitir perderla de vista. Empiezo a correr hacia ella, pero Mengele me agarra del brazo. «Verás a tu madre muy pronto», dice. Me empuja hacia la derecha. Hacia Magda. Hacia el otro lado. Hacia la vida.

«¡Mamá!», grito. Estamos separadas de nuevo, tanto en el recuerdo como lo estuvimos en la vida, pero no permitiré que la memoria sea otro callejón sin salida. «¡Mamá!», digo. No me contentaré con ver su nuca. Tengo que ver su cara radiante como el sol.

Se da la vuelta para mirarme. Es un punto inmóvil en la corriente formada por otras condenadas. Siento su resplandor, la belleza que era algo más que belleza, la que ocultaba a menudo bajo su tristeza y desaprobación. Me ve mirarla. Sonríe. Es una sonrisa leve. Una sonrisa triste.

«¡Tendría que haber dicho *hermana*! ¿Por qué no dije *hermana*?», le grito a través de los años para pedirle perdón. Para eso regresé a Auschwitz, creo. Para oírla decir que lo hice lo mejor que pude. Que tomé la decisión adecuada.

Pero no puede decírmelo e, incluso aunque pudiera, no lo creería. Puedo perdonar a los nazis, pero ¿cómo puedo perdonarme a mí misma? Lo reviviría una y otra vez, cada fila de selección, cada ducha, cada noche helada y cada recuento mortal, cada comida siniestra, cada inhalación de aire llena de humo de las cremaciones, cada vez que estuve a punto de morir o quise morir, si tan solo pudiera volver a vivir ese momento y el momento inmediatamente anterior, cuando pude tomar una decisión diferente. Cuando pude dar una respuesta diferente a la pregunta de Mengele. Cuando pude haber salvado, aunque solo hubiera sido por un día, la vida de mi madre.

Mi madre se da la vuelta. Veo su abrigo gris, sus hombros suaves, su pelo recogido y brillante, alejarse de mí. La veo irse con las otras mujeres y niños hacia los vestuarios, donde se desnudarán, donde se quitará el abrigo en el que todavía lleva el saco amniótico de Klara, donde se les indicará que memoricen el número del gancho en el que colgaron sus ropas, como si fueran a volver a recoger aquel vestido, aquel abrigo, aquel par de zapatos. Mi madre permanecerá de pie desnuda junto a las otras madres, las abuelas, las madres jóvenes con bebés en brazos, y junto a los hijos de madres que fueron enviadas a la fila en la que nos enviaron a Magda y a mí. Bajará las escaleras en fila hasta la sala con cabezales de ducha en las paredes, donde más y más personas serán empujadas hasta que la habitación esté empapada de sudor y de lágrimas y resuenen los gritos de las aterrorizadas mujeres y criaturas, hasta que esté abarrotada y no quede aire que respirar. ¿Verá las pequeñas ventanas cuadradas del techo a través de las cuales los guardas introducirán el veneno? ¿Durante cuánto tiempo sabrá que está muriendo? ¿El suficiente para pensar en mí, en Magda y en Klara? ¿En mi padre? ¿El suficiente para rezar una oración a su madre? ¿El suficiente para enojarse conmigo por decir la palabra que la envió en un fugaz instante a la muerte?

Si hubiera sabido que mi madre moriría aquel día, habría dicho otra palabra. O no habría dicho absolutamente nada. Podría haberla seguido hasta las duchas y haber muerto con ella. Podría haber hecho algo diferente. Podría haber hecho algo más. Eso creo.

Y, a pesar de todo (este «a pesar de todo» abriéndose como una puerta), con qué facilidad puede una vida convertirse en una letanía de culpa y pesar, en una canción que resuena constantemente con el mismo estribillo, con la incapacidad de perdonarnos a nosotros mismos. Con qué facilidad se convierte la vida que no vivimos en la única vida que valoramos. Con qué facilidad nos seduce la fantasía de que tenemos el control, de que alguna vez hemos tenido el control, de que las cosas que deberíamos haber dicho o hecho tienen el poder, si las hubiéramos dicho o hecho, de curar el dolor, de acabar con el sufrimiento, de eliminar el fracaso. Con qué facilidad podemos aferrarnos, ensalzar, incluso, las decisiones que creemos que pudimos o debimos haber tomado.

¿Podría haber salvado a mi madre? Tal vez. Y viviré el resto de mi vida planteándome esa posibilidad. Y puedo castigarme por haber tomado la decisión incorrecta. Esa es mi prerrogativa. O puedo aceptar que la decisión más importante no es la que tomé cuando estaba hambrienta y aterrorizada, cuando estábamos rodeadas por perros, armas e incertidumbre, cuando tenía dieciséis años; es la que tomo ahora. La decisión de aceptarme como soy: humana, imperfecta. Y la decisión de ser responsable de mi propia felicidad. De perdonarme mis defectos y reivindicar mi inocencia. De dejar de preguntarme por qué merecí sobrevivir. De comportarme lo mejor posible, de comprometerme a servir a los demás, de hacer todo lo que pueda para honrar a mis padres, de asegurarme de que no murieron en vano. De hacer todo lo posible, dentro de mis limitadas capacidades, para que las generaciones futuras no pasen por lo que yo pasé. De ser útil, de ser exprimida al máximo, de sobrevivir y prosperar para poder dedicar cada instante a hacer del mundo un lugar mejor. Y, por último, de dejar de huir por fin del pasado. De hacer todo lo posible para redimirlo y luego dejarlo ir. Puedo tomar la decisión que todos podemos tomar. No puedo cambiar el pasado. Pero puedo salvar una vida: la mía. La que estoy viviendo ahora en este precioso momento.

Estoy lista para irme. Tomo una piedra del suelo, una pequeña, rugosa, gris, sin nada destacable. La aprieto. En la tradición judía, colocamos pequeñas piedras sobre las tumbas como señal de respeto hacia los muertos, para el ritual del *mitzvá* y para las bendiciones. La piedra significa que el muerto continúa viviendo en nuestros corazones y en nuestra memoria. La piedra en mi mano es un símbolo del imperecedero amor que siento por mis padres. Y es un emblema de la culpa y el pesar que vine a afrontar aquí; algo inmenso y aterrador a la vez, que puedo sostener en mi mano. Es la muerte de mis padres. Es la muerte de la vida que tuve una vez. Es lo que no sucedió. Y es el nacimiento de la vida que tengo. De la paciencia y la compasión que aprendí aquí, de la capacidad de dejar de juzgarme a mí misma, de la capacidad de responder en lugar de reaccionar. Es la verdad y la paz que vine a descubrir aquí y todo lo que por fin puedo acallar y dejar atrás.

Dejo la piedra en el terreno donde se levantaba mi barracón, donde dormía en una repisa de madera junto a otras cinco chicas, donde cerré los ojos mientras sonaba *El Danubio azul* y bailé para salvar mi vida. «Los extraño», les digo a mis padres. «Los quiero. Siempre los voy a querer.»

Y al inmenso campo de muerte que acabó con mis padres y con tantos otros, al aula de horror que todavía tenía algo que enseñarme sobre cómo vivir, que fui victimizada, pero no soy una víctima; que me hirieron, pero no me destruyeron; que el alma nunca muere, que el sentido y el objetivo de la vida pueden proceder del corazón, de lo que más nos hiere; le digo murmurando mis últimas palabras: «adiós» y «gracias». Gracias por la vida y por la capacidad de aceptar por fin la vida tal como es.

Me dirijo hacia la reja de mi antigua prisión, hacia donde está Béla esperándome en la hierba. Por el rabillo del ojo, veo a un hombre uniformado que camina de un lado a otro bajo el letrero. Es un guardia del museo, no un soldado. Sin embargo, al verlo desfilar con su uniforme, me resulta imposible no quedarme helada, no contener la respiración, no esperar el ruido de un arma, una ráfaga de balas. Por un instante, vuelvo a ser una niña aterrorizada, una niña en peligro. Soy mi yo prisionera. Pero respiro, espero que pase el momento. Toco el pasaporte azul estadounidense en el bolsillo de mi abrigo. El guardia llega al letrero de hierro forjado, se da la vuelta y vuelve a entrar en la prisión. Tiene la obligación de permanecer aquí. Pero yo puedo irme. ¡Soy libre!

Salgo de Auschwitz. ¡Me escapo! Paso bajo las palabras ARBEIT MACHT FREI. Qué crueles y sarcásticas resultaron esas palabras cuando nos dimos cuenta de que nada de lo que pudiéramos hacer nos liberaría. Pero, cuando dejo atrás los barracones, los crematorios en ruinas, las torres de vigilancia, los visitantes y el guardia del museo, cuando paso bajo las oscuras letras de hierro y me dirijo hacia donde está mi marido, veo que en esas palabras resplandece una verdad. El trabajo me liberó. Sobreviví para poder realizar mi trabajo. No el trabajo al que se referían los nazis (el duro trabajo del sacrificio y el hambre, el agotamiento y la esclavitud). Se trataba del trabajo interno. De aprender a sobrevivir y prosperar, de aprender a perdonarme a mí misma, de ayudar a los demás a hacer lo mismo. Y, cuando realizo ese trabajo, ya no soy rehén ni prisionera de nada. Soy libre.

CUARTA PARTE

—

LA CURACIÓN

CAPÍTULO 20

—

LA DANZA DE LA LIBERTAD

Una de las últimas veces que vi a Viktor Frankl fue en el Tercer Congreso Mundial de Logoterapia en Regensburg, en 1983. Tenía casi ochenta años. Yo cincuenta y seis. En muchos aspectos, yo era la misma persona que había sentido pánico en un aula de El Paso cuando había metido en mi bolsa un pequeño libro de bolsillo. Seguía hablando inglés con un fuerte acento. Seguía teniendo *flashbacks*. Seguía acarreando imágenes dolorosas y no había superado las pérdidas del pasado. Pero ya no me sentía la víctima de nada. Sentía, y siempre sentiré, un amor y un agradecimiento tremendos hacia mis libertadores: el soldado estadounidense que me sacó de entre un montón de cadáveres en Gunskirchen, y Viktor Frankl, el cual me dio permiso para no esconderme nunca más, me ayudó a encontrar las palabras para describir mi experiencia y me ayudó a afrontar mi dolor. Gracias a su orientación y amistad, descubrí un sentido en mi sufrimiento, un sentido que me ayudó no solo a hacer las paces con el pasado, sino a liberarme de mi padecimiento con algo precioso que vale la pena compartir: un camino hacia la libertad. La última noche del congreso, bailamos. Ahí estábamos, dos bailarines de edad avanzada. Dos personas disfrutando del presente sagrado. Dos supervivientes que habían aprendido a prosperar y a ser libres.

Mi amistad de varias décadas con Viktor Frankl y mis relaciones terapéuticas con todos mis pacientes, incluidas las que he ido describiendo, me han enseñado la misma importante lección que empecé a estudiar en Auschwitz: nuestras experiencias dolorosas no son un hándicap, son un regalo. Nos proporcionan perspectiva y sentido, una oportunidad de encontrar nuestro objetivo y nuestra fuerza.

No existe un patrón universal para lograr la curación, pero sí pasos que se pueden aprender y practicar, pasos que cada individuo puede combinar a su manera, pasos del baile de la libertad.

Mi primer paso de ese baile fue asumir la responsabilidad de mis sentimientos. Dejar de reprimirlos y evitarlos y dejar de culpar de ellos a Béla o a otras personas; aceptarlos como propios. Ese también fue un paso vital en la curación del capitán Jason Fuller. Igual que yo, él tenía la costumbre de bloquear sus sentimientos, de huir de ellos hasta que se hacían lo suficientemente grandes para controlarlo, en lugar de controlarlos él. Le dije que no podría evitar el dolor evitando sus sentimientos. Tenía que asumir la responsabilidad de experimentarlos y, con el tiempo, expresarlos con seguridad, y, después, soltarlos.

Durante aquellas primeras semanas de tratamiento, le enseñé un mantra para controlar sus emociones: percibir, aceptar, comprobar, permanecer. Cuando un sentimiento empezaba a abrumarlo, la primera acción para controlarlo era percibir, reconocer, que lo estaba sintiendo. Podía decirse a sí mismo: «¡Ajá! Aquí está otra vez. Esto es ira. Esto son celos. Esto es tristeza». (Mi terapeuta junguiano me enseñó una cosa que me resulta bastante reconfortante: que, aunque la gama de sentimientos humanos parece ilimitada, de hecho, cada tono emocional, como cada color, deriva de unas pocas emociones primarias: tristeza, furia, alegría, miedo. Para quienes están aprendiendo el vocabulario de las emociones, como era mi caso, resulta menos abrumador aprender a identificar solamente cuatro sentimientos.)

Una vez que ponía nombre a sus sentimientos, Jason necesitaba aceptar que dichos sentimientos eran suyos. Podían ser causados por acciones o palabras de otro, pero eran suyos. Arremeter contra alguien no iba a hacer que desaparecieran.

A continuación, cuando se encontraba con su sentimiento, tenía que comprobar su reacción corporal. «¿Tengo calor? ¿Frío? ¿Tengo el corazón acelerado? ¿Cómo es mi respiración? ¿Estoy bien?»

Sintonizar con el propio sentimiento y con cómo se manifestaba en su cuerpo le ayudaría a permanecer con él hasta que pasara o cambiara. No tenía que ocultar sus sentimientos, ni medicarse, ni huir de ellos. Podía decidir sentirlos. Solo eran sentimientos. Podía aceptarlos, soportarlos, permanecer con ellos, porque eran temporales.

Cuando Jason ya tenía más experiencia en sintonizar con sus sentimientos, practicamos cómo responder ante ellos en lugar de reaccionar. Había aprendido a vivir como si estuviera en una olla a presión. Se mantenía bajo un férreo control, hasta que explotaba. Le ayudé a aprender a ser más bien como una tetera, a dejar salir el vapor. A veces venía a una sesión y yo le preguntaba cómo se sentía y me decía: «Tengo ganas de gritar». Y yo le decía: «¡De acuerdo! Gritemos. Saquémoslo todo para que no te enfermes».

Cuando Jason aprendió a aceptar y afrontar sus sentimientos, empezó también a darse cuenta de que, en muchos sentidos, estaba reproduciendo el miedo, la represión y la violencia de su infancia en su familia actual. La necesidad de controlar sus sentimientos, aprendida de la mano de un padre maltratador, se había traducido en una necesidad de controlar a su mujer y a sus hijos.

En ocasiones, nuestra curación nos ayuda a reparar nuestras relaciones con nuestras parejas; otras veces, nuestra curación permite a la otra persona crecer por sí misma. Tras unos cuantos meses acudiendo con él a terapia de pareja, la mujer de Jason le dijo que quería separarse. Jason estaba sorprendido y furioso. A mí me preocupaba que su pena a causa del fracaso matrimonial afectara a la forma en que trataba a sus hijos. Al principio, Jason se mostró vengativo y quiso luchar por conseguir la custodia exclusiva, pero logró modificar su mentalidad de todo o nada y él y su mujer elaboraron un acuerdo de custodia compartida. Fue capaz de arreglar y cultivar la relación con las personas que lo habían motivado a soltar el arma: sus hijos. Puso fin a su legado violento.

Una vez que reconocemos y asumimos la responsabilidad de nuestros sentimientos, podemos aprender a reconocer y asumir nuestra responsabilidad en las dinámicas que modelan nuestras relaciones. Como aprendí en mi matrimonio y en la relación con mis hijos, uno de los campos de prueba de nuestra libertad radica en la forma en que nos relacionamos con nuestros seres queridos. Es algo que surge frecuentemente en mi trabajo.

La mañana que le conocí, Jun llevaba pantalones planchados y una camisa abotonada hasta el cuello. Ling entró por la puerta con una falda y un saco de corte perfecto, con el maquillaje aplicado por manos expertas y el cabello perfectamente peinado. Jun se sentó en un extremo del sofá, recorriendo con la mirada los diplomas enmarcados y las fotografías que había en mi consulta, mirando a todas partes menos a Ling. Ella se situó cuidadosamente en el borde del sofá y me miró a la cara.

—El problema es el siguiente —dijo sin preámbulos—. Mi marido bebe demasiado.

Jun se puso rojo. Parecía estar a punto de hablar, pero guardó silencio.

—Eso tiene que acabar —dijo Ling.

Le pregunté qué era «eso». ¿Cuál era la conducta que le parecía tan reprobable?

Según Ling, durante el último año o dos, Jun había pasado de beber de vez en cuando una noche o un fin de semana a convertirlo en un ritual diario. Empezaba antes de llegar a casa, con un whisky en un bar cercano al campus universitario donde trabajaba de profesor. A aquella copa le seguía otra en casa, y otra. Cuando se sentaban a cenar con sus dos hijos, sus ojos estaban un poco vidriosos, su tono de voz era un poco demasiado alto y sus bromas un poco subidas de tono. Ling se sentía sola y abrumada por la responsabilidad de hacer que los niños cumplieran con sus rutinas de higiene y se fueran a dormir a tiempo. Cuando estaba lista para acostarse, estaba a punto de estallar de frustración. Cuando le pregunté por su vida íntima, Ling se ruborizó y me dijo que Jun solía iniciar avances sexuales cuando se acostaban, pero, a menudo, ella estaba demasiado disgustada para responder. Ahora, él solía quedarse dormido en el sofá.

—Y eso no es todo —dijo Ling. Estaba enumerando todas las pruebas—. Rompe los platos porque está borracho. Llega tarde a casa. Se le olvidan las cosas que le digo. Conduce bebido. Va a tener un accidente. ¿Cómo voy a confiar en que lleve a los niños en coche?

Mientras Ling hablaba, Jun parecía desparecer. Sus ojos se posaron en su regazo. Parecía dolido, reservado, avergonzado y enojado, pero su hostilidad iba dirigida al interior. Le pregunté a Jun su punto de vista sobre su vida cotidiana.

—Siempre me comporto de manera responsable con los niños —dijo—. No tiene ningún derecho a acusarme de ponerlos en peligro.

—¿Y tu relación con Ling? ¿Cómo ves su matrimonio?

Se encogió de hombros.

—Estoy aquí —dijo.

—Noto que hay un gran espacio entre ustedes en el sofá. ¿Es eso un indicador preciso de que existe una gran separación entre los dos?

Ling se aferró a su bolsa.

—Lo es —dijo Jun.

—¡Porque bebe! —intervino Ling—. Eso es lo que provoca la separación.

—Suena como si hubiera ahí mucha rabia separándolos.

Ling miró rápidamente a su marido antes de asentir.

Veo a muchas parejas atrapadas en la misma danza. Ella lo harta, él bebe. Él bebe, ella lo harta. Esa es la coreografía que han elegido. Pero ¿qué pasa si uno de ellos cambia los pasos?

—Me pregunto —empecé—, me pregunto si su matrimonio sobreviviría si Jun dejara de beber.

Jun apretó la mandíbula. Ling aflojó la presión de sus manos sobre la bolsa.

—Exacto —dijo ella—. Eso es lo que tendría que pasar.

—¿Qué pasaría realmente si Jun dejara de beber? —pregunté.

Les hablé de otra pareja que conocía. El marido también era bebedor. Un día, decidió que ya estaba bien. Que ya no quería beber más. Quería buscar ayuda. Decidió que la rehabilitación era la mejor opción y empezó a trabajar duro por mantenerse sobrio. Eso era precisamente lo que su mujer había estado rogando que sucediera. Ambos esperaban que mantenerse sobrio sería la solución a todos sus problemas. Sin embargo, a medida que avanzaba su recuperación, su matrimonio empeoró. Cuando la mujer fue a visitarlo al centro de rehabilitación, afloraron sentimientos de ira y amargura. Ella era incapaz de evitar revivir el pasado. «¿Te acuerdas de cuando llegaste a casa hace cinco años y vomitaste en mi alfombra favorita? ¿Y de aquella otra vez que arruinaste nuestra fiesta de aniversario?» No podía parar de recitar la letanía de los errores que él había cometido, de cómo le había hecho daño y cómo la había decepcionado. Cuanto más mejoraba su marido, más empeoraba ella. Él se sentía más fuerte, menos intoxicado, menos avergonzado, más en contacto consigo mismo, más en sintonía con su vida y sus relaciones. Y ella se sentía cada vez más furiosa. Él abandonó la bebida, pero ella no pudo abandonar las críticas y la culpa.

A esto lo llamo el subibaja, pues su mecanismo es el mismo que el de una barra en equilibrio de un parque infantil. Una persona está arriba y, al otro extremo, la otra persona está abajo. Muchos matrimonios y relaciones están construidos así. Dos personas se someten a un contrato tácito: una de ellas será buena y la otra será mala. Todo el sistema se basa en la deficiencia de una persona. El miembro «malo» de la pareja obtiene un pase gratuito para forzar todos los límites; el miembro «bueno» dice: «¡Mira lo desinteresado que soy! ¡Mira lo paciente que soy! ¡Mira todo lo que soporto!».

Pero ¿qué sucede si el «malo» de la relación se harta de ese papel? ¿Y si se presenta a una audición para el otro papel? Entonces, la posición del «bueno» en la relación ya no está asegurada. Tiene que recordarle lo malo que es para poder mantenerse en su puesto. O puede que se vuelva malo (hostil, explosivo) para poder equilibrar el subibaja, aunque cambien las posiciones. En cualquier caso, la culpa es el eje que mantiene unidos los dos asientos.

En muchos casos, las acciones de terceros contribuyen de verdad a nuestro malestar e infelicidad. No estoy insinuando que nos debería parecer bien un comportamiento dañino o destructivo. Pero mientras responsabilicemos a otra persona de nuestro propio bienestar, seguiremos siendo víctimas. Si Ling dice: «Solo puedo sentirme feliz y en paz si Jun deja de beber», se queda en una posición vulnerable ante una vida de pesar y descontento. Su felicidad siempre estará a una botella o un trago de distancia del desastre. Del mismo modo, si Jun dice: «La única razón por la que bebo es que Ling es muy fastidiosa y criticona», renuncia a toda su libertad de elección. No es su propio agente. Es la marioneta de Ling. Tal vez obtenga el alivio momentáneo de una copa como protección contra la falta de amabilidad de ella, pero no será libre.

Con mucha frecuencia, nuestra infelicidad se debe a que estamos asumiendo demasiada responsabilidad o demasiado poca. En lugar de mantenernos firmes y decidir claramente por nosotros mismos, puede que nos volvamos agresivos (decidamos por otros), pasivos (permitamos que otros decidan por nosotros) o pasivo-agresivos (decidamos por otros para impedir que consigan lo que están decidiendo por sí mismos). No me enorgullece admitir que yo fui pasiva-agresiva con Béla. Él era muy puntual, para él era importante llegar a los sitios a la hora y, cuando estaba enojada con él, me entretenía antes de la salir de casa. Encontraba a propósito la manera de ir más despacio, de llegar tarde, solo para fastidiarlo. Él decidía llegar a la hora y yo no le permitía lograr lo que quería.

Les dije a Ling y a Jun que, al echarse mutuamente la culpa de su infelicidad, estaban eludiendo la responsabilidad de construir su propia felicidad. Aunque en la superficie ambos parecían muy firmes, Ling siempre encima de Jun, Jun haciendo lo que quería en lugar de hacer lo que Ling le pedía que hiciera, eran expertos en evitar expresarse con honestidad en términos de *quiero* o *soy*. Ling utilizaba la palabra *quiero*, «quiero que mi marido deje de beber», pero, al querer algo para otro, se libraba de tener que saber qué quería para sí misma. Y Jun podía justificar racionalmente su hábito diciendo que era culpa de Ling, una manera de reafirmarse frente a las agobiantes expectativas y críticas de ella. Pero, si renuncias a la autoridad de tus propias decisiones, estás aceptando ser una víctima, y un prisionero.

En el hagadá, el texto judío que cuenta la historia de la liberación de la esclavitud en Egipto y enseña las plegarias y rituales del séder, la importante festividad de la Pas-

cua judía, hay cuatro preguntas que formula tradicional-
mente el miembro más joven de la familia, las preguntas
que tuve el privilegio de hacer en los séders de mi infancia, las que hice la última noche que pasé en casa con mis
padres. En mi práctica profesional, tengo mi propia versión de las cuatro preguntas, la cual elaboré hace años
con la ayuda de varios colegas cuando poníamos en común estrategias para iniciar una sesión con un nuevo paciente. Estas son las preguntas que pedí a Ling y Jun que
contestaran por escrito, para poder liberarse de su victimismo.

1. **¿Qué quieres?** Esta pregunta solo es sencilla en apa-
   riencia. Concedernos permiso para conocernos y
   escucharnos, para alinearnos con nuestros deseos,
   puede ser mucho más difícil de lo que creemos.
   ¿Con qué frecuencia, al responder a esta pregunta,
   decimos lo que queremos de otro? Les recordé a
   Ling y a Jun que tenían que responder a esta pregunta por sí mismos. Decir «Quiero que Jun deje de
   beber» o «Quiero que Ling deje de fastidiar» era
   eludir la pregunta.

2. **¿Quién lo quiere?** Esta es nuestra obligación y nuestra difícil tarea: entender nuestras expectativas
   acerca de nosotros mismos en lugar de cumplir las
   expectativas de otros sobre nosotros. Mi padre se
   hizo sastre porque su padre no le permitió ser médico. Mi padre era bueno en su profesión, fue elo-
   giado y galardonado por ella, pero no fue él quien
   decidió ejercerla y siempre se arrepintió de su sueño no cumplido. Es nuestra responsabilidad actuar
   al servicio de nuestro auténtico yo. En ocasiones,

eso implica renunciar a la necesidad de complacer a otros, renunciar a la necesidad de la aprobación de los demás.

3. **¿Qué vas a hacer al respecto?** Creo en el poder del pensamiento positivo, pero el cambio y la libertad requieren también una acción positiva. Si practicamos una cosa, la hacemos mejor. Si practicamos la ira, sentiremos más ira. En muchos casos, en realidad, trabajamos muy duro para asegurarnos de no ir a ninguna parte. El cambio está relacionado con ver lo que ya no funciona y apartarnos de los patrones familiares y esclavizadores.

4. **¿Cuándo?** En *Lo que el viento se llevó,* el libro favorito de mi madre, cuando Escarlata O'Hara se encuentra ante una dificultad, dice: «Ya lo pensaré mañana... Después de todo, mañana será otro día». Si queremos evolucionar en lugar de dar vueltas, ya es hora de pasar a la acción.

Ling y Jun respondieron a las preguntas, doblaron los papeles y me los entregaron. Los examinaríamos juntos la semana siguiente. Cuando se levantaron para irse, Jun me estrechó la mano y, a continuación, al salir por la puerta, percibí el hecho tranquilizador que necesitaba: que estaban dispuestos a intentar salvar la distancia que había permitido que se deteriorara su matrimonio, a salir del subibaja de la culpa. Ling se dio la vuelta hacia Jun y le dedicó una sonrisa dubitativa. No pude ver si él se la devolvía, estaba de espaldas, pero sí vi que le daba unos golpecitos suaves en el hombro.

Cuando nos vimos la semana siguiente, Ling y Jun descubrieron algo que no habían previsto. En su respuesta a la pregunta «¿Qué quieres?», ambos habían escrito lo mismo: «un matrimonio feliz». Simplemente expresando su deseo, ya estaban camino de conseguir lo que querían. Lo único que necesitaban eran nuevas herramientas.

Le pedí a Ling que trabajara para cambiar su comportamiento durante los momentos posteriores a la llegada de Jun a casa cada día. Ese era el momento en el que, habitualmente, se sentía más molesta, vulnerable y aterrorizada. ¿Estaría borracho? ¿Qué tan borracho? ¿Habría alguna posibilidad de acercamiento entre ellos, o sería otra noche más de distanciamiento y hostilidad? Ella había aprendido a gestionar el miedo tratando de ejercer el control. Le olía a Jun el aliento, lo acusaba, se retiraba. La enseñé a saludar a su marido del mismo modo, tanto si estaba sobrio como si estaba borracho, con una mirada amable y una afirmación sencilla: «Me alegro de verte. Qué bien que ya estés en casa». Si estaba borracho y ella se sentía dolida y decepcionada, podía hablar de sus sentimientos. Podía decir: «Veo que estuviste bebiendo y eso me entristece, porque me cuesta sentirme cerca de ti cuando estás borracho» o «Eso hace que me preocupe tu seguridad». Y podía tomar decisiones por sí misma como respuesta a la decisión de beber de él. Podía decir: «Esperaba hablar contigo esta noche, pero veo que bebiste. Voy a hacer otra cosa».

Hablé con Jun acerca de los elementos fisiológicos de la adicción y le dije que podía ayudarle a curar el dolor que estaba tratando de superar con alcohol, fuera el que fuera, y que, si decidía abandonar la bebida, necesitaría ayuda adicional para tratar su adicción. Le pedí que asistiera a tres reuniones de Alcohólicos Anónimos y viera si se reconocía en alguna de las historias que oiría. Efectivamente, acudió a las reuniones asignadas, pero, por lo que yo sé, nunca volvió. Durante el tiempo que estuve trabajando con él, no dejó de beber.

Cuando Ling y Jun concluyeron su terapia, algunas cosas habían mejorado y otras no. Eran más capaces de escucharse mutuamente sin necesidad de tener razón, y pasaban más tiempo al otro lado de la ira, donde podían reconocer su tristeza y su miedo. Había más afecto entre ellos. Sin embargo, seguía habiendo soledad. Y el miedo a que el alcoholismo de Jun se descontrolara.

Su historia es un buen recordatorio de que las cosas no acaban hasta que acaban. Mientras vivas, existe el riesgo de sufrir más. También existe la posibilidad de encontrar una manera de sufrir menos, de elegir la felicidad, para lo cual es necesario que asumas tus responsabilidades.

Intentar ser el cuidador que se ocupa de todas las necesidades de otra persona es tan problemático como eludir tu propia responsabilidad. Esto es algo que ha sido un problema para mí, igual que para muchos psicoterapeutas. Tuve una revelación en este sentido cuando trabajaba con una madre soltera con cinco hijos, que estaba desempleada y era discapacitada física además de sufrir una depresión. La pasó mal al tener que dejar la casa. No me importó ayudarla yendo a recoger sus cheques de la asistencia social o llevando a sus hijos a sus citas y actividades. Como su terapeuta, me daba la impresión de que ayudarla de todas las maneras posibles era mi responsabilidad. Sin embargo, un día, mientras hacía cola en la oficina de la asistencia social, sintiéndome benévola, generosa y digna, una voz en mi interior me dijo: «Edie, ¿qué necesidades estás cubriendo?». Me di cuenta de que la respuesta no era «Las de mi querida paciente». La respuesta era «Las mías». Al hacer cosas por ella, me sentía muy bien conmigo misma. Pero ¿a qué precio? Estaba aumentando su dependencia y su anhelo. Ya se había estado privando durante mucho tiempo de algo que solo podía encontrar en su interior y, mientras yo pensaba que estaba contribuyendo a su salud y su bienestar, en realidad estaba sosteniendo su privación. Está bien ayudar a la gente, y está bien necesitar ayuda, pero cuando tu capacitación permite que otras personas no se ayuden a sí mismas, estás incapacitando a las personas a las que quieres ayudar. Habitualmente les preguntaba a mis pacientes: «¿En qué puedo ayudarte?» Pero esa pregunta los convierte en Humpty Dumpty, esperando en el suelo a que los recompongan de nuevo. Y todos los hombres y caballos del rey son incapaces de recomponer a otra persona. Cambié la pregunta. Ahora digo: «¿En qué puedo serte útil?». ¿Cómo puedo apoyarte mientras asumes tu propia responsabilidad?

* * *

Nunca he conocido a nadie que decidiera conscientemente vivir en cautividad. Sin embargo, sí he sido testigo una y otra vez de lo dispuestos que estamos a entregar nuestra libertad espiritual y mental, a decidir ceder a otra persona o entidad la responsabilidad de guiar nuestras vidas, de decidir por nosotros. Una pareja joven me ayudó a entender las consecuencias de renunciar a esta responsabilidad y cedérsela a otros. Me tocaron especialmente una fibra, debido a su juventud, porque estaban en esa fase de la vida en la que la mayoría de nosotros ansiamos tener autonomía e, irónicamente, la época en que nos puede inquietar más ver si estamos listos para ello y si somos lo bastante fuertes para soportar su peso.

Cuando Elise acudió a mí en busca de ayuda, su desesperación había llegado a hacerla tener ideas suicidas. Tenía veintiún años y llevaba el pelo rizado recogido en una cola de caballo. Tenía los ojos rojos de haber llorado. Llevaba una ancha chamarra deportiva de hombre que le llegaba casi a las rodillas. Me senté con Elise bajo el brillante sol de octubre mientras ella trataba de explicar la raíz de su angustia: Todd.

Todd, un carismático, ambicioso y atractivo jugador de basquetbol, era prácticamente una celebridad en el campus. Ella lo había conocido dos años atrás, cuando era nueva en la universidad y él era un estudiante de segundo. Todo el mundo conocía a Todd. Para Elise, la revelación fue que él quisiera conocerla a ella. Se sentía atraído físicamente por Elise y le gustaba que ella no se esforzara demasiado por impresionarlo. No era una chica superficial. Sus personalidades parecían complementarias: ella era callada y tímida, él era hablador y extrovertido; ella era observadora, él histrión. No llevaban saliendo demasiado tiempo cuando Todd le pidió que se fuera a vivir con él.

La cara de Elise se iluminó mientras explicaba los primeros meses de su relación. Dijo que, al ser objeto del afecto de Todd, por primera vez en su vida no se sentía bastante bien, sino extraordinariamente bien. No es que antes, de pequeña o durante sus primeras relaciones, se hubiera sentido ignorada, marginada o no querida. Sin embargo, la atención de Todd la hacía sentirse viva de un modo distinto. Le encantaba aquella sensación.

Desgraciadamente, era una sensación que iba y venía. A veces se sentía insegura con respecto a su relación. Especialmente durante los partidos de basquetbol y las fiestas, cuando otras mujeres coqueteaban con él. Ella sentía la punzada de los celos o se subestimaba. A veces, después de las fiestas, reprendía a Todd si le había parecido que respondía a los coqueteos. A veces, él la tranquilizaba y otras expresaba su irritación por la inseguridad de ella. Ella trataba de no ser una novia pesada e intentaba encontrar maneras de hacerse indispensable para él. Todd se esforzaba por mantener los resultados académicos que exigía su beca de atletismo. Al principio, Elise lo ayudaba a estudiar para aprobar los exámenes. Después, empezó a ayudarle a hacer las tareas; al poco tiempo, Elise ya le hacía los trabajos y se quedaba despierta hasta tarde para hacer el trabajo de Todd además del suyo propio.

Consciente o inconscientemente, Elise encontró la manera de que Todd se volviera dependiente de ella. La relación tendría que durar, puesto que él la necesitaba para conservar la beca y todo lo que esta implicaba. La sensación de ser indispensable era tan embriagadora y reconfortante que la vida de Elise pasó a organizarse en torno a una ecuación: cuanto más lo quiera, más me querrá él a mí. Sin darse cuenta, había empezado a equiparar su sensación de valía con ese amor.

Hacía poco, Todd había confesado algo que Elise siempre había temido que sucediera: se había acostado con otra mujer. Ella estaba enojada y dolida. Él pedía perdón, lloroso. Sin embargo, no había sido capaz de romper con la otra mujer. La amaba. Lo sentía. Esperaba que él y Elise continuaran siendo amigos.

Elise a duras penas consiguió salir del departamento durante aquella primera semana. No tenía apetito. No podía vestirse. Le aterraba estar sola y se sentía avergonzada. Se había dado cuenta de hasta qué punto había permitido que su relación rigiera por completo su vida, y a qué precio. Entonces, Todd la llamó. Quería saber si podía hacerle un favor enorme si no estaba demasiado ocupada. Tenía que presentar un trabajo el lunes. ¿Podría redactárselo?

Ella le hizo el trabajo. Y el siguiente. Y el otro.

—Se lo di todo —dijo. Estaba llorando.

—Cariño, ese fue tu primer error. Te martirizabas por él. ¿Qué ganabas con eso?

—Quería qué triunfara, y estaba tan contento cuando le ayudaba…

—Y ahora, ¿qué sucede?

Me dijo que el día anterior había sabido por un amigo común que Todd y la nueva mujer se habían ido a vivir juntos. Y, al día siguiente, él tenía que presentar un trabajo que ella había accedido a hacerle.

—Sé que no va a volver conmigo. Sé que tengo que dejar de hacerle los trabajos. Pero no puedo.

—¿Por qué?

—Lo quiero. Sé que aún puedo hacerlo feliz si le hago este trabajo.

—¿Y qué pasa contigo? ¿Estás convirtiéndote en lo mejor que puedes llegar a ser? ¿Eres feliz?

—Usted me hace sentir que no estoy haciendo lo correcto.

—Cuando dejas de hacer lo mejor para ti y empiezas a hacer lo que crees que alguien necesita, estás tomando una decisión que tiene consecuencias para ti. También tiene consecuencias para Todd. ¿Qué le dice tu decisión de ayudarle sobre su capacidad de afrontar sus propios retos?

—Puedo ayudarle. Estoy para lo que necesite.

—En realidad tampoco confías en él.

—Quiero que me quiera.

—¿A costa de su crecimiento? ¿A costa de su vida?

Cuando Elise salió de mi consulta, sentí mucha preocupación por ella. Estaba profundamente desesperada. Sin embargo, no creía que fuera a quitarse la vida. Quería cambiar, motivo por el cual había acudido en busca de ayuda. No obstante, le di mi número de teléfono y el número de una línea para la prevención del suicidio, y le pedí que se pusiera en contacto conmigo cada día hasta la próxima visita.

Cuando Elise volvió a la semana siguiente, me sorprendió que trajera consigo a un joven. Era Todd. Elise estaba radiante. Su depresión era cosa del pasado, dijo. Todd había roto con la otra mujer y se habían reconciliado. Se sentía renovada. Ahora entendía que su dependencia e inseguridad le habían hecho alejarse de él. Ahora se esforzaría más por confiar en la relación, por demostrarle lo comprometida que estaba.

Durante la sesión, Todd parecía impaciente y aburrido, mirando de soslayo el reloj y moviéndose en su asiento como si se le estuvieran durmiendo las piernas.

—No es posible que vuelvan a estar juntos sin un nuevo punto de partida. ¿Qué clase de nueva relación quieren? ¿A qué están dispuestos a renunciar para conseguirlo? —pregunté. Me miraron fijamente—. Empecemos por lo que tienen en común. ¿Qué cosas les gusta hacer juntos?

Todd miró el reloj. Elise se acercó más a él.

—Esta es su tarea —dije—. Quiero que cada uno de ustedes encuentre algo nuevo que le guste hacer solo y una cosa nueva que les guste hacer juntos. No puede ser jugar al basquetbol, ni los trabajos de la universidad, ni tener relaciones sexuales. Algo divertido y fuera de lo habitual.

Elise y Todd volvieron a mi consulta ocasionalmente a lo largo de los seis meses siguientes. A veces, Elise venía sola. Su principal objetivo continuaba siendo mantener la relación, pero nada de lo que hiciera bastaba para poner fin a sus inseguridades y sus dudas. Quería sentirse mejor, pero todavía no estaba dispuesta a cambiar. Y cuando Todd venía a la consulta, también parecía paralizado. Estaba consiguiendo todo lo que pensaba que quería: admiración, éxito y amor, por no mencionar las buenas calificaciones, pero parecía triste. Sufría un bajón, estaba hundido. Era cómo si el respeto y la confianza en sí mismo se hubieran atrofiado a causa de su dependencia de Elise.

Con el tiempo, las visitas de Elise y Todd se fueron espaciando y no volví a saber de ninguno de ellos durante muchos meses. Y, de repente, un día recibí dos anuncios de graduación. Uno era de Elise. Había finalizado sus estudios y la habían aceptado en una maestría de Literatura Comparada. Me dio las gracias por el tiempo que habíamos pasado juntas. Me dijo que un día se levantó y pensó que ya estaba bien. Dejó de hacerle las tareas a Todd. Su relación acabó, cosa que había sido muy dura, pero ahora se alegraba de no haberse conformado con lo que había elegido en lugar del amor, fuera lo que fuera.

El otro anuncio de graduación era de Todd. Se graduaba, con un año de retraso, pero se graduaba. Él también quería darme las gracias. Me dijo que estuvo a punto de abandonar los estudios cuando Elise dejó de hacerle los trabajos. Estaba indignado y furioso. Pero, entonces, asumió la responsabilidad de su propia vida, se buscó un tutor y reconoció que iba a tener que poner algo de su parte. «Era un inútil», escribió. Dijo que, sin darse cuenta, durante todo el tiempo que había dependido de Elise para que le hiciera los trabajos, había estado deprimido. No se gustaba a sí mismo. Ahora, podía mirarse al espejo y sentir respeto en lugar de desprecio.

Viktor Frankl escribe: «La búsqueda por parte del hombre del sentido de la vida constituye una fuerza primaria [...]. Este sentido es único y específico en cuanto es uno mismo y uno solo quien tiene que encontrarlo; únicamente así logra alcanzar el hombre un significado que satisfaga su propia voluntad de sentido». Cuando renunciamos a asumir la responsabilidad por nosotros mismos, estamos renunciando a nuestra capacidad de crear y descubrir sentido. En otras palabras, renunciamos a la vida.

CAPÍTULO 21

LA DONCELLA SIN MANOS

El segundo paso de la danza de la libertad consiste en aprender cómo correr los riesgos necesarios para la autorrealización. El mayor riesgo que asumí en aquel viaje fue volver a Auschwitz. Había terceras personas, la familia de acogida de Marianne, el empleado de la embajada polaca, que me decían que no fuera. Y también estaba mi guardián interior, la parte de mí que buscaba la seguridad por encima de la libertad. Pero la noche que permanecí despierta en la cama de Goebbels, intuí que no sería una persona completa hasta que volviera allí, que por mi propia salud necesitaba estar de nuevo en aquel lugar. Correr riesgos no significa lanzarnos a ciegas al peligro, sino asumir nuestros miedos para no ser prisioneros de ellos.

Carlos empezó a trabajar conmigo cuando estaba en el segundo año de preparatoria, batallando con la ansiedad social y la autoaceptación. Tenía tanto miedo a ser rechazado por sus compañeros que no se arriesgaba a entablar amistades ni relaciones. Un día, le pedí que me hablara de las diez chicas más populares de la escuela. A continuación, le encargué una tarea. Tenía que pedirle a cada una de esas chicas que saliera con él. Me dijo que era imposible, que sería un suicidio social, que nunca saldrían con él, que se burlarían de él durante el resto de sus días en la escuela por ser patético. Le dije: «Sí, es cierto, puede que no consigas lo que quieres, pero, aunque no lo hagas, estarás mejor que antes, porque sabrás cuál es tu posición, tendrás más información y verás la auténtica realidad en lugar de una realidad creada por tu miedo». Finalmente, accedió a cumplir mi encargo. Y, para su sorpresa, ¡cuatro de las chicas más populares aceptaron! Él ya había decidido cuál era su valía y ya se había rechazado quinientas veces en su cabeza, y ese miedo se expresaba a través de su lenguaje corporal, en unos ojos entornados y esquivos, en lugar de brillantes y empáticos. Se había vuelto inasequible a la alegría. Una vez que asumió su miedo y sus opciones, descubrió posibilidades que no sabía que existían.

Años más tarde, un día de otoño de 2007, Carlos me telefoneó desde su dormitorio de la universidad. La ansiedad invadía su voz.

—Necesito ayuda —dijo.

Ahora era un estudiante de segundo en una de las diez mejores universidades del Medio Oeste. Cuando lo oí inesperadamente, pensé que tal vez sus preocupaciones sociales volvían a ser abrumadoras.

—Cuéntame qué pasa —le dije.

Era la semana de las fraternidades en el campus, me respondió. Yo ya sabía que pertenecer a una fraternidad había sido su sueño desde que estaba en la preparatoria. Al empezar la universidad, aquel sueño se había vuelto aún más importante, me contó. Las fraternidades eran una parte muy importante del tejido social de su universidad, y todos sus amigos aspiraban a entrar en una, de modo que formar parte de una fraternidad parecía algo necesario para su supervivencia social. Había oído rumores sobre novatadas inadecuadas en otras fraternidades, pero él había elegido la suya cuidadosamente. Le gustaba la diversidad racial de sus miembros y el énfasis que ponía en los servicios sociales. Parecía perfecta para él. Mientras que muchos de sus amigos estaban preocupados por las novatadas, a Carlos el tema no le inquietaba. Creía que las novatadas tenían un objetivo, que ayudaban a los jóvenes a establecer lazos más rápidamente, siempre y cuando no fueran exageradas.

Sin embargo, la semana de las fraternidades no estaba resultando como Carlos había imaginado.

—¿Qué cambió? —pregunté.

—El encargado de la selección está abusando de su poder.

Me dijo que era increíblemente agresivo, que buscaba el punto débil de todos los aspirantes y los machacaba. Había dicho que la música que le gustaba a un joven era de homosexuales. Durante una reunión, había mirado a Carlos y le había dicho: «Pareces un tipo que debería estar cortando el pasto de mi casa».

—¿Cómo te sentiste cuando dijo eso?

—Me puse furioso. Quería golpearlo en la cara.

—¿Qué hiciste?

—Nada. Solo estaba intentando ponerme a prueba. No reaccioné.

—¿Y qué pasó?

Carlos me dijo que, aquella mañana, el encargado les había ordenado a él y a otros aspirantes limpiar la sede de la fraternidad y les había asignado diferentes tareas. A Carlos le entregó un cepillo y una botella de líquido limpiador. A continuación, le había dado un enorme sombrero mexicano. «Lo llevarás puesto mientras limpias los baños. Lo llevarás cuando vayas a clase. Y lo único que se te permite decir en todo el día es "*Sí, señor*"*.» Era un escarnio público, un acto de racismo atroz, pero si Carlos quería unirse a una fraternidad, tenía que aguantarse y soportarlo.

—Me pareció que no podía negarme —me dijo Carlos con voz temblorosa—. Fue horrible, pero lo hice. No quería perder mi sitio solo porque el encargado de la selección fuera un imbécil. No quería dejarlo ganar.

—Noto que estás muy enojado.

—Estoy furioso. Y avergonzado. Y confuso. Me da la impresión de que debería haberlo soportado sin que me afectara tanto.

—Continúa.

—Ya sé que no es lo mismo, pero, mientras estaba limpiando los baños con el sombrero mexicano, pensé en la historia que me explicó usted del campo de concentración, cuando la obligaron a bailar. Recuerdo que me dijo que estaba aterrorizada, que estaba presa, pero que se sintió libre. Que los guardas eran más prisioneros que usted. Sé que el encargado de la selección es un idiota. ¿Por qué no puedo hacer lo que él quiere que haga y seguir sintiéndome libre en mi interior? Usted siempre me ha dicho que lo que importa no es lo que sucede en el exterior, sino lo que pasa en el interior. Estoy orgulloso de mi origen mexicano. ¿Por qué habría de afectarme esa tontería? ¿Por qué no puedo estar por encima de eso?

Era una pregunta magnífica. ¿Dónde reside nuestro poder? ¿Es suficiente encontrar nuestra fuerza interior, nuestra verdad interior, o el verdadero poder requiere también que actuemos en el exterior? Creo que lo más importante es lo que sucede en nuestro interior. También creo en la

---

* En español en el original. (*N. del T.*)

necesidad de vivir en congruencia con nuestros valores e ideales: con nuestro yo moral. Creo en la importancia de defender lo que es justo y desafiar lo que es injusto e inhumano. Y creo en las decisiones. La libertad radica en examinar las opciones disponibles y evaluar sus consecuencias «Cuantas más opciones tengas —dije—, menos víctima te sentirás. Hablemos de tus opciones.»

Hicimos una lista. Una opción era que Carlos llevara puesto el sombrero por el campus durante el resto del día, diciendo solamente «Sí, señor». Podía aceptar someterse a cualquier otra humillación que se le ocurriera al jefe de selección.

Otra opción era oponerse. Podía decirle al encargado de la selección que se negaba rotundamente a hacerlo.

O podía retirar su candidatura a formar parte de la fraternidad. Podía dejar el sombrero y el cepillo y marcharse.

A Carlos no le gustaban las consecuencias de ninguna de esas decisiones. No le gustaban la vergüenza ni la impotencia que sentía al ceder ante un abuso, especialmente cuando las humillaciones eran racistas. Le parecía que no podía seguir interpretando la caricatura racista sin menoscabar su dignidad; si continuaba sometiéndose al abuso, haría que este fuera aún mayor y él más débil. Sin embargo, oponerse al encargado podía ser peligroso desde un punto de vista físico y aislarle socialmente. Carlos tenía miedo de que lo atacaran y de responder con la misma moneda. No quería ceder a sus impulsos violentos, no quería caer en la trampa de las provocaciones del encargado de la selección para sacarlo de quicio, no quería participar en un escarnio público. También tenía miedo de ser marginado por la fraternidad y el resto de candidatos: la misma comunidad en la que esperaba ser aceptado. La tercera opción, irse, no era mejor. Tendría que renunciar a su sueño, renunciar a su deseo de integrarse, y no estaba dispuesto a hacerlo.

Al evaluar las opciones disponibles, Carlos descubrió una cuarta. En lugar de enfrentarse al encargado en lo que temía que podía convertirse en una lucha violenta, podía presentar una queja ante alguien que tuviera más autoridad. Carlos decidió que la persona más adecuada a la que podía recurrir era el presidente de la fraternidad. Sabía que podía plantear su caso ante esferas superiores, al decano, por ejemplo, pero, de entrada, prefería llevar el tema más discretamente. Ensayamos lo que iba a decir y cómo. Le resultaba difícil mantener la calma mientras ensayábamos, pero, tras años trabajando conmigo, sabía que, cuando pierdes los estribos, puede que te sientas fuerte en el momento, pero en realidad estás entregando tu poder. La fuerza no consiste en reaccionar, sino en responder: sentir lo que sientes, meditar sobre ello y planear una acción eficaz que te aproxime a tu objetivo.

Carlos y yo hablamos también de las posibles consecuencias de su conversación. Era posible que el presidente de la fraternidad le dijera a Carlos que el comportamiento del encargado de la selección era aceptable y que o lo tomaba o lo dejaba.

—Si así es como lo ve el presidente, supongo que prefiero saberlo que no saberlo —dijo Carlos.

Carlos me llamó después de su reunión con el presidente de la fraternidad.

—¡Lo hice! —Su voz sonaba triunfal—. Le dije lo que estaba pasando y me dijo que era repugnante y que no lo iba a consentir. Va a obligar al encargado de la selección a poner fin a la novatada racista.

Desde luego, yo me alegraba de que a Carlos lo valoraran y lo apoyaran, y me alegraba de que no tuviera que renunciar a su sueño, pero creo que la reunión habría sido un éxito independientemente de la respuesta del presidente de la fraternidad. Carlos había asumido su capacidad de levantarse y exponer su verdad a riesgo de ser marginado y criticado. Había decidido no ser una víctima. Y había adoptado una postura moral. Había actuado de conformidad con un objetivo más elevado: combatir el racismo y proteger la dignidad humana. Al defender su propia humanidad, estaba protegiendo la de todo el mundo. Allanaba el camino para que todos nosotros viviéramos según nuestra moral y nuestros ideales. Hacer lo correcto casi nunca es hacer lo que es más seguro.

Creo que la curación siempre va ligada a cierto grado de riesgo. Así fue para Beatrice, una mujer triste cuando la conocí, con unos distantes ojos marrones, encerrada en sí misma, con su rostro pálido. Su ropa era holgada y sin forma, su postura encogida y jorobada. Me di cuenta inmediatamente de que Beatrice no tenía ni idea de lo hermosa que era.

Llevaba la vista al frente, esforzándose por no establecer contacto visual. Sin embargo, no podía evitar lanzarme miradas fugaces que trataban de averiguar mis secretos. Recientemente, me había oído dar una charla sobre el perdón. Durante más de veinte años, había creído que no había forma de perdonar su infancia perdida. Sin embargo, mi conferencia sobre mi propio viaje hacia el perdón le había hecho plantearse algunas preguntas. «¿Debería perdonar? ¿Puedo perdonar?» Ahora me examinaba cuidadosamente, como tratando de averiguar si yo era real o solamente una imagen. Cuando oyes a alguien explicar una historia de curación sobre un escenario, es posible que parezca demasiado buena para ser verdad. Y, en cierta medida, lo es. En el duro trabajo de la curación, no hay una catarsis cuando transcurren los cuarenta y cinco minutos. No hay una varita mágica. El cambio solo se produce lentamente, en ocasiones, de manera decepcionantemente lenta. «¿Es real tu historia de libertad?», parecía preguntarme su mirada penetrante. «¿Hay alguna esperanza para mí?»

Dado que venía recomendada por otro psicólogo, un gran amigo mío, el mismo que había animado a Beatrice a que asistiera a mi conferencia, ya sabía algo de su historia. ¿Cuándo acabó tu infancia?, les pregunto a menudo a mis pacientes. La infancia de Beatrice había acabado casi nada más empezar. Sus padres habían sido extremadamente negligentes con ella y sus hermanos, y los enviaban al colegio sin asear ni desayunar. Las monjas del colegio de Beatrice le hablaban con dureza, la culpaban de su aspecto desaliñado y la regañaban para que se aseara y desayunara antes de ir al colegio. Beatrice interiorizó el mensaje de que la negligencia de sus padres era culpa suya.

Entonces, cuando tenía ocho años, un amigo de sus padres empezó a abusar sexualmente de ella. El abuso no cesó, aunque ella intentó resistirse. También intentó contarles a sus padres lo que estaba sucediendo, pero la acusaron de inventárselo todo. El día de su décimo cumpleaños, sus padres permitieron que su amigo, que en aquel momento llevaba dos años sometiéndola a tocamientos, la llevara al cine. Después de la película, el hombre la llevó a su casa y la violó en la regadera. Cuando Beatrice empezó su tratamiento conmigo, a los veinticinco años, el olor a palomitas seguía provocándole *flashbacks*.

Con dieciocho años, Beatrice se había casado con un exdrogadicto que era emocional y físicamente cruel con ella. Beatrice había escapado de su drama familiar para reinterpretarlo, reforzando así su creencia de que ser amada implicaba que le hicieran daño. Finalmente, cuando Beatrice consiguió divorciarse de su marido y había encontrado un nuevo rumbo en su vida, con una nueva profesión y una nueva relación, fue violada durante un viaje a México. Volvió a casa destrozada.

Ante la insistencia de una amiga, Beatrice había empezado a acudir a terapia con mi colega. Estaba asolada por la ansiedad y las fobias y apenas era capaz de levantarse de la cama. Sentía un terror constante, tremendo y agobiante, y vivía en estado de alerta, con miedo a salir de casa por si la atacaban de nuevo, y con miedo a los olores y a las asociaciones que le provocaban *flashbacks* que la incapacitaban.

En las primeras sesiones con mi colega, Beatrice accedió a levantarse cada mañana, darse un baño, hacer la cama y sentarse en una bicicleta estática en la sala durante quince minutos, con la televisión encendida para tranquilizarla. Beatrice no negaba su trauma, como había hecho yo en el pasado. Ella había sido capaz de hablar del pasado y procesarlo intelectualmente. Sin embargo, todavía no había pasado el duelo por su vida interrumpida. Con el tiempo, en la bicicleta estática, Beatrice aprendió a aceptar el vacío, a convencerse de que el pesar no es una enfermedad (aunque pueda parecerlo) y a entender que cuando anestesiamos nuestros sentimientos, con la comida, el alcohol u otras conductas compulsivas, no hacemos más que prolongar nuestro sufrimiento. Al principio, durante los quince minutos diarios en la bicicleta estática, Beatrice no pedaleaba. Simplemente permanecía sentada. Al cabo de uno o dos minutos empezaba a llorar. Lloraba hasta que sonaba el temporizador. A medida que iban pasando las semanas, pasaba un poco más de tiempo en la bicicleta; primero veinte minutos, luego veinticinco… Cuando ya permanecía treinta minutos, empezó a mover los pedales. Y poco a poco, día a día, fue pedaleando hacia los escondites de su cuerpo donde se ocultaba su dolor.

Cuando conocí a Beatrice, ya había realizado un trabajo tremendo al servicio de su curación. Trabajando con su pesar había conseguido reducir su depresión y su ansiedad. Se encontraba mucho mejor. Sin embargo, tras oír mi charla en el centro cívico, se había preguntado si podía hacer algo más para liberarse del dolor de su trauma. La posibilidad del perdón había arraigado.

—El perdón no consiste en perdonar a tu abusador por lo que te hizo —le dije—. Consiste en que perdones a la parte de ti que fue victimizada y la liberes de toda culpa. Si estás dispuesta a hacerlo, puede ayudarte en tu camino a la libertad. Será como atravesar un puente. Da miedo mirar abajo. Pero yo estaré a tu lado. ¿Qué opinas? ¿Quieres continuar?

Una tenue luz brilló en sus ojos marrones. Asintió con la cabeza.

Varios meses después de empezar la terapia conmigo, Beatrice ya estaba preparada para llevarme mentalmente al estudio de su padre donde habían tenido lugar los abusos. Esta es una fase del proceso terapéutico extremadamente delicada, y hay un debate permanente entre las comunidades de la psicología y la neurociencia sobre lo útil o perjudicial que resulta para un paciente revivir una situación traumática o regresar físicamente al lugar del trauma. Durante mi formación, aprendí a utilizar la hipnosis con el fin de ayudar a los supervivientes a volver a experimentar el hecho traumático y, de ese modo, dejar de ser prisioneros de él. En épocas más recientes, algunos estudios han demostrado que hacer retroceder a alguien mentalmente hasta una experiencia traumática puede resultar peligroso; de hecho, desde un punto de vista psicológico, revivir un acontecimiento doloroso puede volver a traumatizar al superviviente. Por ejemplo, después de los atentados del 11 de septiembre en el World Trade Center, se descubrió que cuantas más veces veía la gente la imagen de las torres derrumbándose en televisión, más traumatizada estaba años después. Experimentar repetidamente un suceso pasado puede reforzar los sentimientos de miedo y dolor en lugar de reducirlos. Durante mi práctica profesional y según mi propia experiencia, he sido testigo de la eficacia de revivir mentalmente un episodio traumático, pero ello debe llevarse a cabo con absoluta seguridad y con un profesional cualificado que pueda conceder al paciente el control del tiempo y la intensidad de su permanencia en el pasado. E incluso en ese caso, no se trata de la mejor práctica para todos los pacientes o terapeutas.

En el caso de Beatrice, era fundamental para su curación. Para liberarse de su trauma, tenía que concederse permiso para sentir lo que no se le había permitido sentir cuando tuvieron lugar los abusos, ni durante las tres décadas transcurridas desde entonces. Hasta que pudiera experimentar esos sentimientos, estos gritarían reclamando atención y, cuanto más tratara de reprimirlos, más violentamente suplicarían ser tenidos en cuenta. Durante muchas semanas, guíe a Beatrice gradual y lentamente hacia esos sentimientos. No para que la devoraran, sino para que viera que solo eran sentimientos.

Del mismo modo que había aprendido a trabajar con su pesar y se había permitido por fin sentir su inmensa pena, cosa que había aliviado un tanto la depresión, el estrés y el miedo que la habían mantenido prisionera en la cama; sin embargo, todavía no se había permitido sentir rabia por el pasado. No hay perdón sin rabia.

Mientras Beatrice describía la pequeña habitación, cómo chirriaba la puerta cuando el amigo de su padre la cerraba, las cortinas oscuras de cuadros que él corría, observé su lenguaje corporal, preparada para conducirla de nuevo a la orilla si se angustiaba.

Beatrice se puso rígida mientras corría mentalmente las cortinas del estudio de su padre. Mientras se encerraba en la habitación con su acosador.

—Déjalo ahí, cariño —le dije. Suspiró. Mantenía los ojos cerrados—. ¿Hay una silla en la habitación?

Asintió.

—¿Cómo es?

—Es una silla con brazos. Color ladrillo.

—Quiero que pongas a tu padre en esa silla. —Hizo una mueca—. ¿Lo ves ahí sentado?

—Sí.

—¿Qué aspecto tiene?

—Trae puestos los lentes. Está leyendo un periódico.

—¿Qué ropa lleva?

—Un suéter azul. Pantalones grises.

—Te voy a dar un buen trozo de cinta aislante y quiero que se lo pongas en la boca.

—¿Qué?

—Tápale la boca con la cinta. ¿Ya lo hiciste? —Asintió. Sonrió levemente.

—Aquí tienes una cuerda. Átalo a la silla para que no pueda levantarse.

—De acuerdo.

—¿Lo ataste bien fuerte?

—Sí.

—Ahora quiero que le grites.

—¿Cómo que le grite?

—Quiero que le digas lo enojada que estás.

—No sé qué decir.

—Dile: «¡Papá, estoy muy enojada contigo por no protegerme!». Pero no lo digas. ¡Grítalo! —dije, mostrándole cómo.

—Papá, estoy muy enojada contigo.

—Más alto.

—¡Papá, estoy muy enojada contigo!

—Ahora quiero que le pegues.

—¿Dónde?

—En toda la cara.

Levantó el puño y golpeó al aire.

—Pégale otra vez.

Lo hizo.

—Ahora, dale una patada.

Su pie se levantó en el aire.

—Aquí tienes un cojín. Puedes golpearlo. Machácalo.

Le entregué un cojín.

Abrió los ojos y miró fijamente al cojín. Al principio los golpes fueron tímidos, pero, a medida que la animaba, se volvieron más fuertes. La invité a levantarse y a patear el cojín si quería. A tirarlo por la habitación. A gritar a pleno pulmón. Al poco rato estaba en el suelo, golpeando el cojín con los puños. Cuando su cuerpo empezó a fatigarse, dejó de golpearlo y se desplomó en el suelo, respirando aceleradamente.

—¿Cómo te sientes? —le pregunté.

—No quiero parar nunca.

La semana siguiente traje un saco de boxeo, uno rojo con un pesado pie negro. Establecimos un nuevo ritual. Empezábamos nuestras sesiones soltando rabia. Mentalmente, ataba a alguien a una silla, normalmente a uno de sus padres, y gritaba mientras les propinaba una paliza salvaje. «¿Cómo pudiste permitir que me hicieran eso? ¡No era más que una niña!»

—¿Ya acabaste? —le preguntaba yo.

—No.

Y continuaba golpeando hasta que le parecía suficiente.

El Día de Acción de Gracias de aquel año, al volver a casa después de una cena con amigos, Beatrice estaba sentada en el sofá acariciando a su perro cuando todo su cuerpo empezó a temblar. Se le secó la garganta y el corazón le empezó a palpitar. Intentó respirar profundamente para relajarse, pero los síntomas empeoraron. Pensaba que se estaba muriendo. Le rogó a su amiga que la llevara al hospital. El doctor que la examinó en la sala de urgencias dijo que no tenía ningún problema médico. Había sufrido un ataque de pánico. Cuando Beatrice vino a verme tras aquel episodio, estaba frustrada y asustada, desanimada por el hecho de encontrarse peor en lugar de mejor, y preocupada por el hecho de que pudiera tener otro ataque.

Hice todo lo que pude por aplaudir sus avances, por reconocer su evolución. Le dije que, según mi experiencia, cuando sueltas la rabia, a menudo te sientes mucho peor antes de empezar a sentirte mejor.

Negó con la cabeza.

—Creo que ya llegué todo lo lejos que podía.

—Cariño, no te infravalores. Pasaste una noche terrorífica. Y la superaste sin hacerte daño. Sin huir. No creo que yo lo hubiera soportado tan bien como tú.

—¿Por qué sigue tratando de convencerme de que soy una persona fuerte? Puede que no lo sea. Puede que esté enferma y que lo vaya a seguir estando siempre. Puede que ya sea hora de dejar de decirme que soy alguien que no seré nunca.

—Te estás responsabilizando de algo que no es culpa tuya.

—¿Y si es culpa mía? ¿Y si podría haber hecho algo distinto y así me hubiera dejado en paz?

—¿Y si culparte a ti misma no es más que una forma de mantener la fantasía de que el mundo está bajo tu control?

Beatrice se balanceó en el sofá, con la cara cubierta de lágrimas.

—En aquel momento no podías decidir. Ahora sí puedes. Puedes decidir no volver allí. Depende siempre de ti. Pero espero que puedas aprender a ver la extraordinaria superviviente que eres.

—Apenas puedo con mi vida. Eso no me parece muy extraordinario.

—Cuando eras pequeña, ¿había algún lugar en el que te sentías segura?

—Solo me sentía segura cuando estaba sola en mi habitación.

—¿Te sentabas en la cama? ¿O junto a la ventana?

—En la cama.

—¿Tenías algún juguete o algún peluche para jugar?

—Tenía una muñeca.

—¿Hablabas con ella?

Asintió.

—¿Puedes cerrar los ojos y sentarte en esa cama segura ahora? Abraza a tu muñeca. Habla con ella como lo hacías entonces. ¿Qué le dirías?

—¿Cómo puedo ser amada en esta familia? Tengo que ser buena, pero soy mala.

—¿Sabes que todo el tiempo que pasaste sola de pequeña, sintiéndote triste y aislada, estabas construyendo un enorme almacén de fuerza y resistencia? ¿No podrías aplaudirle ahora a aquella niña pequeña? ¿No puedes abrazarla? Dile: «Te hicieron daño y te quiero. Te hicieron daño y ahora estás a salvo. Tuviste que fingir y esconderte. Ahora te veo. Ahora te quiero».

Beatrice se apretó con fuerza y se puso a temblar, sollozando.

—Ahora quiero ser capaz de protegerla. Entonces no pude. Pero no creo que pueda sentirme segura jamás, a menos que pueda protegerme ahora.

Así es como Beatrice decidió correr su siguiente riesgo. Beatrice reconoció que quería sentirse segura, que quería ser capaz de protegerse. Se había enterado de que, al cabo de poco tiempo, empezaba una clase de autodefensa para mujeres en un centro cívico cercano. Sin embargo, había ido posponiendo la decisión de apuntarse. Tenía miedo de no ser capaz de afrontar el reto de responder a un ataque físico, de que incluso un entorno seguro y de confianza, como el de una clase de defensa personal, pudiera provocarle un ataque de pánico. Se le ocurrieron toda clase de razones para no hacer lo que quería hacer, en un intento de gestionar su miedo: que la clase sería demasiado cara, que tal vez ya no habría lugar, o que puede que no hubiera suficientes participantes y la cancelaran. Conmigo empezó a trabajar con los miedos que subyacían bajo su resistencia a intentar lograr lo que quería. Le hice dos preguntas: «¿Qué es lo peor que puede pasar?» y «¿Puedes sobrevivir a eso?». El peor escenario que podía imaginar era sufrir un ataque de pánico en clase, en una sala llena de desconocidas. Confirmamos que la autorización médica que le pedirían que rellenara al inscribirse le proporcionaría al personal toda la información necesaria para atenderla en caso de que sufriera un ataque. Y hablamos del hecho de que hubiera experimentado un ataque de pánico antes. Si le volvía a suceder, podría ser que no fuera capaz de frenarlo o controlarlo, pero, como mínimo, sabría qué le estaba pasando. Y ya sabía por experiencia que un ataque de pánico, por muy terrorífico y desagradable que fuera, no era mortal. Podía sobrevivir. De modo que Beatrice se inscribió en la clase.

Sin embargo, una vez en la sala, vestida con pants y tenis, y rodeada de otras mujeres, perdió los nervios. Se sentía demasiado cohibida para participar. Tenía miedo de cometer errores, de llamar la atención. Pero no podía permitirse abandonar tan cerca de su objetivo. Se apoyó contra la pared y se puso a mirar la clase. Después de aquel día volvió a acudir a cada sesión, vestida para participar, pero todavía demasiado asustada. Un día, el instructor se fijó en que se sentaba a observar a un lado y se ofreció a darle una clase particular al acabar. Posteriormente, vino a verme con expresión triunfal. «¡Hoy pude lanzarlo contra la pared! —me dijo—. ¡Lo agarré, lo levanté y lo lancé contra la pared!» Tenía las mejillas coloradas. Los ojos le brillaban de orgullo. Una vez adquirió confianza en que podía protegerse, empezó a asumir otros riesgos, clases de *ballet* para adultos, danza del vientre, y su cuerpo empezó a cambiar. Ya no era un contenedor para su miedo. Era un instrumento de alegría. Beatrice se convirtió en escritora, profesora de *ballet* e instructora de yoga. Decidió crear una coreografía basada en un cuento de los hermanos Grimm que recordaba haber leído de niña: *La doncella sin manos*. En el cuento, los padres de una niña son engañados para que le entreguen a su hija al demonio. Como ella es inocente y pura, el demonio no puede poseerla, pero, como venganza, lleno de frustración, le corta las manos. La niña vaga por el mundo con muñones en lugar de manos. Un día, entra en el jardín de un rey y, cuando este la ve entre las flores, se enamora de ella. Se casan y él manda que le construyan unas manos de plata. Tienen un hijo. Un día, ella salva a su hijito de morir ahogado. Sus manos de plata desaparecen y son reemplazadas por manos de verdad.

Beatrice extendió sus manos mientras me explicaba esa historia de su infancia. «Mis manos son reales de nuevo —dijo—. No salvé a otro. Me salvé a mí misma.»

CAPÍTULO 22
—

DE ALGÚN MODO, LAS AGUAS SE SEPARAN

El tiempo no cura. Lo que cura es lo que haces con el tiempo. Curarse es posible cuando decidimos asumir la responsabilidad, cuando decidimos correr riesgos y, por último, cuando decidimos liberarnos de la herida, dejar atrás el pasado o la pena.

Dos días antes de su decimosexto cumpleaños, el hijo de Renée, Jeremy, entró en la salita en la que ella y su marido estaban viendo las noticias de las diez. A la luz parpadeante del televisor, su cara oscura parecía preocupada. Renée estaba a punto de dirigirse a su hijo, envolverlo en un abrazo tierno de los que su hijo todavía se dejaba dar de vez en cuando, cuando sonó el teléfono. Era su hermana de Chicago, que estaba pasando por un desagradable proceso de divorcio, y a menudo llamaba a altas horas de la noche. «Tengo que contestar», dijo Renée. Le dio a su hijo una rápida palmadita en la mejilla y dedicó su atención a la angustiada hermana. Jeremy murmuró buenas noches y se dirigió a las escaleras. «Que duermas bien, cariño», dijo la madre a su espalda.

A la mañana siguiente, Jeremy no se había levantado cuando su madre estaba poniendo el desayuno en la mesa. Llamó a su hijo desde las escaleras, pero no hubo respuesta. Untó el último pan con mantequilla y subió a llamar a la puerta del dormitorio. Seguía sin responder. Exasperada, abrió la puerta. La habitación estaba oscura, las persianas todavía bajadas. Volvió a llamarlo, desconcertada al ver que la cama estaba hecha. Un sexto sentido la condujo hacia la puerta del armario. La abrió, con un escalofrío en la espalda. El cuerpo de Jeremy estaba colgado de un travesaño de madera, con un cinturón alrededor del cuello.

En su escritorio encontró una nota: «No es por ustedes, soy yo. Siento decepcionarlos. J.».

Cuando Renée y su marido Greg vinieron a verme por primera vez, Jeremy solo llevaba muerto unas pocas semanas. Su pérdida era tan reciente que todavía no estaban pasando el luto. Estaban en *shock*. Para ellos, la persona a la que habían enterrado aún no se había ido. Era como si lo hubieran sepultado vivo.

Durante aquellas primeras visitas, Renée se sentaba y sollozaba. «¡Quiero que el tiempo retroceda! —gritaba—. Quiero volver atrás, volver atrás.» Greg también lloraba, pero en silencio. A menudo, miraba por la ventana mientras Renée lloraba. Les dije que, habitualmente, los hombres y las mujeres expresan su pesar de manera diferente, y que la muerte de un hijo podía provocar una brecha o una oportunidad en su matrimonio. Los insté a cuidarse, a ponerse furiosos y a llorar, a patalear, gritar y chillar y dejar salir sus sentimientos para que no le hicieran pagar su pena a la hermana de Jeremy, Jasmine. Los invité a que trajeran fotos de Jeremy para que pudiéramos celebrar sus dieciséis años de vida, los dieciséis años que su espíritu había estado con ellos. Les proporcioné recursos en grupos de apoyo para supervivientes de suicidios. Y trabajé con ellos mientras las hipótesis arremetían como una oleada. «¿Y si le hubiera prestado más atención? ¿Y si no hubiera contestado al teléfono aquella noche y le hubiera dado un abrazo enorme? ¿Y si hubiera trabajado menos y hubiera estado más en casa? ¿Y si no me hubiera creído el mito de que los chicos blancos son los únicos que se suicidan? ¿Y si hubiera percibido las señales? ¿Y si lo hubiera presionado menos para que sacara buenas calificaciones en el colegio? ¿Y si hubiera ido a verlo antes de irme a la cama?» Todas las hipótesis resonaban como un eco sin respuesta: «¿Por qué?».

Queremos entender la verdad. Queremos ser responsables de nuestros errores y ser honestos en nuestras vidas. Queremos razones, explicaciones. Queremos que nuestras vidas tengan sentido. Pero preguntar «por qué» es permanecer en el pasado, acompañar a nuestra culpa y a nuestro arrepentimiento. No podemos controlar a otras personas y no podemos controlar el pasado.

En algún momento, durante el primer año después de la pérdida, Renée y Greg vinieron a verme cada vez con menos frecuencia y, al cabo de un tiempo, sus visitas cesaron por completo. No supe nada de ellos durante muchos meses. La primavera que Jeremy se habría graduado de la preparatoria, me sorprendió gratamente recibir una llamada de Greg. Me dijo que estaba preocupado por Renée y me preguntó si podían venir a verme.

Me llamaron mucho la atención los cambios en su aspecto físico. Los dos habían envejecido, pero de manera diferente. Greg había engordado. Su pelo negro estaba salpicado de canas. Renée no parecía hecha polvo, cosa que la preocupación de Greg me había hecho temer. Su cara estaba tersa y llevaba una blusa nueva y el pelo recién alisado. Sonreía. Bromeaba. Dijo que se sentía bien. Sin embargo, sus ojos marrones no tenían luz.

Greg, que con tanta frecuencia había permanecido en silencio durante las sesiones, hablaba ahora de manera apremiante. «Tengo algo que decir», dijo. Me explicó que el fin de semana anterior Renée y él habían asistido a una fiesta de graduación en el instituto del hijo de un amigo. Para ellos era un acontecimiento terrible, lleno de minas, de recordatorios devastadores de lo que las otras parejas tenían y ellos no, de la ausencia de Jeremy, de la aparente eternidad de su dolor, cada día una nueva serie de momentos que ellos nunca vivirían con su hijo. Sin embargo, se obligaron a vestirse para la ocasión y acudieron a la fiesta. En un momento dado de la noche, me dijo Greg, se dio cuenta de que se la estaba pasando bien. La música del DJ le hizo pensar en Jeremy y en los viejos discos de R&B por los que su hijo se había interesado, poniéndolos en el tocadiscos de su habitación mientras hacía la tarea o pasaba el rato con amigos. Greg volteó hacia Renée, vestida con su elegante vestido azul, y le sorprendió lo claramente que pudo ver a Jeremy en la curva de sus mejillas y la forma de su boca. Se sintió arrastrado por el amor: por Renée, por su hijo, por el simple placer de comer buena comida bajo una carpa blanca una noche cálida. Le pidió a Renée que bailara con él. Ella se negó, se levantó y lo dejó solo en la mesa.

Greg se echó a llorar mientras lo explicaba.

—Te estoy perdiendo a ti también —le dijo a su mujer.

El rostro de Renée se ensombreció y sus ojos parecían apagados. Esperamos a que ella hablara.

—¿Cómo te atreves? —dijo por fin—. Jeremy no puede bailar. ¿Por qué ibas a bailar tú? Yo no puedo olvidarlo tan fácilmente.

Su tono era hostil. Venenoso. Yo esperaba que Greg hiciera un gesto de dolor. En cambio, se encogió de hombros. Me di cuenta de que no era la primera vez que Renée había interpretado su felicidad como un agravio a la memoria de su hijo. Pensé en mi madre. En todas las veces que había visto a mi padre intentar acariciarla y besarla y en cómo ella rechazaba sus muestras de afecto. Estaba tan atrapada en la prematura pérdida de su propia madre que se ocultaba bajo un manto de melancolía. A veces, sus ojos se iluminaban cuando oía a Klara tocar el violín. Pero nunca se permitía reír con ganas, coquetear, bromear o disfrutar.

—Renée, cariño —le dije—. ¿Quién está muerto? ¿Jeremy o tú?

No me contestó.

—A Jeremy no le hace ningún bien que mueras tú también —le dije a Renée—. Y a ti tampoco te hará ningún bien.

Renée no ocultaba su dolor, tal como había hecho yo en su día. Lo había convertido en su marido. Al casarse con su pérdida, se escondía de su vida.

Le pedí que me dijera cuánto espacio le concedía al dolor en su vida cotidiana.

—Greg se va a trabajar. Yo voy al cementerio —dijo.

—¿Con qué frecuencia?

Parecía ofendida por mi pregunta.

—Va cada día —dijo Greg.

—¿Y eso es malo? —dijo Renée bruscamente—. ¿Ser fiel a mi hijo?

—El luto es importante —dije—. Pero cuando se prolonga indefinidamente, puede ser una forma de evitar la pena.

El ritual del luto puede ser un componente extremadamente importante del trabajo de duelo. Creo que esa es la razón por la cual las prácticas religiosas y culturales incluyen rituales de luto muy definidos; hay un espacio y una estructura protegidos dentro de los cuales empezar a experimentar los sentimientos de pérdida. Pero el periodo de luto también tiene un final definido. A partir de ese momento, la pérdida no es una dimensión separada de la vida; la pérdida está integrada en la vida. Si permanecemos en un estado de luto perpetuo, estamos optando por una mentalidad de víctima, convencidos de que nunca lo superaremos. Si nos estancamos en el luto, es como si nuestras vidas también hubieran acabado. El luto de Renée, aunque doloroso, se había convertido en una especie de escudo, en algo que la protegía de su vida actual. Los rituales de su pérdida le permitían no tener que aceptarla.

—¿Dedicas más tiempo y más energía emocional a tu hijo muerto o a tu hija viva? —pregunté.

Renée pareció preocupada.

—Soy una buena madre —dijo—. Pero no voy a fingir que no estoy sufriendo.

—No tienes que fingir nada. Pero eres la única persona que puede evitar que tu marido y tu hija te pierdan a ti también.

Recordé cómo mi madre le hablaba al retrato de su madre que había encima del piano, llorando: «Dios mío, Dios mío, dame fuerzas». Sus lamentos me asustaban. Su obsesión por su pérdida era como una trampilla que levantaba y por la que caía, una vía de escape. Yo era como la hija de una alcohólica, en guardia contra su desaparición, incapaz de rescatarla del vacío, pero me daba la impresión de que, de algún modo, debía hacerlo.

—Pensaba que si dejaba entrar la pena me hundiría —le dije a Renée—. Pero es como Moisés y el mar Rojo. De algún modo, las aguas se separan y pasas entre ellas.

Le pedí a Renée que probara otra cosa para transformar su luto en pena.

—Pon una foto de Jeremy en la sala de estar. No vayas al cementerio a llorar su pérdida. Encuentra la manera de conectar con él allí mismo, en tu casa. Reserva quince o veinte minutos diarios para sentarte con él. Puedes tocarle la cara, contarle qué estás haciendo. Habla con él, luego dale un beso y sigue con tu día.

—Me da mucho miedo abandonarlo otra vez.

—No se suicidó por tu culpa.

—Eso no lo sabe.

—Hay infinitas cosas en tu vida que podrías haber hecho de manera diferente. Esas decisiones ya se tomaron, es agua pasada, nada puede cambiar eso. Por motivos que nunca sabremos, Jeremy decidió acabar con su vida. Tú no elegiste por él.

—No sé cómo vivir con eso.

—La aceptación no llega de un día para otro. Y nunca te parecerá bien que haya muerto. Pero tienes que decidir seguir adelante. Tienes que descubrir que vivir una vida plena es la mejor manera de honrar su memoria.

El año pasado, recibí una felicitación de Navidad de Renée y Greg. Aparecen ellos junto al árbol de Navidad con su hija, una chica muy guapa con un vestido rojo. Greg rodea a su hija con un brazo y a su mujer con el otro. Encima del hombro de Renée hay una foto de Jeremy sobre la repisa de la chimenea. Es su última foto del colegio, lleva una camisa azul y sonríe de oreja a oreja. No es el vacío de la familia. No es el santuario. Está presente; está siempre con ellos.

El retrato de la madre de mi madre se encuentra ahora en casa de Magda en Baltimore, encima del piano, donde todavía da clases, donde guía a sus alumnos con lógica y pasión. Cuando, recientemente, Magda se sometió a una intervención quirúrgica, le pidió a su hija Ilona que le llevara al hospital la foto de nuestra madre para poder hacer lo que nuestra madre nos enseñó: pedirles fuerza a los muertos, dejar que los muertos vivan en nuestros corazones, dejar que nuestro sufrimiento y nuestro miedo nos lleven de regreso a nuestro amor.

—¿Todavía tienes pesadillas? —le pregunté a Magda el otro día.

—Sí, siempre. ¿Tú no?

—Sí —le dije a mi hermana—. Yo también.

Volví a Auschwitz y dejé atrás el pasado, me perdoné a mí misma. Me fui a casa y pensé: «¡Ya está!». Pero la conclusión es temporal. No acaba hasta que acaba. A pesar de —no, debido a— nuestro pasado. Magda y yo hemos encontrado un sentido y un objetivo siguiendo diferentes caminos en los más de setenta años transcurridos desde la liberación. Yo he descubierto las artes curativas. Magda ha continuado siendo una pianista entregada y profesora de piano, y ha descubierto dos nuevas pasiones: el *bridge* y la música góspel. El góspel, porque suena como un llanto, es la emoción expresada con toda la fuerza, y el *bridge*, porque es estrategia y control; una manera de ganar. En la actualidad es una campeona de *bridge* y cuelga sus trofeos enmarcados en la pared de su casa frente al retrato de nuestra abuela.

Mis dos hermanas me han protegido e inspirado; me enseñaron a sobrevivir. Klara llegó a ser violinista de la Orquesta Sinfónica de Sídney. Hasta el día de su muerte, con poco más de ochenta años, a causa del alzhéimer, me llamó *pequeña*. Klara permaneció inmersa en la cultura inmigrante judiohúngara mucho más que Magda y yo. A Béla y a mí nos encantaba visitarla a ella y a Csicsi para disfrutar de la comida, la lengua y la cultura de nuestra juventud. Todos nosotros, los supervivientes, no podíamos estar juntos demasiado a menudo, pero hacíamos todo lo posible por reunirnos en las celebraciones importantes (más celebraciones de las que nuestros padres no podrían ser testigos). A principios de la década de 1980, nos reunimos en Sídney para la boda de la hija de Klara. Las tres hermanas habíamos estado esperando esa reunión, ilusionadas y felices y, cuando por fin estuvimos juntas de nuevo, nos fundimos en un frenesí de abrazos tan emotivos como los que nos dimos en Košice al descubrir que estábamos vivas después de la guerra.

Daba igual que ahora fuéramos mujeres de mediana edad, daba igual lo lejos que hubiéramos llegado en la vida; una vez juntas, resultaba gracioso lo rápido que asumíamos los antiguos roles de nuestra juventud. Klara estaba en el centro, mangoneándonos, cubriéndonos de atenciones; Magda era competitiva y rebelde. Yo era la que ponía paz, pululando entre mis hermanas, suavizando los ánimos, ocultando mis propios pensamientos. Con qué facilidad podemos convertir incluso la calidez y la seguridad de la familia en una prisión. Dependemos de nuestros viejos mecanismos de defensa. Nos convertimos en la persona que creemos que tenemos que ser para complacer a los demás. Hace falta fuerza de voluntad y decisión para no adoptar de nuevo los papeles limitadores que creemos erróneamente que nos mantendrán protegidos y a salvo.

La noche antes de la boda, Magda y yo nos topamos con Klara, que estaba sola en el dormitorio de su hija, jugando con sus antiguas muñecas. Lo que vimos era algo más que la nostalgia de una madre por su hija ya crecida. Klara estaba sumida en una fantasía. Estaba jugando tal como lo haría una niña. Me di cuenta de que mi hermana no había tenido nunca infancia. Siempre fue un prodigio del violín. Nunca pudo ser una niña pequeña. Cuando no estaba tocando sobre el escenario, actuaba para Magda y para mí, convirtiéndose en nuestra cuidadora, en nuestra pequeña madre. Ahora que era una mujer de mediana edad, estaba intentando vivir la infancia que nunca se le permitió vivir. Avergonzada por el hecho de que la hubiéramos visto con las muñecas, Klara nos espetó: «Es una pena que yo no estuviera en Auschwitz. Si yo hubiera estado allí, nuestra madre habría sobrevivido».

Fue terrible oírle decir eso. Noté que mi antiguo sentimiento de culpa por haber sobrevivido me invadía otra vez, el horror de la palabra que dije aquel primer día en Auschwitz, el horror de recordarlo, el horror de enfrentarme a aquella antigua, aunque errónea, creencia enterrada hacía mucho tiempo de que había enviado a nuestra madre a la muerte.

Pero yo ya no era una prisionera. Podía apreciar la prisión de mi hermana, oír su culpa y su pena abriéndose paso a zarpazos a través de la acusación que nos lanzaba a Magda y a mí. Y yo podía escoger mi propia libertad. Podía definir mis propios sentimientos de ira, inutilidad, pesar y arrepentimiento. Podía dejarlos girar, dejar que subieran y bajaran, dejarlos pasar. Y podía arriesgarme a dejar pasar la necesidad de castigarme por haber vivido. Podía liberarme de la culpa y reivindicar mi verdadero y pleno yo.

Existe la herida y lo que sale de ella. Yo regresé a Auschwitz en busca de la sensación de muerte para poder exorcizarla por fin. Lo que me encontré fue mi verdad interior, la identidad que quería reivindicar, mi fuerza y mi inocencia.

CAPÍTULO 23

EL DÍA DE LA LIBERACIÓN

El verano de 2010, fui invitada a Fort Carson, Colorado, para dar una charla a una unidad del ejército que acababa de volver de combatir en Afganistán; una unidad con una elevada tasa de suicidios. Yo estaba allí para hablar de mi propio trauma: cómo sobreviví a él, cómo sobreviví a mi vuelta a la vida cotidiana, cómo decidí ser libre, para que los soldados pudieran adaptarse más fácilmente a la vida después de la guerra. Mientras subía al estrado, experimenté unos breves amagos de malestar interno, la antigua costumbre de ser dura conmigo misma, de preguntarme qué podía ofrecer una pequeña estudiante húngara de *ballet* a hombres y mujeres de la guerra. Me recordé a mí misma que estaba allí para compartir la verdad más importante que conozco, que la mayor prisión está en tu propia mente y que ya tienes la llave en el bolsillo: la voluntad de liberarte del cuestionamiento, de reivindicar tu inocencia y de quererte por lo que realmente eres: un ser humano imperfecto y pleno.

Recurrí a mis padres en busca de fuerza, y a mis hijos, a mis nietos y a mis bisnietos. A todo lo que me han enseñado, a todo lo que me han obligado a descubrir. «Mi madre me dijo algo que nunca olvidaré —empecé—. Me dijo: "No sabemos adónde vamos, no sabemos qué va a pasar, pero nadie puede quitarte lo que pones en tu mente".»

He dicho esas palabras innumerables veces, a miembros de las fuerzas de operaciones especiales y a personal de intervención inmediata en situaciones de crisis, a prisioneros de guerra y a sus abogados del Departamento de Asuntos de los Veteranos, a oncólogos y a personas con cáncer, a gentiles justos, a padres e hijos, a cristianos, musulmanes, budistas y judíos, a estudiantes de Derecho y a jóvenes en situación de riesgo, a personas que lloraban la pérdida de un ser querido, a personas que se preparaban para morir y, en ocasiones, siento que todo me da vueltas cuando las digo, llena de gratitud y de pena. Esta vez, mientras decía esas palabras, casi me caigo del escenario. Me invadieron sensaciones y recuerdos sensoriales que he almacenado en lo más profundo de mi ser: el olor de la hierba cubierta de lodo, el intenso sabor dulce de los M&M's. Necesité un buen rato para entender qué era lo que me estaba provocando el *flashback*. Pero, entonces, me di cuenta: flanqueando la sala había banderas e insignias y, por todas partes, pude ver un emblema en el que no había pensado de manera consciente durante muchos, muchos años, pero que es tan importante para mí como las letras de mi propio nombre: la insignia que el soldado estadounidense que me liberó el 4 de mayo de 1945 llevaba en su manga: un círculo rojo con un 71 azul dentado en el centro. Me habían llevado a Fort Carson para que hablara ante el Septuagésimo primer Regimiento de Infantería, la unidad que sesenta y cinco años antes me había liberado. Estaba llevando mi historia de libertad a los supervivientes de guerra que un día me habían concedido la libertad a mí.

Antes me preguntaba: «¿Por qué yo? ¿Por qué sobreviví?». He aprendido a hacerme una pregunta diferente: «¿Por qué no yo?». Encima de un escenario, rodeada de la siguiente generación de luchadores por la libertad, pude percibir de manera consciente algo que a menudo es difícil de aprehender, invisible: que huir del pasado o luchar contra el presente es encarcelarnos a nosotros mismos. La libertad consiste en aceptar lo que hay y en perdonarnos, en abrir nuestros corazones para descubrir los milagros que existen ahora.

Reí y lloré sobre el escenario. Estaba tan llena de jubilosa adrenalina que apenas podía articular las palabras.

—Gracias —les dije a los soldados—. Su sacrificio, su sufrimiento, tienen sentido; y cuando sean capaces de descubrir dentro de ustedes esa verdad, serán libres.

Finalicé mi charla como siempre hago y como siempre haré, mientras el cuerpo me lo permita: con un *grand battement*. ¡Aquí estoy!, dice mi movimiento. ¡Lo conseguí!

Y ahí estás tú. ¡Ahí estás tú! En el sagrado presente. No puedo curarte, ni a ti ni a nadie, pero puedo felicitarte por la decisión de desmantelar tu prisión mental ladrillo a ladrillo. No puedes cambiar lo sucedido, no puedes cambiar lo que hiciste o lo que te hicieron. Pero puedes decidir cómo vivir ahora.

Queridísimo amigo, puedes decidir ser libre.

AGRADECIMIENTOS

Creo que las personas no vienen a mí, sino que me son enviadas. Mi eterno agradecimiento a las muchas personas extraordinarias que me han sido enviadas, sin las cuales mi vida no sería la misma y sin las cuales este libro no existiría.

En primer lugar, a mi queridísima hermana Magda Gilbert, que con noventa y cinco años sigue floreciendo y que me mantuvo con vida en Auschwitz, y a su abnegada hija Ilona Shillman, que lucha por la familia como nadie.

A Klara Korda, que era maravillosa, que realmente se convirtió en mi segunda madre, que hacía que cada visita a Sídney fuera una luna de miel, que los viernes preparaba cenas como las de nuestra madre, elaborándolo todo a mano, y a Jeanie y Charlotte, sus descendientes. (¿Recuerdan la canción húngara? «¡No, no, no nos iremos hasta que nos eches a patadas!».)

A mis pacientes, los seres humanos únicos y excepcionales que me han enseñado que la curación no tiene que ver con la recuperación, sino con el descubrimiento. Con descubrir esperanza en la desesperanza; descubrir una respuesta donde parece que no la hay; descubrir que lo que importa no es lo que sucede, sino lo que haces al respecto.

A mis maravillosos profesores y mentores: el profesor Whitworth; John Haddox, que me introdujo a los existencialistas y fenomenólogos; Ed Leonard; Carl Rogers; Richard Farson y, especialmente, Viktor Frankl, cuyo libro me proporcionó la capacidad verbal para compartir mi secreto, cuyas cartas me enseñaron que ya no tenía que huir, y cuya orientación me ayudó a descubrir que no solo había sobrevivido, sino cómo podía ayudar a sobrevivir a otros.

A mis increíbles colegas y amigos en el ámbito de las artes curativas: doctor Harold Kolmer, doctor Sid Zisook, doctor Saul Levine, Steven Smith, Michael Curd, David Woehr, Bob Kaufman (mi «hijo adoptivo»), Charlie Hogue, Patty Heffernan, y especialmente Phil Zimbardo, mi «hermanito pequeño», que no paró hasta ayudarme a encontrar una editorial para este libro.

A las numerosas personas que me han invitado a contar mi historia ante público de todo el mundo, incluidos Howard y Henriette Peckett de la YPO; el doctor Jim Henry; el doctor Sean Daneshmand y su mujer, Marjan, de The Miracle Circle; Mike Hoge, de Wingmen Ministries, y la Conferencia Internacional de Logoterapia.

A mis amigos y terapeutas: Gloria Lavis; Sylvia Wechter y Edy Schroder, mis queridas compañeras mosqueteras; Lisa Kelty, Wendy Walker y Flora Sullivan; Katrine Gilcrest, madre de nueve hijos, que me llama *mamá* y con la que puedo contar día y noche; Dory Bitry, Shirley Godwin y Jeremy e Inette Forbs, con quienes puedo hablar con total franqueza de nuestra edad y nuestra etapa vital y de cómo sacar el máximo partido de lo que tenemos a medida que envejecemos; a mis médicos, Sabina Wallach y Scott McCaul; mi acupunturista, Bambi Merryweather; a Marcella

Grell, mi compañera y amiga, que ha cuidado extraordinariamente de mí y de mi casa durante los últimos dieciséis años y que siempre me dice claramente lo que piensa.

A Béla. Compañero de vida. Alma gemela. Padre de mis hijos. Pareja cariñosa y comprometida que lo arriesgó todo para construir una nueva vida en América. Cuando yo trabajaba para el ejército y viajábamos juntos por Europa, decías: «Edie trabaja y yo como». Béla, el verdadero banquete fue nuestra intensa vida juntos. Te quiero.

Todo mi amor y gratitud a mis hijos: a mi hijo John Eger, que me ha enseñado cómo no ser una víctima y que jamás ha abandonado la lucha en favor de las personas con discapacidad; a mis hijas, Marianne Engle y Audrey Thompson, que me han brindado incesantemente apoyo moral y cariñoso consuelo durante los muchos meses dedicados a la escritura de este libro y que fueron conscientes, antes que yo, de que me resultaría más difícil revivir el pasado que sobrevivir a Auschwitz. En Auschwitz, solamente podía pensar en mis necesidades de supervivencia; para escribir este libro tuve que sentir todos los sentimientos. No podría haber asumido el riesgo sin su fuerza y su amor.

Y gracias a las maravillosas parejas de mis hijos y nietos, las personas que van añadiendo ramas al árbol familiar: Rob Engle, Dale Thompson, Lourdes, Justin Richland, John Williamson e Illynger Engle.

A mi sobrino Richard Eger —mi Dickie— y su mujer, Byrne, gracias por ser verdaderos familiares, por cuidar de mí y de mi salud y por celebrar las fiestas juntos.

Cuando nació nuestro primer nieto, Béla dijo: «Tres generaciones. Esa es la mejor venganza contra Hitler».

¡Ahora somos cuatro! Cada vez que me llaman *bisabuela Dicu*, mi corazón palpita.

A Eugene Cook, mi pareja de baile y compañero del alma, un hombre amable y todo un caballero. Gracias por recordarme que el amor no es lo que sentimos, sino lo que hacemos. Siempre atento a cada paso y a cada palabra. Bailemos el *boogie-woogie* mientras podamos.

Por último, a las personas que, palabra a palabra y página a página, me han ayudado a sacar a la luz este libro, en una colaboración que, desde el principio, ha parecido predestinada.

Las talentosas Nan Graham y Roz Lippel y su eficaz equipo en Scribner. ¡Qué afortunada soy de que me hayan sido enviadas las mejores editoras con unos corazones tan brillantes como sus mentes! Sus conocimientos editoriales, su perseverancia y su bondad han contribuido a que este libro sea lo que siempre esperé que fuera: un instrumento de sanación.

A Esmé Schwall Weigand, coautora del libro; no solo encontraste las palabras, te convertiste en mí. Gracias por ser mi oftalmóloga, por tu capacidad de contemplar mi viaje hacia la curación desde tantas perspectivas diferentes.

A Doug Abrams, agente ejemplar y la persona más fiel y buena del mundo, gracias por ser una persona con las agallas, el carácter y el espíritu para comprometerse a hacer del mundo un lugar mejor. Tu presencia en este planeta es un auténtico regalo.

A todos: en mis noventa años de vida, nunca me he sentido más afortunada y agradecida. ¡Ni más joven! Gracias.